Bibliografische Information der Deutschen Bibliothek
Die Deutsche Bibliothek verzeichnet diese Publikation in der Deutschen Nationalbibliografie; detaillierte bibliografische Daten sind im Internet über http://dnb.ddb.de abrufbar.

Hans-Jürgen Krug
Kleine Geschichte des Hörspiels
Köln: Halem, 2020

3., überarbeitete und erweiterte Auflage

Aus Gründen der besseren Lesbarkeit wird auf die gleichzeitige Verwendung der Sprachformen männlich, weiblich und divers verzichtet. Sämtliche Personenbezeichnungen gelten gleichermaßen für alle Geschlechter.

ISBN (Print) 978-3-7445-2003-4
ISBN (PDF) 978-3-7445-2004-1
ISBN (ePub) 978-3-7445-2005-8

Den Herbert von Halem Verlag erreichen Sie auch im Internet unter http://www.halem-verlag.de
E-Mail: info@halem-verlag.de

SATZ: Herbert von Halem Verlag
LEKTORAT: Imke Hirschmann
DRUCK: FINIDR, S.R.O., Tschechische Republik
GESTALTUNG: Claudia Ott, Düsseldorf
UMSCHLAGFOTO: Sebastian Linnerz

Hans-Jürgen Krug

Kleine Geschichte des Hörspiels

HERBERT VON HALEM VERLAG

Den Enkeln –
für Enno, Jul und Jonna

INHALT

KLEINE CHRONOLOGIE DES HÖRSPIELS

1924 Das erste Hörspiel, Hans Fleschs Groteske *Zauberei auf dem Sender*, wird am 24. Oktober aus Frankfurt/M. live urgesendet.

1929 Die Deutsche Stunde in München sendet Ernst Johannsens Weltkriegshörspiel *Brigadevermittlung*. Es wird rasch ein Welterfolg.

1929 Bertolt Brechts *Lindberghflug* wird während des Baden-Baden Musikfestes uraufgeführt. Die Musik ist von Paul Hindemith und Kurt Weill. Es spielt das Frankfurter Rundfunkorchester.

1929 Friedrich Wolfs Polarhörspiel *S.O.S ... Rao rao ... Foyn. Krassin rettet Italia* (Deutschlandsender) gilt als das bisher stärkste Hörspiel des deutschen Rundfunks.

1930 Am 13. Juni wird Walter Ruttmanns zwölfminütige akustische Montage *Weekend* erstgesendet.

1930 Die Werag strahlt am 11. Juli Eduard Reinachers *Der Narr mit der Hacke* aus. Das Spiel wird rasch zum Vorbild für Hörspieltheorie und -praxis.

1930 Alfred Döblins *Die Geschichte des Franz Biberkopf* wird produziert, aber zum geplanten Termin am 30. September nicht gesendet. Es ist die erste mehrmediale Produktion eines Stoffes: als Buch (Berlin Alexanderplatz), Film und Hörspiel.

1930 Hermann Pongs publiziert die erste wissenschaftliche Arbeit zum Hörspiel *Das Hörspiel*.

1931 Das Arbeitslosenhörspiel *Toter Mann* des Arbeiterschriftstellers Karl August Düppengießer wird – in der Regie von Ernst Hardt – von der WERAG urgesendet.

1932 Richard Kolb veröffentlicht seine Aufsatzsammlung *Horoskop des Hörspiels* und beeinflusst damit über Jahrzehnte Hörspielproduktion und -diskussion.

1933 Am 1. Mai, dem ›Tag der nationalen Arbeit‹, wird während eines Radiotages auch die *Symphonie der Arbeit* von Hans Jürgen Nierentz ausgestrahlt und über Lautsprecher bis in die kleinsten Dörfer übertragen. Das Stück gilt den Zeitgenossen als richtungsweisend.

1935 Am 3. Juni wird Hans Rothes Hörspiel *Verwehte Spuren* urgesendet. Es wird rasch zu einem der beliebtesten Hörspiele.

1935 In Berlin wird der erste Hörspielkomplex eingerichtet: Regiezelle, Sendesaal, schalltoter Raum.

1938 Das Magnetofon wird für die Hörspielproduktion immer wichtiger.

1938 Hans Kriegler und Kurt Paquet veröffentlichen *Das Hörspielbuch, eine Textsammlung*.

1940 Der Großdeutsche Rundfunk sendet am 8. Mai *Rebellion in der Goldstadt* von Günter Eich.

1945 Das erste Hörspiel nach dem 2. Weltkrieg kommt aus Berlin. Der Berliner Rundfunk sendet *Hypnose* von Josef Pelz von Felinau.

1947 Ursendung von Wolfgang Borcherts *Draußen vor der Tür* (NWDR, 13. Februar). Der Termin gilt als Geburtsstunde des deutschen Nachkriegshörspiels.

1949 Erstmals werden für ein Hörspiel mehr als 1.000 DM Honorar an den Autor gezahlt.

1949 Der Hessische Rundfunk startet seine Dialekthörspielserie *Die Familie Hesselbach*. Autor ist Wolf Schmidt.

1950 Die neue Ultrakurzwelle und Regisseur Fritz Schröder-Jahn (NWDR) ermöglichen einen ganz neuen Inszenierungsstil.

1951 Der NWDR sendet Günter Eichs Hörspiel *Träume* am 19. April 1951. Während der Ursendung kommt es zu Hörerprotesten. Später gilt der Sendetermin als Geburtsstunde des deutschen Hörspiels.

1951 In Leipzig wird das Hörspiel *Herhören, hier spricht Jesus Hackenberger* von Walter Karl Schweikert produziert. Das Stück gilt als der Klassiker des ostdeutschen Hörspiels.

1952 Der erste ›Hörspielpreis der Kriegsblinden‹ geht an Erwin Wichert für sein Hörspiel *Darfst Du die Stunde rufen* (SDR 1951).

1952 Der Bayerische Rundfunk produziert *Der Sängerkrieg der Heidehasen*, ein Kinderhörspiel von James Krüss.

1952 Der NWDR beginnt mit der Ausstrahlung der Krimiserie *Gestatten, mein Name ist Cox* von Alexandra und Rolf Becker. Sie wurde – laut Heinz Schwitzke 1963 – zum sensationellsten Hörspielerfolg aller Zeiten.

1953 SDR und NWDR realisieren parallel Fred von Hoerschelmanns Hörspiel *Das Schiff Esperanza*. Es wurde später Pflichtlektüre deutscher Gymnasiasten.

1954 *Unter dem Milchwald* von Dylan Thomas wird vom NWDR urgesendet. Es gilt heute als das wohl berühmteste Hörspiel der Rundfunkgeschichte.

1954 Astrid Lindgrens Kinderbuch *Kalle Blomquist* wird vom NWDR als Kinderhörspiel produziert. Bearbeiterin ist Rose Marie Schwerin.

1956 Max Ophüls inszeniert Arthur Schnitzlers Novelle *Berta Garlan* (SWR 1956) als Hörfilm.

1956 Friedrich Dürrenmatts Hörspiel *Die Panne* wird – fast zeitgleich – von NDR und BR realisiert. Die NDR-Realisation erhält den ›Hörspielpreis der Kriegsblinden‹.

1957 Der Rundfunk der DDR produziert *Die Korrektur* von Heiner und Inge Müller, ein Brigadehörspiel.

1958 Ingeborg Bachmanns Hörspiel *Der gute Gott von Manhattan* (BR, NDR 1958) wird urgesendet. Bachmann erhält dafür den ›Hörspielpreis der Kriegsblinden‹.

1961 Im S. Fischer Verlag erscheint die Anthologie *Hörspiele* mit Texten von Bachmann, Böll, Eich und anderen. In 25 Jahren werden fast 200.000 Exemplare verkauft.

1961 Der Hessische Rundfunk sendet *Der Stellvertreter* von Rolf Hochhuth und anschließend eine Diskussionsrunde. Regie führte Erwin Piscator. Auf die Sendung folgten erregte Diskussionen.

1961 Der Westdeutsche Rundfunk führt eigene, kostenlose Hörspielbroschüren ein.

1963 Heinz Schwitzke veröffentlicht *Das Hörspiel. Dramaturgie und Geschichte*. Der Hörfunk ist 40 Jahre alt.

1965 Alle ARD-Sender strahlen *Die Ermittlung* (ARD, DRS 1965) von Peter Weiss aus. Ein Theaterstück als Hörspieladaption.

1965 Der Bayerische Rundfunk produziert zum ersten Mal ein Hörspiel von einem Autor aus der DDR: *Altweibersommer* (BR 1965) von Gerhard Rentzsch.

1968 *Fünf Mann Menschen* (SWF 1968) von Ernst Jandl und Friederike Mayröcker wird urgesendet. Das Stereohörspiel erhält als erstes Neues Hörspiel 1969 den ›Hörspielpreis der Kriegsblinden‹.

1968 Helmut Heißenbüttel hält auf einer Hörspieltagung der Deutschen Akademie der Darstellenden Künste in Frankfurt den sehr folgenreichen Vortrag *Horoskop des Hörspiels*.

1968 In dem Hörspiel *Der Monolog der Terry Jo* von Max Bense und Ludwig Harig (SR, RB 1968) wird erstmals die menschliche Stimme durch eine Computerstimme ersetzt.

1968 WDR 1 sendet Peter Handkes Hörspiel *Hörspiel Nr. 1*. Das Stück wird auch als Buch und als Schallplatte veröffentlicht.

1969 Saarländischer Rundfunk und WDR produzieren Ludwig Harigs O-Ton-Collage *Staatsbegräbnis*. Grundlage der Sendung sind Radiomitschnitte vom Begräbnis Konrad Adenauers 1967.

1970 Der WDR beginnt mit der Ausstrahlung der 60-teiligen Sendereihe *Geschichte und Typologie des Hörspiels*. Autor ist Reinhard Döhl.

1970 Der Südwestfunk richtet den Karl-Sczuka-Preis für die beste radiofone Produktion ein.

1971 Alfred Behrens realisiert das erste Pophörspiel der deutschen Hörspielgeschichte: *John Lennon, du musst sterben* (SWF 1971).

1971 Paul Wühr montiert aus Originaltönen das Hörspiel *Preislied* (BR, NDR 1971) und erhält 1972 den ›Hörspielpreis der Kriegsblinden‹.

1972 Günter Eichs letztes Hörspiel *Zeit und Kartoffeln* (SWF, HR, NDR) wird vom SWF ausgestrahlt.

1973 Luchterhand Verlag und Deutsche Grammophon eröffnen die Schallplattenreihe *Hörspiel heute*. Heißenbüttel, Harig und Becker werden hier auf Langspielplatten veröffentlicht.

1974 Rudolf Noelte realisiert Theodor Fontanes Roman *Effi Briest* als 455 Minuten langes Hörspiel (SFB, HR, BR).

1975 Erich Loest debutiert mit dem Hörspiel *Dienstfahrt eines Lektors* (Rundfunk der DDR).

1975 Walter Adlers Kunstkopfhörspiel *Centropolis* (WDR 1975) wird urgesendet und erhält 1976 den ›Hörspielpreis der Kriegsblinden‹.

1977 Der Bayerische Rundfunk sendet erstmals die Originalfassung von Orson Welles' (Regie) legendärem Hörspiel *The War of the Worlds* (1938).

1977 Die Deutsche Akademie der Darstellenden Künste (Frankfurt/M.) richtet den Wettbewerb ›Hörspiel des Monats‹ und dann ›Hörspiel des Jahres‹ ein.

1979 Start der nicht öffentlich-rechtlichen Hörspiel- und Kassettenserie *Die drei ???*.

1981 Der Westdeutsche Rundfunk richtet in Köln (gemeinsam mit der Stadt) eine Hörspielgalerie ein und stellt dort öffentlich Hörspiele vor.

1981 Douglas Adams *Per Anhalter ins All* wird vom Bayerischen Rundfunk, SWF und WDR als 318-minütiges Science-Fiction-Hörspiel eingerichtet. Die 180.000 DM für die sechsteilige Serie kommen über den Verfügungsfond der Programmdirektion.

1985 Der Hessische Rundfunk sendet *Die Befreiung des Prometheus* (HR, SWF 1985) von Heiner Goebbels und Heiner Müller. Das Text-Musik-Hörspiel erhält den ›Hörspielpreis der Kriegsblinden‹ und wird das erfolgreichste Hörspiel der Achtzigerjahre.

1986 Hörspiel- und Unterhaltungsabteilung des Bayerischen Rundfunks schließen sich zusammen, um Umberto Ecos Roman *Der Name der Rose* (BR, NDR, SWF 1986) als 360-minütige Hörspielserie zu realisieren.

1986 Der Verlag Klett-Cotta richtet die Hörkassetten-Edition ›Cotta's Hörbühne‹ ein. Öffentlich-rechtliche Hörspiele gibt es nun auch auf Kaufkassetten.

1987 Ror Wolf erzählt *Leben und Tod des Kornettisten Bix Beiderbecke aus Nordamerika* (SWF, HR, NDR, WDR 1987). Für das Hörspiel erhält er den ›Hörspielpreis der Kriegsblinden‹.

1990 Zum 40. Jubiläum der Arbeitsgemeinschaft der Rundfunkanstalten in Deutschland (ARD) senden Hessischer Rundfunk und RIAS die Sound-Collage *Das Hör-Spiel-Spiel* von Karl Karst.

1991 Neue Zusammenarbeiten: Hessischer Rundfunk, Sachsenradio und Sender Freies Berlin produzieren das O-Ton- und Vereinigungshörspiel *Stille Helden siegen selten*. Realisatoren sind Karl-Heinz Schmidt-Lauzemis und Ralph Oehme.

1991 Der Westdeutsche Rundfunk löst die akustische Kunst aus der Hörspielabteilung. Es entsteht ein eigenständiges ›Studio für akustische Kunst‹, das sich ausschließlich dem Genre ›Ars Acustica‹ widmet.

1992 Der Südwestfunk und der WDR adaptieren J.R.R. Tolkiens Fantasy-Bestseller *Der Herr der Ringe* als Hörspielserie in 30 Folgen. Die digitale Großproduktion ist das erste Hörspiel, das sich als Kassette vorzüglich verkaufte.

1994 Die neue Kurzhörspielreihe *Viererpack* (HR) von Christian Bieniek wird Hörspiel des Monats.

1994 *Phil Perfect erzählt* (WDR), eine Comic- und Pophörspielserie von Serge Clerc und François Gorin wird in einem digitalen Studio produziert.

1994 Der Sender Freies Berlin präsentiert in der Sendung *Das andere Hörspiel (1)* erstmals freie, d.h. außerhalb der öffentlich-rechtlichen Anstalten entstandene Hörspiele.

1994 Das Live-Hörspiel *Apocalypse Live* (BR, Bayerisches Staatsschauspiel, Marstall) von Andreas Ammer und FM Einheit wird auf der Münchner Marstall-Bühne uraufgeführt. Das Live-Spiel wird mit dem ›Hörspielpreis der Kriegsblinden‹ und dem Prix Futura ausgezeichnet.

1995 Der Hörverlag wird gegründet. Er veröffentlicht gezielt (auch) öffentlich-rechtliche Hörspiele auf Kassette.

1995 Der Hessische Rundfunk produziert zum Kriegsende den 16-stündigen Radiotag *Der Krieg geht zu Ende* von Walter Kempowski. HR, BR, NDR und SWF strahlen den Radiotag aus.

1995 *Fraulein Smillas Gespür für Schnee* von Peter Hoeg wird als erster erfolgreicher Roman zeitgleich als Buch und als Hörspiel (SWF) veröffentlicht.

1996 Der Bayerische Rundfunk nennt seine Hörspielabteilung in ›Hörspiel und Medienkunst‹ um.

1996 Das erste interaktive Hörspiel wird ausgestrahlt: Hartmut Geerkens *no point* (BR 1996) wird live im Münchner Marstall aufgeführt und über Radio und Internet übertragen. Hörer können sich per E-Mail am Bühnengeschehen beteiligen.

1996 Der Hörverlag bietet nun auch Hörbücher auf CD an.

1997 Der WDR produziert das Hörspiel *Rocky Dutschke '68* (WDR 1997) von Christoph Schlingensief.

1999 *Mephisto* (BR, MDR 1999), eine Hörspieladaption von Klaus Manns lange verbotenem Roman, wird zuerst als Hörbuch veröffentlicht – und dann erst als Hörspiel im Radioprogramm gesendet. Ein Paradigmenwechsel.

1999 Das Projekt ›Intermedium 1‹ in der Berliner Akademie der Künste diskutiert die Rolle des Hörspiels und der Radiokunst in der digitalen Gesellschaft.

1999 Der Hessische Rundfunk sendet den 16-stündigen Originalton-Radiotag *Unter dem Gras darüber. Erinnerungen an 100 Jahre Deutschland* von Jürgen Geers und Inge Kurtz (HR 1999). Die Produktion wird mit dem ›Hörspielpreis der Kriegsblinden‹ ausgezeichnet.

2000 Thomas Manns *Der Zauberberg* wird als Hörspiel eingerichtet. Die 10-stündige Adaption, ein Kooperationsprojekt von BR und Hörverlag, gilt als die größte literarische Produktion in der Geschichte des Bayerischen Rundfunks.

2001 WDR 3 und Eins Live gehen ein Joint Venture ein und senden dasselbe Hörspiel (fast) zeitgleich für die Zielgruppen ›Kultur‹ und ›Jugend‹.

2003 In Köln wird der Deutsche Hörbuchpreis gegründet.

2003 Der Universitätsverlag Konstanz (UVK) veröffentlicht die *Kleine Geschichte des Hörspiels.*

2003 Der Mitteldeutsche Rundfunk experimentiert mit Hörspielen im 5.1-Surround-Sound. Erstes Beispiel, zunächst auf DVD, aber noch nicht im Radio hörbar, ist eine Adaption von Jules Vernes Roman *20.000 Meilen unter den Meeren.*

2004 WDR 3 publiziert *Ätherdramen. Eine kleine Hörspielgeschichte* von Hans-Jürgen Krug als Hörbuch. Das Hörspiel ist nun 80 Jahre alt.

2005 Roland Schimmelpfennigs *Für eine bessere Welt* (HR 2004) wird ›Hörspiel des Jahres‹.

2007 In Leipzig wird der erste Günter-Eich-Preis an Alfred Behrens vergeben. Der Eich-Preis prämiert das Lebenswerk eines Hörspielautors.

2007 Das erste privat produzierte und zunächst nur als CD erwerbbare Hörspiel entsteht: Peter Kurzecks fast fünfstündige Erzählung *Ein Sommer, der bleibt* (Supposé).

2008 Der erste ARD-Radiotatort wird ausgestrahlt: *Der Emir* von Peter Meisenberg (WDR).

2008 Der Bayerische Rundfunk eröffnet seinen Audiopodcast ›Hörspiel-Pool‹ mit Raoul Schrotts *Die Erfindung der Poesie* (BR, HR, ORF 1997). Hörspiele werden hier erstmals gebündelt zum kostenfreien Hören und Downloaden dauerhafter angeboten.

2012 Der Südwestdeutsche Rundfunk strahlt, von Twitter-Kommentaren begleitet, einen Tag lang die Adaption von James Joyces Roman *Ulysses* aus. Die CD-Ausgabe wird 2013 zum ›Hörbuch des Jahres‹ gekürt.

2017 Am 8. März wird das längste Hörspiel aller Zeiten freigeschaltet. Tausende haben jeweils eine Seite aus David Forster Wallace' Roman *Unendliches Spiel* ins Mikrofon gelesen. Andreas Ammer hat ihre Stimmen zu *Unendliches Spiel, unendlicher Spaß* zusammengefügt. Das Web-Hörspiel von 90 Stunden Länge ist (fast) nur als Podcast oder auf CD hörbar.

2018 Ursendung von Christoph Buggerts Hörspiel *Ein Nachmittag im Museum der unvergessenen Geräusche* (SR, MDR 2018).

2018 Der Rundfunk Berlin-Brandenburg bietet als erster Sender einen Podcast für Serien an. Als erstes Hörspiel wird – Podcast first – Juli Zehs *Unterleuten* (RBB 2018) angeboten.

2018 Parallel zur Fernsehserie *Berlin Babylon* (Sky, ARD) entsteht die Hörspielserie *Der nasse Fisch*, das Hörspiel zu Berlin Babylon (RB, WDR, RBB).

2020 Podcast first: Zuerst in der ARD-Mediathek wird eine akustische Realisation von Thomas Pynchons legendärem Roman *Die Enden der Parabel* (SWR, DLR 2020) veröffentlicht.

1. EINFÜHRUNG

Das Radio gehört noch immer zu den meistgenutzten Medien in Deutschland. 209 Minuten täglich schaltete im Jahre 2000 ein durchschnittlicher Hörer sein Gerät an, 2007 waren es 186 (Fernsehen: 192) und 2015 173 Minuten. Das Radio ist inzwischen vor allem ein Tagesbegleitmedium (KRUG 2019: 156) geworden. Das Nebenbeihören hat das bewusste Einschalten einzelner Sendungen weitgehend verdrängt, und auch der Status der seit den Anfängen im Jahr 1924 weitgehend öffentlich-rechtlichen Einschaltkunst ›Hörspiel‹ hat sich verändert. Die einst gefeierte ›Krönung des Funks‹ (KOLB 1932) besitzt nicht mehr die große Liebe des breiten Radiopublikums und auch nicht den kulturellen Stellenwert, den sie in den 1950er-Jahren in Deutschland erlangt hatte. Und es fehlt ihr die theoretische Anerkennung, die sie in den 1960er-Jahren erlangte. Doch das Hörspiel ist noch immer erkennbar im Programm. 2004 etwa wurden an rund 2.200 Sendeterminen noch immer außerordentlich viele Hörspiele gesendet. Die Zahl der Neuproduktionen freilich ist rückläufig: Das ABC *der* ARD zählte 1999 »rund 750 Neuproduktionen« (ARD 1999: 74), 2002 waren es noch »rund 640« (ARD 2002: 86) – auch 2019 werden in der Internetausgabe des ABCs noch »derzeit rund 640 Neuproduktionen« angegeben. Andere Quellen gehen davon aus, dass in der ARD jährlich »über 500 Hörspiele« (KAPFER 2003: 67) neu produziert werden. »Doch d i e Zahlen«, so berichtete Uwe Kammann 2013 auf dem Festival ›Radio Zukunft. Tage der Audiokunst in

Berlin‹, »die gibt es nicht, weil jeder Sender anders zählt und rechnet. Und damit auch jede Hörspielabteilung« (KAMMANN 2013).

RADIO, KULTURRADIO, HÖRSPIEL

Das Hörspiel ist die Kunstform des Rundfunks, und sie war nur hier – als Teil eines laufenden Programms – möglich. Heute ist diese Radiokunst aus den populären und hörerreichen Radioprogrammen nahezu vollständig verschwunden. Sie ist fast ausschließlich auf den öffentlich-rechtlichen Kultur-, Klassik- oder Infowellen zu finden: Bayern 2 (Bayerischer Rundfunk), hr2 kultur (Hessischer Rundfunk), MDR Kultur (Mitteldeutscher Rundfunk), NDR Kultur, NDR Info (Norddeutscher Rundfunk), Bremen 2 (Radio Bremen), rbbKultur (Rundfunk Berlin-Brandenburg), SR 2 KulturRadio (Saarländischer Rundfunk), SWR2 (Südwestrundfunk), WDR 3, WDR 5 (Westdeutscher Rundfunk), Deutschlandfunk Kultur (DLFK) und Deutschlandfunk (DLF).

Die ›gehobenen Wortwellen‹ befinden sich seit den 1990er-Jahren in stetigen Veränderungsprozessen. Sie haben ihre Namen, ihre Programmstrukturen und ihren Sound immer wieder ›optimiert‹; sie haben sich ›Flottenstrategien‹ unterworfen, ihre Tagesprogramme formatiert und so versucht neue Zielgruppen anzusprechen. Nicht selten wurden diese ›Optimierungen‹ von heftigen Auseinandersetzungen begleitet.

Heute nutzen etwa zwei bis drei Prozent der Radiohörer diese Kulturprogramme, und auch sie nutzen sie inzwischen weitgehend nebenbei. Einschaltangebote wie das Hörspiel gibt es nur noch in den hörerarmen Abend- und Nachtstunden sowie am Wochenende – doch auch diese Programmplätze konnten der Formatierung nicht ganz entgehen. Die Situation des Hörspiels ist in den verschiedenen Sendern zwar unterschiedlich. Insgesamt aber ist die Radiokunst inzwischen zu einer Kunst für vergleichsweise wenig Radiohörer und Liebhaber geworden. Selbst die Medienkritik (KRUG 2002) sowie die Literatur- und Medienwissenschaft haben sich (lässt man die Geschichte der Anfänge einmal außer Acht) vom Hörspiel weitgehend verabschiedet. Das Hörspiel existiert heute fern der breiten Aufmerksamkeiten. Es ist vor allem eine Nischenkunst.

Doch die bundesdeutsche Hörspielszene ist durchaus in Bewegung. Neben den Veränderungen in den linearen Radioprogrammen auf Ultrakurzwelle und DAB+ haben die neuen digitalen Möglichkeiten zur programmunabhängigen Nutzung die Ästhetik und Machart der Hörspiele verändert. Das Hörbuch ermöglichte erstmals den gezielten Kauf der nun mit ISBN ausgestatteten Hörbücher (mit dem Inhalt ›Hörspiel‹) im Buchladen. Das Internet ermöglichte neben dem lokalen UKW-Radiokonsum weltweiten Empfang über Computer, Laptop, Smartphone. Und es ermöglichte technisch einfaches, automatisiertes und oft kostenloses Herunterladen von Hörspielen. 2005 stellte MDR Figaro Friedrich Schillers *Kabale und Liebe* in einer Neuinszenierung 14 Tage zum kostenlosen Herunterladen ins Netz, es gab rund 30.000 Downloads. Beim WDR riefen 18.000 Personen ein erstes, probeweise ins Netz gestelltes Hörspiel ab – und damit »sehr viel mehr, als normalerweise Hörer über UKW ein solches Angebot nutzen. Die Redaktion freut sich natürlich. Aber jeder Abruf lässt es auch bei uns in Form der Serverkosten klingeln« (PIEL 2007).

Im Februar 2008 schaltete der Bayerische Rundfunk seinen Hörspiel Pool frei und bot das erste Hörspiel unter einem eigenen Label zum kostenlosen Hören und Downloaden an: Raoul Schrotts *Die Erfindung der Poesie* (BR, HR, ORF 1997). Die zwölfteilige akustische Anthologie musste nun nicht mehr als 3-CD-Hörbuch für 98 DM bei Eichborn gekauft werden, sie stand jetzt einige Tage kostenlos als Podcast zur Verfügung. »Wir versuchen Hörspiele anzubieten, die auf dem Hörbuchmarkt nie eine Chance hatten oder schon wieder vergriffen sind, die aber für die Hörspielästhetik eine Relevanz hatten«, sagte Hörspiel-Chef Herbert Kapfer 2008 vorsichtig (KAPFER 2008). Bald folgten auch ein Hörspielspeicher (WDR), eine Hörspielbox (NDR) und – zentralisiert – die ARD-Audiothek (2017). Hörspiele sind seither leicht auffindbar. Sie existieren eine gewisse Zeit unabhängig von der Hörfunkausstrahlung weiter. Und zunehmend auch neben dem linearen Hörfunk. ›Podcast first‹ ist gegenwärtig eine Devise der Hörspielmacher.

Das Hörspiel ist heute also multimedial, radiounabhängig, hoch differenziert und jederzeit zugänglich. Es ist eine sehr offene Form, für die selbst

Andreas Ammers pragmatische Definition zu kurz greift: »Ein Hörspiel ist dann ein Hörspiel, wenn es eine Hörspielabteilung bezahlt« (AMMER 2002).

DIE ABGEBROCHENE HÖRSPIELGESCHICHTE

Der hier in der dritten Auflage vorgelegte Band versucht zu zeigen, was sich in mehr als neun Jahrzehnten in der Hörspielszene getan hat und wie aus einem flüchtigen Kind des Mittelwellenrundfunks ein vielfältig präsentes Audioprodukt geworden ist. Dennoch ist diese kleine Erzählung keine empirische, die sich an den geschätzt weit mehr als 100.000 Hörspieltiteln (BUGGERT 2004) und ihren akustischen Realisationen orientieren kann. Eine solche Programmgeschichte ist auch heute nicht einmal in Ansätzen möglich. Die Hörspiele lagern (noch immer schwer zugänglich) in den Archiven der öffentlich-rechtlichen Sender, manches wurde zwischenzeitlich unwiderruflich gelöscht. Die Konjunkturen der verschiedenen Hörspielstile und ihre offenen und verdeckten Fortwirkungen in den Hörspielprogrammen sind weitgehend unbekannt. Die Bedeutung der Regisseure, Komponisten (KRUG 2019a) und vor allem Schauspieler beziehungsweise Sprecher ist kaum erforscht. Zwischen Medienpraxis und Medienforschung, zwischen Hörspielrealität und Hörspielgeschichte klaffen Welten.

Diese kleine Hörspielgeschichte orientiert sich deshalb vor allem an den ›Höhenkämmen‹ des so umfangreichen Hörspielangebots und an den weichenstellenden Hörspieldebatten. Dabei sind die hier vorgeschlagenen Periodisierungen (1929/ 1933/ 1945/ 1968/ 1985/ 1999/ 2007/ 2017) nicht als harte Schnitte zu verstehen, vieles läuft auch in der Hörspielgeschichte ungleichzeitig nebeneinander weiter. Vielfalt war immer das erklärte Ziel der Hörspielmacher, und je näher man der Gegenwart kommt, desto deutlicher wird die Gegenwartsvergessenheit der Programmentwicklungen: Immer mehr Altes steht neben Neuem. Die digitalisierte Hörspielkultur steht nicht im Zeichen knapper Inhalte, sondern höchstens knapper Aufmerksamkeiten. Dieses Buch verbindet deshalb Geschichte und Aktualität, Wissenschaft und Kritik, Analyse und Beschreibung – und versteht sich auch als Anregung zum hörspielnahen Weiterforschen.

HÖRSPIELFORSCHUNG IST AUDIOFORSCHUNG

Das Hörspiel – und darauf hat jede moderne medienwissenschaftliche Geschichtsschreibung zu insistieren – ist vor allem eine akustische Gattung, eine Gattung zum Hören. Die Zeiten, in denen Autoren wie Günter Eich eher durch ihre in Büchern gedruckten Texte als durch die gesendeten Hörspiele ihren Ruhm errangen, in denen Hörspiele gelesen, nicht aber unbedingt gehört wurden, sind wohl unwiderruflich vorbei. Nicht nur, weil es heute kaum noch neue Hörspielbücher gibt, ist die Lektüre schwierig geworden. Das Verhältnis von Manuskript und Realisation hat sich vollständig verändert. Deutlich wird das an einer kleinen Anekdote, die Hermann Naber, der langjährige Hörspielchef des Südwestfunks (SWF), über ein Erlebnis mit Günter Eich 1972 berichtete: »›Lieber Herr Naber‹«, schrieb Eich auf eine begleitende Postkarte zu seinem letzten Hörspielmanuskript, »›hier ist nun mein Entwurf‹. Und dann habe ich ihn angerufen, Herr Eich, wunderbares Hörspiel, wir sind glücklich. Aber was bedeutet: ›Hier ist nun mein Entwurf‹? Und dann hat er gesagt, und das ist typisch für Autoren seiner Generation: ›Ja, was ihr daraus macht, damit es dann auch ins Programm kommen kann, die akustische Gestalt, darauf habe ich ja keinen Einfluss. Aber am Manuskript darf kein Komma geändert werden. Das ist mit Entwurf gemeint‹« (KRUG 2003).

DIE DIFFERENZ VON TEXT UND REALISATION

Aus einem ›Entwurf‹ aber lassen sich sehr unterschiedliche Hörprodukte herstellen. Text und Realisation sind durchaus zweierlei, wie sich am Beispiel des viel gesendeten Günter Eich leicht illustrieren lässt (KRUG 2002: 31ff.). *Die Andere und ich* etwa wurde 1952 (NWDR), 1952 (SDR), 1962 (HR) sowie 1993 (MDR) produziert. Von dem legendären Meisterwerk *Träume* gibt es sechs ganz unterschiedliche Realisationen (1951 [NWDR], 1951 [HR], 1964 [BR], 1964 [ORF], 1981 [Rundfunk der DDR] und 2006 [NDR]), auch wenn Fritz Schröder-Jahns ursprünglich heftig diskutierte NWDR-Realisation dauerhaft alle anderen aus dem Hörspielrepertoire verdrängte. Von *Geh nicht nach El Kuwehd!* (1950), Eichs meistinszeniertem

Hörspiel, existieren sogar elf Realisationen – und die profiliertesten Regisseure (Egon Monk, Gustav Burmester, Walter Adler) haben das Radiomärchen inszeniert und jeweils unterschiedlich interpretiert. Hörspiele sind also akustische Kunstprodukte, an denen neben dem Autor auch Dramaturgen, Schauspieler (Sprecher), Komponisten, Musiker, Tontechniker und vor allem Regisseure prägend beteiligt sind. Und die – auch dies kann nicht deutlich genug formuliert werden – von technologischen Entwicklungen und technischen Möglichkeiten beeinflusst und auch geprägt werden. Die Ultrakurzwelle etwa ermöglichte ganz andere Hörspielästhetiken als die Mittelwelle, Stereo andere als Mono (KRUG 2013). Auch Eichs letztes Hörspiel *Zeit und Kartoffeln* (SWF, HR, NDR 1972) wurde 2006 noch einmal realisiert.

HINTERLÄNDER ERFAHRUNGEN

Aus identischen Texten, diese Erfahrung machten schon die ersten Hörspielmacher und -hörer, lassen sich sehr unterschiedliche Hörprodukte herstellen. Und auch der Verfasser dieser Zeilen konnte sie in den 1960er-Jahren machen, als ein junger Gymnasiallehrer uns ›Hinterland‹-Kindern und Schülern der Lahntalschule in Biedenkopf Fred von Hoerschelmanns Klassiker *Das Schiff Esperanza* als Unterrichtsstoff vorlegte. Zunächst lasen wir den Text mit verteilten Rollen im Unterricht, dann sprachen wir ihn nachmittags und freiwillig auf eines dieser noch so seltenen Tonbandgeräte. Wir pilgerten regelmäßig in die Biedenkopfer Oberstadt, sprachen Kapitel auf Kapitel ins Mikrofon, knallten Türen, schlugen Löffel auf Töpfe, schufen Wellen in Schüsseln – und versuchten uns so auch als Geräuschemacher. Einer war der Tontechniker und durfte die Tonbandknöpfe drücken, manchmal gab es heftige Debatten zwischen den Sprechern – doch der Lehrer-Regisseur hatte alles bestens im Griff. Noch immer vermitteln die wundersam erhaltenen Aufnahmen die jugendliche Macher- und Entdeckerfreude, die besondere Verbindung von oberhessischem, ›plattem‹ Sprachduktus, schülerhaftem Elan und einem von sehr fern kommenden Hörspieltext. Dann machten wir um Herrn von Hoerschelmann wieder einen weiten Bogen – und wandten uns etwa *Teens-Twens-Top-Time* zu, einer 1966 vom Hessischen Rundfunk ins Programm genommenen Musiksendung für Schüler und Jugendliche. Täglich nach der Schule (14.00 Uhr) und um 18.30 Uhr kam fortan eher ambitionierte und manchmal ellenlange Rockmusik aus dem selbsterarbeiteten Stereoempfänger von Grundig und wurde mit einem Philips-Tonbandgerät 4307 aufgezeichnet. Die Sendung war noch ein Angebot für Minderheiten. Zwanzig Jahre später ging ich dann mit dem eigenen tragbaren Tonbandgerät zum Phil-Turm in Hamburg. Raum 1350. Es war Sommer. Am Literaturwissenschaftlichen Seminar der Universität Hamburg gab es noch keine Abhörmöglichkeiten – und so musste ich für mein Seminar ›Arbeitslosendrama und Arbeitslosenhörspiel‹ (SoSe 1988) auf meine eigene Technik zurückgreifen. Und auf eigenes Material, wie auf private Kassettenmitschnitte weniger Arbeitslosenhörspiele etwa und auf freundliche Kassettengaben einzelner Hörspielabteilungen. Die Hörqualität war – an heutigen Standards gemessen – miserabel, aber deutlich mehr als nur ein Manuskript. Wiederum rund 15 Jahre später, es gab inzwischen den Studiengang ›Medienkultur‹, fand das Seminar ›Geschichte, Theorie und Praxis des Hörspiels‹ (SoSe 2004) dann schon im Medienzentrum statt. Jetzt waren auch vorzügliche Abhörgelegenheiten vorhanden. Und für die folgenden Praxisseminare gab es auch ein Studio, in dem aufgenommen, geschnitten und angelegt werden konnte und Kooperationsmöglichkeiten mit dem Lokalradio Tide 96 (KRUG 2006). Die Literatur- bzw. Medienwissenschaften fanden erst langsam zum Akustischen.

ZUR AKTUALISIERTEN NEUAUFLAGE

Der rapide Wandel der Medienlandschaften hat auch für die Hörspielgeschichtsschreibung Folgen und lässt ihre Gegenwart schrumpfen. Die *Kleine Geschichte des Hörspiels* versuchte in der Erstausgabe 2003 und dann in der erweiterten Neuauflage (2008) auch die aktuellsten Entwicklungen einzubeziehen. Inzwischen haben die meisten Kulturwellen ihre Namen geändert, die Leitung der meisten Redaktionen wurde in neue Hände gegeben, die Programmphilosophie der Kulturwellen wurde verändert, und das damals neueste Medium ›Audio Book‹ wurde inzwischen durch Podcast-Angebote ergänzt und mehr als nur punktuell auch ersetzt. Wo einst Mittelwelle-only galt, positionierten sich UKW first, Audiobook first, Online first oder – zuletzt – Podcast first. Gründe genug also, das Buch nochmals zu überarbeiten und zu aktualisieren. Doch dies ist nur die eine Seite. Die Gewissheiten des modernen Formatradios – und mit ihnen des Hörspiels – sind brüchig geworden und müssen sich heute in einer wenigstens dreisäuligen digitalen Welt (Audio, Fernsehen, Online) behaupten. Die Konzepte müssen aktualisiert werden. Wieder stehen Hörfunk und Hörspiel in einer Umbruchsituation, so wie damals in den 1960er-Jahren, als das elektronische Monopolmedium ›Hörfunk‹ vom Fernsehen als Leitmedium abgelöst wurde, so wie Mitte der 1980er-Jahre, als das duale System mit seinen Privatradios grundlegende Neuorientierungen auch im Hörspiel erzwang, so wie um die Jahrtausendwende, als die weltweite digitale Ausstrahlung den Hörspielen neue Dauer verlieh. Bisher haben die jeweils neuen Medien das alte Hörspiel nicht verdrängt. Sie haben es aber immer wieder zu Veränderungen und Neudefinitionen gezwungen, so wie es einst Wolfgang Riepl allgemeiner in seinem Rieplschen Gesetz formuliert hatte. Verglichen mit den frühen analogen und flüchtigen ›Blütezeiten‹ leben wir heute – quantitativ – in einer gigantischen digitalen Hörspielblütezeit, in der selbst opulente Adaptionen der Hochkultur fast jederzeit als CD, Podcast oder im Streaming zugänglich sind. Die *Ästhetik des Widerstands* etwa, *Der Zauberberg*, *Der Mann ohne Eigenschaften* oder aktueller *Homo Faber* und sogar *Unendliches Spiel, unendlicher Spaß*. Das flüchtige Medium ist fest geworden.

Die Bedeutung des Auditiven, Oralen, Kommunikativen scheint in der digitalen Welt erneut zu steigen, eine ›neue Kultur der Oralität‹ wieder in Aussicht. »Heute formiert sich erneut eine orale Kultur – nun aber nicht mehr in tribalem, sondern in globalem Maßstab. [...] Das ist die Welt der elektronischen Netzwerke« (BOLZ 2007: 43). Die neue Kultur des Hörens ist nicht aufs Radio beschränkt, der Hörfunk verliert sein Alleinstellungsmerkmal und das Auditive erscheint an ganz neuen medialen Orten. Nicht nur Kinosäle bieten einen exzellenten Sound, längst bedient sich der Horrorfilm gerade des Auditiven, wenn er Schrecken erzeugen will. Einst für die ordnende Weltdarstellung zuständige Zeitungen präsentieren nun auch (oft maschinell erzeugte) gesprochene Versionen des Gedruckten, Autoradios können nicht nur Radioprogramme empfangen, und fern der Radiobegleitprogramme gibt es inzwischen zahlreiche ambitionierte Podcasts oder MP3-Angebote – durchaus allerdings auch unterhalb der UKW-Klangqualität. Auch die privilegierte Verbindung von Radio und Hörspiel scheint nicht mehr selbstverständlich. Aber hier befinden wir uns noch immer in den Anfängen der Entwicklung.

HÖRSPIEL HÖREN

Auf die Ausweitung der *Kleinen Geschichte des Hörspiels* zur ›großen‹ Geschichte des Hörspiels wurde bewusst verzichtet, die Anmerkungen und Literaturverweise blieben auf ein Minimum reduziert. Hörspiele müssen gehört werden (KRUG 2004). Dieses Buch will deshalb nicht nur beschreiben, analysieren, werten, ordnen und übers Hörspiel informieren. Es will auch anregen, sich dem Genre in seiner ganz eigenen (eben akustischen) Form zuzuwenden – und das Radio anzuschalten, den Livestream des Computers zu aktivieren, die CD einzulegen, den MP3-Player oder gar das Smartphone zu nutzen. Diese kleine Geschichte des Hörspiels, so ließe sich Heinz Schlaffer (2002: 158) noch immer paraphrasieren, ist so kurz, dass ihrem Leser Zeit bleibt, sich jenen Hörspielen zuzuwenden, denen das Buch sein Dasein verdankt.

2. ZWISCHEN RADIO UND KULTUR (1923-1929)

Die Anfänge des Hörspiels liegen im Dunkeln, und die ersten Spiele existieren schon seit Langem nicht mehr. Als der deutsche Rundfunk am 29. Oktober 1923 in Berlin mit seinem regulären Programm begann, wurde live gesendet. Die Nachrichten- und Unterhaltungssendungen, die Ansagen und Lesungen wurden noch nicht mitgeschnitten – und so sind die ersten Worte des neuen Mediums nur schriftlich überliefert: »Drei Minuten vor acht Uhr! Alles versammelt sich im Senderaum. Erwartungsvoll beobachtet man das Vorrücken des Zeigers der Uhr [...] Acht Uhr! Alles schweigt. In das Mikrofon ertönen nun die Worte: Achtung! Hier Sendestelle Berlin Voxhaus Welle 3.000. Wir bringen die kurze Mitteilung, dass die Berliner Sendestelle Voxhaus mit dem Unterhaltungsrundfunk beginnt« (LEONHARD 1997: 23). Die offizielle Einführung des Radios in Deutschland geschah an einem Tag, als nahezu 50 Prozent der Arbeiter arbeitslos waren und ein Kilo Brot ganz offiziell 5.000 Millionen Mark kostete; Wochen heftigster Hungerdemonstrationen hatten die junge Weimarer Republik erschüttert und seit anderthalb Monaten herrschte der Ausnahmezustand.

KULTUR ALS HÖRFUNKAUFTRAG

Doch die Programmverantwortlichen waren begeistert. Das Radio wurde, so der Staatssekretär im Reichspostministerium (RPM) und ›Vater des deutschen Rundfunks‹ Hans Bredow, »in einer Zeit der tiefsten wirtschaftlichen und seelischen Not wie ein befreiendes Wunder begrüßt und wird hier als Kulturfaktor betrachtet, dessen Auswirkungen auf das kulturelle, politische und wirtschaftliche Leben nicht hoch genug angeschlagen werden kann. Zum ersten Mal seit der Erfindung der Buchdruckerkunst durch Johannes Gutenberg ist eine neue Möglichkeit geschaffen, geistige Güter gleichzeitig Ungezählten zu übermitteln. Und es ist verständlich, dass der nach Nahrung hungernde Teil der Menschheit sich in Massen zu dem Radio drängt« (BREDOW 1924). Und später äußerte sich der Geschäftsführer der Reichs-Rundfunk-Gesellschaft und ›Protagonist des Weimarer Rundfunks‹ Kurt Magnus so: »Der Rundfunk ist verpflichtet, alles dasjenige seinen Hörern in rundfunkgeeigneter Form zu bieten, was Deutschlands große Geister geschaffen haben. Der Rundfunk ist weiter verpflichtet, einen Querschnitt durch den gegenwärtigen Stand unserer Kultur zu bringen.«

Der deutsche Hörfunk begann mit einem dezidierten Kulturauftrag. Er wollte das »Schöne, Gute und Wahre« vermitteln, die Hörer hatten »Bildungshunger, Aufnahme-Fähigkeit und echte Gläubigkeit« (BRONNEN 1954: 162), aber das Hörspiel existierte weder als Wunsch noch als Gattung. Trotz aller Kulturorientiertheit: Das »Minderheitenprogramm eines Massenmediums« (KARST 1981: 82), die nur dem Rundfunk eigene Kunstform, musste erst noch gefunden und erprobt werden.

DAS ARTEIGENE SPIEL DES RUNDFUNKS

Wann das erste funkspezifische Hörspiel im deutschen Rundfunk gesendet wurde, war lange strittig. Die Datierungen variierten, doch inzwischen gilt die Ursendung des radioreflexiven Spiels *Zauberei auf dem Sender* als die Geburtsstunde des deutschen Hörspiels. Der *Versuch einer Rundfunkgroteske* (so der Untertitel) handelte von Störungen des Sendebetriebs und war eigentlich ohne künstlerische Ambitionen entstanden. Der Text stammte von Hans Flesch, dem künstlerischen Leiter in Frankfurt, und wurde vom Frankfurter Sender am 24. Oktober 1924 urgesendet, einige Monate vor Rolf Gunolds eher literarischem Spiel *Spuk* (Breslau, 21.6.1925). Auch die erste Hörspieldefinition ist aus dem

Jahre 1924; sie wurde von dem Kritiker und Redakteur Hans Siebert von Heister in seiner Zeitschrift *Der Deutsche Rundfunk* geprägt und bestimmte das Hörspiel als »das arteigene Spiel des Rundfunks«. »Bis dahin hatte man sich mit Begriffen wie ›Sendungsspiel‹, ›Funkspiel‹, ›Funkdrama‹ und ähnlichen Prägungen begnügen müssen« (SCHWITZKE 1963: 46).

VORLÄUFER SENDESPIEL: KLASSISCHE LITERATUR IM HÖRFUNK

Bevor sich ein arteigenes Spiel entwickeln konnte, strahlten die Hörfunkstationen ›Sendespiele‹ aus, die nicht originär für den Rundfunk geschrieben waren. »Nicht die Öffentlichkeit hatte auf den Rundfunk gewartet«, so bewertete der Autor, Radiopionier (seit 1925 dem Hörfunk verbunden) und ›Radiotheoretiker‹ Bertolt Brecht die frühen Jahre, »sondern der Rundfunk wartete auf die Öffentlichkeit [...] Am Anfang half man sich damit, dass man nicht überlegte. Man sah sich um, wo irgendwo irgendjemandem etwas gesagt wurde, und versuchte hier lediglich konkurrierend einzudringen und irgendetwas irgendjemandem zu sagen. Das war der Rundfunk in seiner ersten Phase als Stellvertreter. Als Stellvertreter des Theaters, der Oper, des Konzerts, der Vorträge, der Kaffeemusik, des lokalen Teils der Presse« (BRECHT 1967: 128). Zunächst wählte der frühe Hörfunk Stücke mit wenigen Personen und sendete sie wie Vorlesungen mit verteilten Rollen; dann gab es erste Versuche mit klassischer Literatur. Im November 1924 wurde in Hamburg die Inszenierung von Johann Wolfgang von Goethes *Faust II* als literarisches Rundfunkereignis gefeiert. Wenig später eröffnete Alfred Braun die ›Sendespielbühne‹ der Berliner Funk-Stunde mit Friedrich Schillers *Wallensteins Lager* (3.1.1925) – die Schauspieler traten (öffentlichkeitswirksam auf dem Pressefoto) in Kostüm und Maske, in Wehr und Waffen auf. Doch erst Arnolt Bronnens Bearbeitung des klassischen Textes (15.2.1927) wurde »die erste Aufführung eines literarischen Hörspiels im deutschen Rundfunk« (BRONNEN 1954: 162). Bronnen hatte Schiller radikal gekürzt und – funkgemäß – auf die Tragödie Wallensteins konzentriert. »Das Hörspiel ist möglich!« jubelte der Kritiker Ludwig Kapeller nach der Ursendung. Und auch die Wirkung »auf die noch ungewohnten Berliner Ohren« war »beträchtlich«, wie Bronnen später notierte. »Das spürte ich schon bei meinem Mechaniker, bei dem ich mir damals, zu Beginn meiner Auto-Leidenschaft, des Öfteren einen kleinen Wagen zu entleihen pflegte, und wo ich also gleich in eine kunsttheoretische Debatte verwickelt wurde. Ich war erstaunt, wie richtig dieser nach dem Sprachgebrauch als ›ungebildet‹ zu bezeichnende Mann, für den Wallenstein und seine Generale doch wenig mehr als bloße Namen waren, die menschlichen Taten, aus den menschlichen Anlagen entspringend, einschätzte« (BRONNEN 1954: 162).

FRÜHE RADIOFASZINATION: RADIOBASTLER

Es war eine besondere Zeit, der Reiz des neuen Mittelwellenmediums enorm. »Am 1. Juli 1924 gab es bereits 100.000 Rundfunkteilnehmer, deren Zahl im 2. Halbjahr 1924 bis auf eine Million anwuchs« (WÜRFFEL 1978: 11). »Aus eigener Erinnerung«, so berichtete der spätere ›Hörspielpapst‹ Heinz Schwitzke über seine frühen Radioerfahrungen, »wie aus den Erzählungen alter Rundfunkmänner und Rundfunkhörer möchte ich geltend machen, dass in den grauen Jahren nach 1920 – bis etwa 1925/26 – eine fantastische und wilde Radio-Bastelleidenschaft die Menschen, gerade auch die geistigen, ergriffen hatte, in der sich technische und künstlerische Neugier auf eine heute unvorstellbare Weise mischten. Ich entsinne mich noch der Empfindungen von 1922/23 beim Anhören der ersten Rundfunkkonzerte vom Königswusterhausener Versuchssender, aber genauer kann ich mich der Schauer erinnern, die wir – mein Vater und ich, als etwa Fünfzehnjähriger – verspürten, als wir, die Kopfhörer an den Ohren, mit einem selbstgebastelten Apparat, einer riesigen Akkumulatoren-Batterie und sogenannten ›Rotkäppchenröhren‹ aus dem Weltkrieg, in unserer Berliner Vorortswohnung zum ersten Male den Glockenschlag von Big Ben vernahmen [...] Ich glaube, dass die Funkbearbeitungen klassischer und moderner Dramen mit den Anfängen des Hörspiels weniger zu tun haben als diese Erscheinungen, die man mit dem Begriff ›Hörspielerei‹ zusammenfassen könnte. Hier ist wirklich ab ovo begonnen worden. Alfred Braun hat mir mündlich berichtet, wie er einmal auch den Dichter Döblin in dessen Wohnung ertappte: Kopfhörer über den Ohren, eine schwarzlackierte Spule auf den Knien, den Detektorstift in der Hand, und wie er, Braun, erschrocken auf den Zehen stehen blieb, um den Lauschenden nicht zu stören. Dies muss einkalkuliert werden, wenn man Brechts, Benns, Döblins, Kasacks schöpferische Anteilnahme an dem Instrument Rundfunk begreifen will, um wie viel mehr bei den anonymen Hörern. Die Bastelleidenschaft war jahrelang ein künstlerisches Stimulans, ähnlich wie es die Theaterleidenschaft sein kann« (SCHWITZKE 1963: 56f.).

Adaptionen, die den Hörern Theaterstücke nahe bringen sollten, waren früh ein fester – und manchmal sogar zwei- bis dreistündiger – Programmteil. Bereits 1926 wurden rund 600 Werke von 280 Dramatikern im Hörfunk gesendet. Doch die Zusammenarbeit zwischen den Konkurrenten Theater und Hörfunk war zunächst schwierig. Das alte Medium ›Theater‹ sah in dem neuen Medium ›Hörfunk‹ nur die gefährliche Konkurrenz – und auch aus diesem Grund musste das Radio früh nach eigenen, radiospezifischen Formen suchen. Um neue Autoren und Stoffe zu bekommen, schrieb die Radiozeitschrift *Die Sendung* 1924 erstmals ein Preisausschreiben aus – und musste es wieder absagen. Auch ein neuer Versuch 1927 brachte zwar 1.177 Einsendungen, aber keine besonderen Qualitäten und keine neuen Hörspieldichter. Der von der Reichs-Rundfunk-Gesellschaft ausgeschriebene Preis wurde nicht verliehen.

ANPASSUNG ANS RADIO: DIE BEARBEITER

Recht bald zeigte sich, dass Theaterstücke nicht eins zu eins im Radio übertragen werden konnten oder besser sollten. Die Helden etwa mussten im Hörfunk unsichtbar bleiben – und dies hatte für die Inszenierung Folgen. Früh etablierte sich deshalb neben dem Autor auch der Bearbeiter zunächst vor allem von klassischen Theatertexten. Über diese in der Regel eher unbekannten Mitarbeiter ist nur wenig bekannt. Rudolf Hoch etwa bearbeitete 1927 Shakespeares *Hamlet, Prinz von Dänemark* (Deutsche Stunde), führte Regie und gehörte auch zu den Sprechern. Auch populäre Autoren probierten sich damals als Bearbeiter aus. Arnolt Bronnen beispielsweise bearbeitete Schillers *Wallenstein* (1927), Kleist oder Hoerschelmann, Bertolt Brecht das Shakespeare-Stück *Macbeth* (Funkstunde Berlin 1927).

RADIO, TECHNIK, LIVE-PRINZIP

Die frühen Hörspiele konnten einzig in den Funkhäusern produziert werden. Sie waren unabdingbar mit der Radiotechnik verbunden und ein reines und ausschließliches Radioprodukt. »Die Tatsache, dass die Hörspielform ohne die technischen Rundfunkvorgänge nicht entstehen kann, unterscheidet sie grundsätzlich von allen anderen Sendeformen des Rundfunks, die, sofern sie nicht mit Hörspielelementen gemischt sind, bloß Übertragung, bloß Reproduktion darstellen. In diesem Satz ist die erste Definition des Hörspiels enthalten« (SCHWITZKE 1963: 43). Die frühen Hörspiele wurden ausschließlich live gesendet und unter schwierigen Produktionsbedingungen hergestellt: »Ich hatte«, schrieb Erich Kästner 1929, »anderthalb Stunden Gelegenheit, zu beobachten, mit welcher Präzision die Inspizienten und ihre Handlanger zu arbeiten verstehen. Und ich sah auch, welche Mühe und welche Aufmerksamkeit diese Präzision erfordert. Kein Wort darf gesprochen oder auch nur geflüstert werden. Zwanzig Menschen, über zwei Räume und einen Flur, der die Säle verbindet, verteilt, und jeder hält ein Textbuch in der Hand, in dem der Regisseur mit Blau- und Rotstift inszeniert hat, und jeder wartet auf bestimmte Winke, winkt weiter, winkt wieder, führt Winkbefehle aus! [...] Er selber, der Regisseur, sitzt inzwischen in seiner Isolierzelle, hört per Radio, was außerhalb seiner Zelle geschieht, gibt durch ein Fenster Wink-Kommandos, jagt seine Sendboten zu den Inspizienten, sie möchten den Regen das nächste Mal besser machen, und zu der Schauspielerin X, sie möge lauter sprechen oder eindringlicher weinen. Und zwischendurch verschlingt er ein Wurstbrötchen, weil er den ganzen Tag schon gesprochen und einstudiert und gewirkt hat« (BLAES 2002: 28).

Außerhalb der technisch noch einfachen Hörfunkstudios war das frühe Hörspiel nicht realisierbar. Es war ausschließlich im Radio mit seinen knisternden Mittel(MW)- und Langwellefrequenzen (LW) hörbar. Unabhängig vom Hörfunk war die spezifische Radiokunst nicht möglich. Hörspiele wurden nicht separat aufgeführt (wie etwa Theaterstücke), sondern waren ein Bestandteil eines vielfältigen – 1925 durchschnittlich etwa sechsstündigen und bald permanenten – täglichen Live-Radioprogramms. Und sie waren vor allem regionale Spiele. Weiter als 150 Kilometer konnten die ersten Sender nicht senden; das Hamburger Programm blieb den Leipziger Hörern unbekannt – und umgekehrt. Die Hörer hatten kaum Alternativen, aber das störte damals wenig. Und wenn ein Stück von mehreren Sendern gespielt wurde, dann immer in verschiedenen Realisationen. Kein Spiel war gleich. Doch die Ausstrahlung eines Hörspiels bei zwei Sendern war lange nicht die Regel, sondern ein »unwahrscheinliches Glück« (SCHNEIDER 1984: 162).

DAS HÖRSPIEL ALS REGIONALE RADIOKUNST

Die Zahl der Hörfunkmitarbeiter war in den ersten Jahren gering, eigenständige Hörspielabteilungen gab es bis Anfang der 1930er-Jahre nicht – und so bestimmten einzelne Personen das jeweilige, regionale Hörspielprofil.

Alfred Braun war seit 1924 der erste Berliner und wohl auch deutsche Hörspielleiter. Er förderte bei der Berliner Funk-Stunde das literarische Hörspiel und schuf den ›akustischen Film‹ *Der tönende Stein* (Funk-Stunde Berlin, 6.3.1926). Braun »vereinigte damals in seiner Person alle künstlerischen Ambitionen des deutschen Rundfunks«, notierte Bronnen (1954: 162), der seit 1928 als Hörspieldramaturg unter Braun arbeitete. 1929 berichtete Braun auf der Arbeitstagung ›Dichtung und Rundfunk‹ in Kassel-Wilhelmshöhe: »Lassen Sie mich allgemein vorweg nur eine Feststellung machen, die, dass ich nicht vom Hörspiel als von einem existierenden gewissen Besitz des Rundfunkprogramms rede – von einer bereits gelungenen Lösung, einer bereits erlebten Vollendung; ich spreche lediglich von der Möglichkeit eines Hörspiels, vielleicht auch von den Möglichkeiten eines Hörspiels und von Versuchen zu einem Hörspiel« (DUR 2000: 94). »Als ein erster, grundlegender Versuch erscheint mir die Aufführung eines akustischen Films im zweiten Jahr der deutschen Sendespieltätigkeit. Akustischer Film – so nannten wir in Berlin [...] ein Funkspiel, das in schnellster Folge [...] bewusst die Technik des Films auf den Funk übertrug. Jedes der kurzen Bilder stand auf einer besonderen akustischen Fläche: eine Minute Straße mit der ganz lauten Musik des Leipziger Platzes, eine Minute Demonstrationszug, eine Minute Sportplatz, eine Minute Bahnhofshalle, eine Minute Zug in Fahrt usw. [...] Und das Ergebnis dieses ersten, gewiss nicht vollkommenen Versuches? Unser Publikum hat uns mit größter Begeisterung länger als zwei Stunden zugehört« (DUR 2000: 95f.). Später realisierte Braun legendäre Hörspiele wie Friedrich Wolfs *sos ... rao rao ... Foyn – Krassin rettet Italia* oder Hermann Kessers *Straßenmann*.

Hans Flesch, der mit seiner »Groteske« (Flesch) *Zauberei auf dem Sender* 1924 das erste Hörspiel schuf, prägte auch als Intendant der Südwestdeutschen Rundfunkdienst AG in Frankfurt ein eher akustisch orientiertes Hörspiel. »Ich habe noch kein sogenanntes Hörspiel gefunden, das sich nicht als ein verkapptes Schauspiel entpuppt hätte [...] Der Rundfunk ist ein mechanisches Instrument, und seine arteigenen künstlerischen Wirkungen können infolgedessen nur von der Mechanik herkommen. Glaubt man nicht, dass das möglich ist, so kann man eben an das ganze Rundfunk-Kunstwerk nicht glauben« (HAGEN 2005: 107). Flesch wandte sich wie kein anderer gegen das reine Live-Hörspiel und plädierte für die Verwendung des Tonbands bei der Produktion von Hörspielen. Schließlich bevorzugte er die Auftragsvergabe – etwa an Walter Benjamin.

Ernst Hardt prägte seit 1926 das Hörspiel bei der Westdeutschen Rundfunk AG (WERAG) in Köln. Er orientierte sich stark am Drama und an der Sendespiel-Bühne. 1929, als das Hörspiel eine »noch mehr erträumte als erkannte oder gar geschaffene Kunstform« (DUR 2000: 82) war, formulierte er in Kassel: »Das Urelement der dramatischen Partitur scheint mir das Wort, scheint mir die Sprache zu sein, und der Rundfunk bedeutet die Reinthronisation ihrer ursprünglichen Macht, die wir fast vergessen hatten. Der Hörspieler, erlöst von der hemmenden Zwangsvorstellung des vergessenen Textes, befreit von Schminke, Kostüm und aller körperlichen Ablenkung, ist für seine Wirkung einzig und allein gestellt auf die seelische und gedankliche Erfülltheit seines Innern, das sich nicht anders als in den abertausendfachen Tönungen des gemeisterten Wortklangs offenbaren kann. Vertiefung in die Dichtung und durch die Dichtung heißt für ihn also Leben oder Sterben, und wehe ihm, wenn er nicht ein Mensch ist; den größten, den berühmtesten Komödianten zerbricht das Mikrofon bis zur Kläglichkeit« (DUR 2000: 85f.). Eigene

Radiostücke schuf Hardt nicht, er konzentrierte sich auf die Regie und realisierte zwei Hörstücke, die (später) exemplarisch für zwei sehr unterschiedliche Hörspieltraditionen stehen sollten: Bertolt Brechts *Der Lindberghflug* (1929) sowie Eduard Reinachers *Der Narr mit der Hacke* (1930).

Julius Witte war bis 1928 der literarische Leiter bei der Mitteldeutschen Rundfunk AG (MIRAG) in Leipzig. Er schrieb 1924 das Vorweihnachtshörspiel *Ein Familienabend am Kamin* (2.12.) und wurde vor allem mit Klassik-Inszenierungen berühmt. Sein *Käthchen von Heilbronn* wurde bis 1929 fünf Mal wiederholt. Doch dann hieß es: »Die bis dahin übliche Methode, Hörspiele von drei bis vier Stunden Dauer zu senden, wurde als zu ermüdend erkannt.« Für Witte musste das Hörspiel die »intensivste Verinnerlichung des Wortes, der Sprache und ihres Inhalts« (DÖHL 1988: 123) ermöglichen.

Hans Bodenstedt arbeitete bei der Nordischen Rundfunk AG (NORAG) in Hamburg. Er war seit 1924 literarischer Leiter, schrieb Hörspiele (*Der Herr der Erde*, NORAG 1926) und wurde später Intendant. Um »den Rundfunk für die jüngsten Dichter, die jüngsten Dichter für den Rundfunk zu gewinnen«, gründete er den ›Kreis der Zwölf‹. »Der ›Kreis der Zwölf‹ ist im April 1928 entstanden. Die Idee ging von Hans Bodenstedt aus [...] Sein schönstes Ziel ist, der jüngsten Dichtung mit dem grandiosen Mittel des Rundfunks eine Heimat im Kopf und Herzen der Zeit zu schaffen [...] Der ›Kreis der Zwölf‹ bekennt sich zum Rundfunk [...] Er will aus dem Geiste der jüngsten Dichtung heraus gerade das Sendespiel, dies Zentralgebiet allen funkischen Schaffens, beleben, vorwärts treiben, aus dem Nur-Experimentellen zu Geltung und Gültigkeit führen« (WILLE 1929: 9). Und in der Tat: »Von Martin Beheim-Schwarzbach, Manfred Hausmann, Hansjürgen Wille, Erik Brädt und Otto Alfred Palitzsch wurden ab 1928 Hörspiele bei der NORAG uraufgeführt, die im Falle von Palitzsch auch überregional auf großes Echo stießen« (LEONHARD 1997: 1158).

Fritz Walter Bischoff ging seit 1925 bei der Schlesischen Funkstunde in Breslau einen ganz eigenen Weg. Er dachte vor allem akustisch, hoffte auf das ›reinste Kunstwerk‹ und realisierte selbst das Hörspiel *Hallo! Hier Welle Erdball!!* (Breslau, 4.2.1928) – es sollte viel später als frühes akustisches Funkwerk Furore machen. In Breslau wurden präzise abgesprochene Aufträge an Autoren vergeben. In den Anfangsjahren bevorzugte man Hörfolgen und stark musikorientierte Funkrevuen. 1929 sendete Breslau Bischoffs *Revue Song* (9.4.). Bischoff verstand sich auch als Intendant als Initiator: »Der Sendeleiter muss anregend, beratend, mitschöpferisch Bewegung unter den Dichtern und Komponisten entfesseln, diese Bewegung seinem Programmwillen einordnen, nur so werden die Schaffenden dem Rundfunk zugeführt« (LEONHARD 1997: 1173).

Die ›Deutsche Stunde‹ in München hingegen verzichtete fast vollständig auf funkeigene Originalhörspiele. Seit 1926 war Hellmuth Habersbrunner Spielleiter, er setzte eher auf bayrische Volksstücke. Der Anteil an funkeigenen Originalhörspielen war äußerst gering. »Bahnbrechende Experimente« – so die Zeitgenossen – gab es eher bei den vom musikalischen Leiter Gerhart von Westerman angeregten musikalischen Hörspielen.

HÖRSPIELDISTANZ DER ETABLIERTEN SCHRIFTSTELLER

Die Anfänge waren schwierig, und viele der frühen – eigens für den Hörfunk erstellten – Hörspiele waren vermutlich Sendespiele oder akustisch-literarische Spielereien. Schon sehr früh versuchte man, auch die Musik für die Hörspiele nutzbar zu machen. Bereits das erste Hörspiel, Fleschs *Zauberei auf dem Sender*, enthielt etablierte (Walzer-)Melodien, für andere Produktionen wurden Komponisten wie Giuseppe Becce oder Gerhart von Westerman mit Aufträgen betraut. 1925 prägte Kurt Weill, damals Redakteur der Hörfunkzeitschrift *Der Deutsche Rundfunk*, den Begriff »absolute Radiokunst«, doch das »über der Erde schwebende, seelenhafte Kunstwerk«, das »zu den Tönen und Rhythmen der Musik neue Klänge hinzutreten« lässt, wurde nie umgesetzt (DÖHL 1988: 80).

1926 schrieb Fritz Gerathewohl erste Hörspielvorlagen mit Musik (*Der Pomeranzendieb*; MIRAG), 1928 begründete Bronnen die Form der dialogisierten Novelle (*Michael Kohlhaas*; Funk-Stunde 1928). Der Textbedarf des Hörfunks war enorm, seit 1925 bestanden etwa zwei Prozent des Programms aus Hörspielen. Aber die berühmten Autoren blieben reserviert. Bereits 1927 forderte Brecht funkeigene Radiospiele – und machte sich über die Honorare lustig: »Es müssen Werke [...] ausschließlich für das Radio gemacht werden. Was die Hörspiele betrifft, so sind hier ja tatsächlich von Alfred Braun interessante Versuche gemacht worden. Der akustische Roman, den Bronnen versucht, muss ausprobiert und diese Versuche müssen fortgesetzt werden. Dazu dürfen auch weiterhin nur die allerbesten Leute herangezogen werden. Der große Epiker Alfred Döblin wohnt Frankfurter Allee 244 (Berlin). Ich kann Ihnen aber vorher sagen, dass alle diese Versuche an den ganz lächerlichen und schäbigen Honoraren scheitern werden, die die Funk-Stunde für solche kulturellen Zwecke zu vergeben hat« (BRECHT 1967: 122f.).

Doch nicht nur die Honorare hielten die Autoren vom Funk ab. »Von den Autoren will noch immer ein mächtiger Teil, man möchte sagen unbesehen, nichts vom Rundfunk wissen«, beklagte Döblin im September 1929 auf der Arbeitstagung ›Dichtung und Rundfunk‹ in Kassel, »weil er den Rundfunk für etwas Vulgäres, für Unterhaltung und Belehrung plumper Art hält« (DUR 2000: 35f.). Döblin hingegen sah in dem neuen terziären Medium eine Möglichkeit, die Beschränkungen der nur schriftlichen Literatur zu durchbrechen und wieder den »eigentlichen Mutterboden jeder Literatur« (DUR 2000: 37) zu betreten: die Mündlichkeit. Jetzt aber in ihrer modernen rundfunkmedialen Form und durch Musik, Geräusche, gar Serialität ergänzt. Ironie am Rande: Auf »einer der glanzvollsten Tagungen der Rundfunk- und Hörspielgeschichte« (SCHWITZKE 1963: 33) diskutierten über den Rundfunk Autoren, die nur zu einem Viertel selbst auch einen Empfangsapparat besaßen (LEONHARD 1997: 1165).

FUNKANGESTELLTE UND NEWCOMER MACHEN HÖRSPIELE

»In den ersten Rundfunkjahren stammten fast alle Hörspielversuche, die über das reine Unterhaltungsspiel hinausgingen, noch von Mitarbeitern der Sendegesellschaften« (LEONHARD 1997: 1160), und häufig gab es Personalunionen zwischen Autoren, Produzenten und Hörspielern. Auch die Schauspieler taten sich mit dem neuen Medium schwer. »Mein erster Eindruck vor dem Mikrofon«, schrieb der Schauspieler Paul Bildt: »Weißer Schrecken überfiel mich. Kein gewohntes Premierengeräusch, kein Stuhlknacken, kein Tuscheln, kein feindliches Sichräuspern, kein Vollhusten ringsum. Die unheimliche Stille kam über mich.« Und dann kam auch noch die Schwierigkeit, so zu sprechen oder besser zu rufen, dass der Inhalt der Stücke von den Hörern auch über Mittelwelle verstanden werden konnte.

Neben den Funkangestellten schrieben auch literarisch Unbekanntere wie Rolf Gunold oder der im Funk ungemein präsente Autor Gerhart Hermann-Mostar Hörspiele. Der in Paris lebende Lyriker und Dramatiker Rudolf Leonhard (*Wettlauf*, Schlesische Funkstunde 1928) debütierte »ohne je ein Hörspiel oder sonst eine Sendung gehört zu haben« (SCHNEIDER 1984: 165). Radioanfänger wie Peter Fritz Buch taten sich mit dem neuen Medium schwer: »Als ich zum ersten Mal den Plan fasste, ein Hörspiel zu schreiben, schien mir das eine sehr leichte Sache zu sein. Als ich an die Ausführung ging, wurde ich nachdenklicher. Als ich den Entwurf überlas, erschrak ich vor seiner Unzulänglichkeit. Ich packte alles in den Papierkorb und fing noch einmal von vorne an. Ich hatte gedacht, es genüge, einen allgemein interessierenden Stoff zu haben, ihn in eine prägnante Szenenfolge zu fassen und diese nach den besonderen Erfordernissen des Rundfunks mit möglichst vielen akustischen Sensationen auszustatten. Während der Arbeit erst gingen mir die Ohren auf. Ich dachte nämlich plötzlich, dass es gar nicht darauf ankommt, dem Hörer möglichst reiche Höreindrücke zu vermitteln. Im Gegenteil. Ich musste ihn eigentlich vergessen machen, dass er zu Hause in seinen vier Wänden sitzt, den Kopfhörer über den Ohren oder den Lautsprecher vor sich auf dem Tisch« (BUCH 1930: 9).

»Vor 1929«, so notierte Heinz Schwitzke in seiner immer noch lesenswerten Hörspielgeschichte, »hat kein Schriftsteller von Rang der jungen Hörspielform seine Gunst geschenkt« (SCHWITZKE 1963: 65). Die etablierten Schriftsteller mieden das noch speicherfreie neue und rein orale Medium ›Hörfunk‹ und blieben ihrer ›Gutenberg-Galaxis‹, der Kultur des Buches und des (leise) Lesens, fest verbunden. Dabei war das Radio Ende der 1920er-Jahre längst nichts Unbekanntes mehr, auch kulturell nicht. »Das rasche Anwachsen der Hörer-Anzahl vergrößerte auch die Etats der Sende-Gesellschaften. Es gab damals (1928) mehr als drei Millionen Hörer, für die Sendegesellschaften fielen 36 Millionen Mark ab, eine im kulturellen Bereich unvorstellbar große Summe [...] Der Rundfunk war eine Macht geworden« (BRONNEN 1954: 205).

3. LITERARISCHE BLÜTEZEITEN (1929-1968)

3.1 SCHRIFTSTELLER ENTDECKEN DAS HÖRSPIEL

Ende der 1920er-Jahre stieg die Zahl der gesendeten Hörspiele enorm. 1930 wurden 854 ›dramatische Sendespiele‹ gezählt. Bis 1932 war das Radioangebot auf 1.400 Hörspiele, Hörfolgen und hörspielartige Darbietungen für Erwachsene gestiegen. Etwa zwei Prozent des stetig verlängerten Gesamtprogramms bestand aus Hörspielen – aber unter einem Hörspiel konnte man sich sehr Unterschiedliches vorstellen. In der Regel wurden die Hörspiele zu den besten Sendezeiten gegen 20 Uhr ausgestrahlt. Die ›eigentlichen‹ Hörspiele machten etwa ein Drittel des Angebots aus – und unter diesen waren plötzlich vor allem literarische Produktionen aufregend. »1929«, so Schwitzke, »beginnt mit einem Schlag die Zeit des literarisch relevanten Hörspiels in Deutschland«, eine erste »Blütezeit« (SCHWITZKE 1963: 71).

LITERATUR UND MUSIK

Doch was bedeutet »literarisch relevant« fürs Hörspiel? Schriftsteller, die oft schon vor 1929 dem Rundfunk verbunden waren, moderiert, gelesen, plädiert, bearbeitet, vorgeschlagen, kritisiert oder gebastelt hatten, schrieben nun bedeutende Hörspiele – deren akustische Realisation freilich nur den Zeitgenossen während der Ausstrahlung kurzzeitig zugänglich war. Aber es war kein so plötzlicher Durchbruch: 1925 trat Bertolt Brecht (*Mann ist Mann*, 1927; *Macbeth*, 1927) erstmals im Hörfunk auf, 1925 begannen Alfred Döblin und Hermann Kasack als Funkmitarbeiter, 1926 Hans Kyser, Eduard Reinacher, Walter Erich Schäfer oder Friedrich Wolf. Und ihre Vorstellungen vom Hörspiel waren überraschend offen, ausprobierend und keineswegs nur rein literarisch: Bertolt Brechts ›Radiohörspiel‹ *Lindberghflug* etwa wurde während des Baden-Badener Musikfestes 1929 uraufgeführt. Die Musik stammte von Paul Hindemith und Kurt Weill, es spielte das Frankfurter Rundfunkorchester – und Ernst Hardt (neben Braun Brechts Regisseur in den Weimarer Jahren) führte Regie. Technische Probleme verhinderten eine Direktübertragung der Aufführung. Stattdessen wurde eine am 29. Juli im Frankfurter Sender nachproduzierte Fassung über alle deutschen Sender (außer München) ausgestrahlt – wegen Leitungsproblemen war die Qualität der Übertragung katastrophal (LEONHARD 1997: 854). Eine Aufzeichnung gibt es nicht, nur Teile einer späteren Produktion der Berliner Funk-Stunde (18.3.1930) mit dem Berliner Funkorchester (Regie: Hermann Scherchen) haben sich erhalten. Doch war der *Lindberghflug* ein Hörspiel? Brecht hat das Stück später ein »Radiolehrstück für Knaben und Mädchen« genannt, in den Nachkriegsjahren spielte es unter den Hörspielern offenbar keine große Rolle. Für den damals maßgeblichen Hörspieltheoretiker Schwitzke beruhten »Rundfunksendungen als Hörspiel eigentlich auf einem Missverständnis« (WÜRFFEL 1978: 35). Inzwischen spricht man auch vom – kurzen – »Durchbruch des musikalischen Hörspiels« im Jahre 1929 (LEONHARD 1997: 947).

Andere Schriftsteller wie Walter Bauer, Johannes R. Becher, Günter Eich (*Leben und Sterben des großen Sängers Enrico Caruso*; Funk-Stunde 1931), Fred von Hoerschelmann (*Flucht vor der Freiheit*; ORAG, 14.8.1931), Ernst Johannsen, Erich Kästner, Hermann Kesser oder Wolfgang Weyrauch wandten sich – es fehlt immer noch an präzisen Funkbi(bli)ografien – offenbar erst gegen 1929 mit sehr unterschiedlichen Funkpoetiken auch dem Hörspiel zu. »Die Prominenten der älteren Generation« aber, so notierte der Medienkritiker von Heister 1931, »verhielten und verhalten sich auch heute noch dem Rundfunk gegenüber ablehnend«

(HUCKLENBROICH 2002: 40). Das Bild ist freilich sehr vielschichtig. Gerhart Hauptmann (1862-1946) etwa schrieb zwar nie ein Originalhörspiel, doch 66 Sendetermine mit Hörspieladaptionen von einigen seiner dramatischen Werke sind zwischen 1924 und 1932 nachweisbar.

Die Schauspieler, die sich anfangs sehr zurückhaltend verhielten, wandten sich zunehmend dem Hörspiel zu. Sie verdienten so nicht nur zusätzliche Honorare, sie wurden, so Alfred Braun, »begeisterte Träger« und »Stützen« des frühen Hörspiels: Otto Blumenthal etwa, Ernst Busch, Kurt Erhardt, Heinrich George, Hilde Körber, Fanny Schreck, Hans-Heinrich von Twardowski und viele andere – ihre Hörspielgeschichte ist noch nicht geschrieben. Und als Regisseure traten – auch über ihr Wirken und ihre Regiearbeit weiß man nur sehr wenig – nun Max Bing, Fritz Walter Bischoff, Hans Böttcher, Alfred Braun, Gerd Fricke, Ernst Hardt, Edlef Köppen, Ernst Pündter, Rudolf Rieth oder Julius Witte hervor.

DER NARR MIT DER HACKE

Es war vor allem ein Werk, das für die erste Blütezeit des Hörspiels stand: Eduard Reinachers – fast vergessenes – Hörspiel *Der Narr mit der Hacke*. Das als Wachsplattenmitschnitt erhaltene Spiel wurde am 11. Juli 1930 in Köln urgesendet und war der Höhepunkt der frühen Kölner Dramaturgie. Regie führte Ernst Hardt. Der WERAG-Intendant setzte in dem dichterischen Spiel nach japanischen Motiven auf das (lyrische) Wort und das symbolisch eingesetzte Geräusch (einer Hacke). »Hardt gebührt das Verdienst, Reinacher zuerst als Autor, dann – 1932/33 – auch als Dramaturgen an seinen Sender geholt zu haben [...] Hardt sah seine wichtigste Programmaufgabe in der Hörspielarbeit. Er hat unter anderem einen eigenen, sehr charaktervollen Inszenierungsstil entwickelt« (SCHWITZKE 1963: 172).

Die Zeitgenossen, vor allem aber die ersten Hörspieltheoretiker, waren von Reinachers *Der Narr mit der Hacke* begeistert – und setzten große Hoffnungen in ihn und das literarische Hörspiel, das literarische Mono- und Mittelwellenhörspiel. »Das künstlerische Hörspiel«, so schrieb etwa M. Felix Mendelsohn, »könnte die Kreise zum Rundfunk bekehren, die ihm heute noch fern stehen; denn alles, was sonst der Rundfunk an Kunst bietet, lässt sich auch anderweitig vermitteln.

›Nur die Hörspieldichtung ist spezifisch funkisch. Sie ist die Krönung des Funks!‹ Diese vortrefflichen Sätze stehen im Buch Das Horoskop des Hörspiels von Richard Kolb« (MENDELSOHN 1932: 202). Eduard Reinacher, so lobte Schwitzke später, ist »als Erstem der Durchbruch zum wirklichen Hörspiel gelungen [...] Sein Beispiel ist für alle weiteren Versuche der nächsten Jahre, bis hinein in die unmittelbare Vorkriegszeit, Triebkraft und Unruhe gewesen. Man wusste nun, dass es von der gesprochenen poetischen Sprache her einen Zugang gibt zu dieser eigenen inneren Welt, die im Hörspiel Leben gewinnt« (SCHWITZKE 1963: 179). Aber es gab in dem Hörspiel auch Musik. Sie stammte von Hans Ebert.

WELTERFOLG

Das ›eigentliche‹ Weimarer Hörspiel stammte von Reinacher, das wohl meistgespielte war Ernst Johannsens Kriegshörspiel *Brigadevermittlung* (Deutsche Stunde 1929). Beide handelten in damals hörspieltypischen Situationen: Reinackers Spiel im (dunklen) Berg, Johannsens Originalhörspiel in einer unterirdischen Telefonvermittlungszentrale an der Front. Mehr als 50 Mal wurde das Stück über den 1. Weltkrieg in elf Ländern gesendet. *Der Deutsche Rundfunk* schrieb 1931 von einem »Welterfolg, wie er bei Werken der Film- und Bühnenkunst vorkommt«, den es aber bei einem Hörspiel noch nicht gegeben habe – und auch nach 1933 wurde die Produktion noch mehrmals gesendet. Hermann Kesser machte in *Schwester Henriette* (Deutsche Stunde 1929) erstmals den inneren Monolog zum ausschließlichen Gestaltungselement – das Hörspiel adaptierte eine ältere Erzählung. Hermann Kasacks Worthörspiel *Stimmen im Kampf* (Funk-Stunde 1930) verschränkte die inneren Monologe zweier Tennisspieler. Andere Autoren bevorzugten Polarexpeditionen und Ozeanüberquerungen. Walter Erich Schäfer brachte mit seinem Polarstück *Malmgreen* (Berlin 1929) das Hörspiel in die Nähe des realitätsgesättigten (damals Hörfolge genannten) Features; Friedrich Wolf erzählte in dem Polarhörspiel *S.O.S ... Rao rao ... Foyn. Krassin rettet Italia* (Deutschlandsender 1929) eine dramatische Rettungsaktion. Solche Hörspiele über exponierte Aktionen spielten nach 1929 eine bedeutende Rolle im Hörspielprogramm.

ZEITSTÜCKE UND ARBEITSLOSENHÖRSPIELE

Einen beträchtlichen Anteil am Hörspielangebot hatten bis 1933 dramatische Reportagen und Zeithörspiele. 1930 erregte Erich Ebermayer mit *Der Minister ist ermordet* (Funk-Stunde 1930) reichlich Aufsehen – man hatte das Hörspiel als real rezipiert. Seit 1929 gab es Arbeitslosenhörspiele (KRUG 1992) mit oft ungewöhnlichen Entstehungsgeschichten. Der Arbeiterschriftsteller Karl August Düppengießer etwa stand an seiner Werkbank und schrieb dort *Toter Mann* (WERAG 1931). »Ich habe«, erklärte Düppengießer später, »das Hörspiel geschrieben, weil ich mich schuldig fühlte, weil es mir verhältnismäßig viel besser ging«. Das erste und einzige Hörspiel Düppengießers bildete den krönenden Abschluss einer hervorgehobenen Kölner ›Solidaritätswoche‹ zum Thema ›Arbeitslosigkeit‹ – und sollte Emotionen freisetzen, Hilfe ermöglichen, wirken. Darauf zielte auch die Inszenierung, die Intendant Ernst Hardt eigenhändig leitete und eindringlich gestaltete: realistisch mit Maschinenklang und Stadtlärm und doch voll Solidarität – und Hoffnung. Mehr als 60 publizistische Reaktionen – so erinnerte sich Düppengießer Jahrzehnte später in einem Radiointerview mit Karl Karst – erregte das Spiel um den jungen Hannes Rader (Sprecher: Wolfgang Langhoff) und ein »derart überwältigendes Echo, wie die Funkleute es in diesem Ausmaße nicht kannten und niemals erwartet hatten«. Doch nur die etwa 800.000 Hörer im Bereich der WERAG konnten das flüchtige Spiel damals einmal hören, dann schien es selbst in Köln ›zu gefährlich‹ geworden zu sein.

Nicht nur Düppengießer beschäftigte sich mit der Arbeitslosigkeit. Auch die Arbeiterschriftsteller Georg W. Pijet oder Bruno Schönlank schrieben Arbeitslosenhörspiele, Journalisten wie Kurt Wagenführ (Pseudonym Otto Berg) oder Erich Lüth wandten sich mit feature- und lehrspielnahen Hörspielen an die Hörer – und erweiterten das Hörspielangebot um Reportage, Hörfolge und Lehrspiel. Wolfgang Weyrauch (*Ein Warenhaus schließt* [gemeinsam mit Andreas Zeitler], MIRAG 1932) hingegen suchte das hörgemäße Radiospiel: »Hörspiele schreiben die Schriftsteller noch nach Regeln, die sie entweder irgendwo gelesen oder die sie sich selbst zurechtgelegt haben. Noch sind sie nicht dazu gelangt, nur das aufzuschreiben, was sie hören können, nichts anderes.

Wendeten sie diese Regel an, wäre es eine, die aus dem Rundfunk selbst erwüchse«, notierte er 1933 (WEYRAUCH 1933) – etwa dreißig Jahre später erhielt er dann den ›Hörspielpreis der Kriegsblinden‹.

Auch Hermann Kasack wandte sich dem Problem ›Arbeitslosigkeit‹ zu (*Der Ruf*; Funk-Stunde 1932). Kasack war zwischen 1925 und 1933 vielfältigst für die Berliner Funk-Stunde tätig. Er moderierte *Die Stunde der Lebenden* (1925-1927), leitete Zwiegespräche, schrieb Rezensionen, hielt Vorträge, führte Regie, las eigene Texte. Mehr als 180 Literaturbeiträge des freien Mitarbeiters Kasack sind heute nachweisbar. Zeitweilig gelang ihm die »Einführung regelmäßiger literarischer Sendetermine« für »hochwertige, aktuelle Dichtungen«. »Ich verkaufte mich an den Rundfunk, was die Existenz sicherte«, urteilte er dennoch später eher bitter über seine Radiojahre. 1929 wandte er sich von der Literaturvermittlung übers Radio wieder ab; er schrieb Jugendhörspiele und – unter dem Pseudonym Hermann Wilhelm – die zwei Hörspiele *Stimmen im Kampf* und *Der Ruf*. Letzteres wurde 1932 von dem Autor und Regisseur Edlef Köppen inszeniert, die Musik stammte von Karl Knauer, und der linke Schauspieler und Sänger Ernst Busch sprach den Arbeitslosen.

Zum Weimarer Zeithörspiel gehörten auch Kriegs- und Nachkriegsspiele. Der niederdeutsche Autor Hans Ehrke schrieb *Batallion 18* (NORAG 1932), Eberhard Wolfgang Möller das Kriegsheimkehrerstück *Douaumont* (Funk-Stunde 1932) mit Heinrich George in der Hauptrolle. Weniger erfolgreich waren die Versuche von Johannes R. Becher, Georg W. Pijet oder Günter Weisenborn, sozialistische Hörspiele im Weimarer Rundfunk zu platzieren (WÜRFFEL 1982). Doch ob rechts oder links, unterhaltend oder avantgardistisch, alle diese Weimarer Zeitspiele waren in einem gleich: Ein Autor schrieb sie und ein Regisseur realisierte sie im Hörfunkstudio. Heute sind die Namen und die Inszenierungsstile der Regisseure Max Bing, Franz Josef Engel, Eugen Kurt Fischer oder Edlef Köppen weitgehend unbekannt.

HÖRSPIELTHEORIE UND KÖRPERLOSE WESENHEITEN

Hörspieltheoretisch wurde Richard Kolb mit seiner Artikelreihe *Das Horoskop des Hörspiels* (1930ff.) rasch zum normativen Hörspieltheoretiker der letzten Weimarer Jahre. »Und das ist die Aufgabe des Hörspiels, uns mehr die Bewegung im Menschen, als die Menschen in Bewegung zu zeigen«, war eine seiner zentralen Aussagen. »Hörspieler und Hörer treffen sich gleichsam im gemeinsamen Brennpunkt seelischer Akustik [...] Die entkörperlichte Stimme des Hörspielers wird zur Stimme des eigenen Ich [...] sie wird zur körperlosen Wesenheit [...] Niemand kommt näher an den Menschen heran als der Hörspieler und vielleicht – der Psychotherapeut.« Kolb plädierte deshalb auch für das Live-, nicht für das Schallplattenhörspiel. »Bei einem Hörspiel, das uns vorschwebt, handelt es sich um so feine seelische Schwingungen, dass sie durch Schallplatte nicht wiedergegeben werden können« (KOLB 1932). Noch lange war Kolbs Aufsatz-Theorie, die 1932 auch als Buch publiziert wurde, für Theoretiker wie Schwitzke, Eugen Kurt Fischer (1964), Friedrich Knilli oder Helmut Heißenbüttel positiv oder negativ die Folie eigener Überlegungen.

Doch das Weimarer Hörspiel war in der Praxis nicht homogen. Es war vielfältig und komplex – und das Spektrum reichte von Benjamin bis Bronnen, Döblin bis Eich, Kasack bis Wolf. Die verschiedensten politischen und ästhetischen Strömungen waren – so weit es die funkinternen und -externen Kontrollen zuließen – vertreten. Hörspiele konnten zunehmend leichter aufgezeichnet und so auch wiederholt werden. Dennoch setzte die bevorzugte Live-Ausstrahlung der Vielfalt und den akustischen Möglichkeiten noch deutliche Grenzen. Darüber hinaus, so spitzte ein Beobachter einmal zu, hatte der Hörfunk »Stadt und Land, Bürgertum und Proletariat, geistige und ungeistige Menschen, anspruchsvolle und anspruchslose« zu bedienen – und auch sein Hörspielprogramm entsprechend auszurichten.

REGIONALE ENTWICKLUNGEN

Von der Hörspielforschung wurde bisher kaum berücksichtigt, dass das Weimarer Hörspiel zuerst und seit den Anfängen 1924 ein regionales Hörspiel war. Jeder Sender hatte seine spezifischen und eigenen Programmvorstellungen – und die wurden durch Auftragsvergabe oder ›ständige Fühlung‹ auch umgesetzt.

»Unter Ernst Schoen entwickelte Radio Frankfurt in den Jahren 1929 bis 1933 ähnlich kompromisslos wie die neue Musik einen neuen Hörspieltypus, mit dem es ebenso einsam in der deutschen Rundfunklandschaft stehen sollte. Das Hörspiel als soziologisches Experiment und Lehrstück. [...] Die persönliche Freundschaft Schoens mit Walter Benjamin und über diesen die Verbindung zu Brecht war dabei sicherlich nicht ganz unbeteiligt. Die geistige Nähe zu beiden findet man in Schoens Vorschlag, das alte Begriffspaar im deutschen Rundfunkprogramm, ›Unterhaltung und Belehrung‹, durch ›Spiel und Arbeit‹ zu ersetzen, da dieses aktiv, jenes passiv sei« (SCHIVELBUSCH 1982: 70).

Bei der Schlesischen Funkstunde in Breslau verdeutlichte man das eigene Profil gerade durch Auftragsarbeiten. Intendant Bischoff setzte nach 1929/1930 den Schwerpunkt auf die Hörfolge, die Zusammenarbeit von Autoren und Komponisten sowie vor allem auf die (musikalischere) *Funkrevue*. Zum größten Erfolg wurde die Auftragsarbeit *Leben in dieser Zeit* (14.12.1929) von Erich Kästner und Edmund Nick (Musik). Bischoff führte Regie, und Ernst Busch spielte die Hauptrolle in der ›lyrischen Suite‹. Walter Mehring wurde von Bischoff als Autor gewonnen, Walther von Hollander, Arnolt Bronnen, Carl Behr, Gerhard Menzel, Otto Zoff oder Max Ophüls wirkten in Breslau. 1931 stellte Bischoff für die Berliner Funkausstellung sein legendäres *Hörspiel vom Hörspiel* zusammen.

In Leipzig war Eugen Kurt Fischer seit 1929 literarischer Leiter. Er setzte gerade auf junge Autoren wie Walter Bauer, Günter Eich oder Andreas Zeitler, und er berücksichtigte gern Stücke von Mitarbeitern aus der Literaturabteilung der MIRAG: Kurt Arnold Findeisen, Henrik Herse, Arno Schirokauer oder Hans Peter Schmiedel. Seine Vorstellungen vom lyrischen Stimmenspiel setzte Fischer in Arbeiten wie *Die Visionen des Tilman Riemenschneider* (7.7.1931) oder *Trommel, Trommel, Gong* (27.4.1932) um.

In Bayern hingegen pflegte man das Volksstück. »Ein Rückblick auf das vergangene Münchner Spieljahr tut dar, dass das Volksstück einschließlich sonstiger Unterhaltungsstücke von unten, von der Hörerschaft aus gesehen, die Grundlage des gesamten Hörspiels einnimmt. Führend im Volksstück waren beim bayerischen Rundfunk Thomas, Anzengruber und Ganghofer [...] Warum ist das Volksstück so beliebt? [...] Weil im Volksstück ›Seele‹, in Bayern sagt man ›G'müt‹, ist, wenn es auch manchmal so dünn wie Blattgold sein mag; aber das Seelische ist da und rührt an« (JÄGER 1930).

EIN TEXT – VERSCHIEDENE INSZENIERUNGEN

Ob die besonders profilierten Hörspieler in Köln und Breslau oder die Kollegen in Berlin und Leipzig, Stuttgart oder Frankfurt, München, Königsberg oder Hamburg: Jeder Sender pflegte sein eigenes Profil und seinen eigenen Stil – und deshalb waren nicht nur die Programme sondern selbst die Realisationen identischer Texte sehr unterschiedlich. Der Kritiker von Heister schrieb 1930 nach dem Anhören zweier Sendungen: »Welch ein Abstand zwischen den Aufführungen. Welchen Provinzialismus der Berliner Regie offenbarte der Vergleich. Heute noch steht Berlin weit hinter dem zurück, was Breslau schon vor drei Jahren erreichte.« Jeder Sender hatte nicht nur seine besonderen Autoren und Regisseure, sondern auch seine eigenen, meist von den regionalen Bühnen kommenden Sprecher. Arno Schirokauer kritisierte 1927 zwar, dass »das Hörspiel kein Tummelplatz für Prominente« sein darf, aber bekannte Schauspieler wurden früh eingesetzt. Ernst Busch etwa oder Heinrich George.

SPRECHSTILE

Das Hörspiel war seit seinen Anfängen ausschließlich im Radio möglich – und es musste über Mittelwelle zum Hörer gebracht werden. Eine Verbreitung außerhalb des Funks gab es nicht, und diese Mittelwellenorientierung bestimmte zunächst auch den Anrufungsstil der frühen Hörspiele. Das Gesagte sollte schließlich beim Hörer ankommen. Anfang der dreißiger Jahre entwickelte sich dann das Stimmideal der »vollklingenden Kunststimme« zwischen Singen und Sprechen heraus (HAGEN 2005: 120f.). Das potenzielle Publikum war riesig, doch die Spiele existierten nur, während sie gesendet wurden; Radiospiele waren (und dies blieb noch Jahrzehnte ein Dilemma) kurzlebig, vom Sendetermin abhängig und vergänglich. Obwohl Hunderte Hörspiele gesendet wurden, gab es nur in Ausnahmefällen auch Hörspielbücher zum Lesen und Nachlesen. Ein Verlag für Hörspiele blieb im Planungsstadium, nur der

›Programmdienst für den deutschen Rundfunk‹ verbreitete Hörspielmanuskripte. Seit Mitte 1929 wurden wichtige Hörspiele zwar auch auf Wachsplatten mitgeschnitten, doch nicht auf Schallplatten verbreitet.

FRÜHE MEHRMEDIALITÄT

Das Hörspiel war ein bloß flüchtiges Medium, und jede künstlerische Leistung ging den Weg eines Börsenberichts oder einer Wettervorhersage. Die mehrmediale Verarbeitung eines Stoffes für Buch, Kino und Hörspiel war in der Weimarer Republik noch nicht üblich. Multimedialität war unbekannt, und vermutlich war Alfred Döblins *Berlin Alexanderplatz* der erste Versuch, die verschiedenen Medien ›Buch‹ (1929), ›Film‹ (1931) und ›Radio‹ (Hörspiel), ›Schrift‹, ›Bild‹ und ›Ton‹ spezifisch zu bedienen. Doch die Funkfassung *Die Geschichte vom Franz Biberkopf* wurde 1930 von der Funk-Stunde Berlin zwar produziert (Regie: Max Bing), aus nie ganz geklärten Gründen aber vier Stunden vor der geplanten Ursendung (30.9.1930) abgesetzt; die Platten verschwanden im Archiv. Auch Friedrich Wolfs *S.O.S ... Rao rao ... Foyn. Krassin rettet Italia* war ursprünglich als Synthese für Bühne, Funk (Hörspiel) und Film gedacht. Einen kleinen multimedialen Erfolg anderer Art erreichte die Schlesische Funkstunde mit Kästners *Leben in dieser Zeit* (1929). »Während der Rundfunk sonst an den Kassenschlagern der Theater teilzuhaben versuchte, fand hier einmal der umgekehrte Prozess statt. 1931 wurde Leben in dieser Zeit vom Alten Theater in Leipzig inszeniert, anschließend von vielen weiteren Bühnen übernommen, so dass am 17. April 1932 die Schlesische Funkstunde ihr eigenes Auftragswerk aus dem Breslauer Stadttheater übertragen konnte« (LEONHARD 1997: 1175).

Trotz der Fülle an Sendeplätzen wurde während der Weimarer Republik wohl kein Schriftsteller ein spezialisierter, reiner Hörspielautor. Das Schreiben von Hörspielen war höchstens eines von vielen Berufsfeldern, und die Zusammenarbeit mit den Hörspielern blieb eher einmalig: Die 460 ›eigentlichen‹ Hörspiele, die 1932 gesendet wurden, stammten von 278 Autoren; die meisten kamen also nur »ein einziges Mal« (FISCHER 1933) zu Wort. Regelrechte Hits waren wohl eher selten, aber es gab auch sie: Neben *Brigadevermittlung* wurde Friedrich Wolfs *S.O.S ... Rao rao ... Foyn.*

Krassin rettet Italia oft wiederholt – und 1929 als der »bisher stärkste Hörspielerfolg des deutschen Rundfunks« (LEONHARD 1997: 1183) gehandelt. »Allein am 5. und 8. November 1929 wurde das Stück fünfmal aufgeführt und von weiteren drei Sendegesellschaften übernommen« (LEONHARD 1997: 1183). Doch damit nicht genug. Noch nach der Premiere erhielt das prominente KPD-Mitglied Wolf von Intendant Flesch einen gut dotierten (2.000 RM) neuen Auftrag – und auch *John D. erobert die Welt* (7.5.1930) wurde von den meisten deutschen Sendern ausgestrahlt. 60 Prozent der Hörspielautoren sollen 1932 aus Journalistenkreisen gekommen sein (LEONHARD 1997: 1194). Doch auch Außenstehende entwickelten großes Interesse: Jährlich 1.000, einige Quellen notieren gar 2.000 (LEONHARD 1997: 1187), Einsendungen gelangten schon 1933 unaufgefordert in die Funkhäuser – und 98 Prozent waren ›unbrauchbar‹.

RADIOITIS

Das Weimarer Hörspiel war auch in seiner ersten Blütezeit keine Leitkultur, sondern stand hinter dem Buch, dem Theater und wohl auch dem Kino; es wurde in Radiozeitungen und auf Radioseiten angekündigt und kritisiert, fand aber im Feuilleton keinen Platz. Es war eben (nur) ein Teil eines ständigen Programms. Wer Hörspiele hören wollte, musste sich nach dem Programm und den Sendezeiten richten – oder darauf verzichten. Das Hörspiel wurde zu Hause und vor allem in alltäglichen Situationen gehört. Die Rezeption war deshalb immer wieder vielfältigen Störungen ausgesetzt, das konzentrierte Zuhören nicht immer möglich. ›Radioitis‹ nannte man bereits in der Weimarer Republik den unkonzentrierten Umgang mit dem Funk (der seit den 1960er-Jahren dann zum Nebenbeihören und seit der Jahrtausendwende zur Tagesbegleitung veredelt wurde). Aus Arbeiterfamilien etwa wurde über große, alltägliche Ablenkungen berichtet: »Gewiss, der Arbeiterhörer konnte Rundfunk hören«, klagte die Radiozeitung *Arbeiterfunk*, »aber wie! Da waren die Kinder, die im engsten Raume sich auf ihre lärmende Art unterhielten, da war die Frau, die ihre Hausarbeit nicht immer lautlos erledigen konnte, da war der Mann, der seine Handwerksarbeiten machte, es gab religiöse Ablenkungen. So kam der Arbeiterhörer sehr schnell dazu, nur die leichteste Musik einzustellen, weil er diese selbst noch trotz der größten Ablenkung wenigstens genießen konnte. Gegen Vorträge protestierte gewöhnlich die ganze Familie [...] Wer mochte sich auf ein schweres Musikwerk konzentrieren, wo oft schon Hörspiele ungenießbar sind [...] 49,8 Prozent, das ist fast genau die Hälfte aller auf unseren Fragebogen antwortenden Hörer, können also nie konzentriert hören« (LATAY 1931: 221). Nach ›des Tages Last und Arbeit‹ sollte deshalb ›Fröhliches‹ gesendet werden: Unterhaltung, Anregung, Aufmunterung, Erbauung. Das Interesse an ›gewagten Experimenten‹ hingegen war bei den ›normalen‹ Hörern eher gering. Diese Programmvorgabe musste auch von den Hörspielmachern berücksichtigt werden.

FRÜHE HÖRSPIELFORSCHUNG

Das zentrale Interesse der frühen kunstinteressierten Hörspieler bestand in der akustischen Anbindung an die etablierten Künste ›Epik‹, ›Lyrik‹, ›Dramatik‹ – und so begriff man das Hörspiel früh als literarische Mischform. Doch ausgerechnet die Dichter blieben zurückhaltend und ihrer schriftsprachlichen ›Gutenberg-Galaxis‹ verbunden. 1929 sprachen Intendanten und Schriftsteller auf der Tagung ›Dichtung und Rundfunk‹ erstmals miteinander (auch) über Hörfunk und Hörspiel, doch große Veränderungen brachte die Versammlung nicht. 1930 schrieb Hermann Pongs die erste wissenschaftliche Arbeit über das junge Hörspiel – an der Technischen Hochschule Stuttgart. Er konnte sich zwar auf eine Vielzahl von Autoren berufen, doch sein Resümee blieb zurückhaltend: »Eine Reihe bekannter Schriftsteller haben in den letzten Jahren besondere Hörwerke für den Rundfunk verfasst: Brecht, Bronnen, Ehrler, Heynicke, Mehring, Kesser, Kästner, Kyser, Reinacher, W. E. Schäfer, A. Schirokauer, Fr. Wolf u. a. Hunderte von Hörspielen unbekannter Autoren lagern als Schreibmaschinenmanuskripte oder Regiedrucke bei den Funkstellen und Verlagen, nachdem sie einmal gesendet worden sind. Wenn sich trotzdem eine eigentliche Hörwerkliteratur noch kaum gebildet hat, und noch heute jedes neue Hörspiel nach einmaliger Sendung abgesetzt zu werden pflegt, so zeigt sich darin die ganze Ungeklärtheit im Verhältnis von Rundfunk und Dichtung, die eigentümliche Zwiespältigkeit, ja Zweifelhaftigkeit im Wesen der Rundfunkaufgabe und Wirkung: Sie will Kunst, aber sie will zugleich die Sensation der Neuheit für die Masse. Sie begünstigt, dadurch Zwittergebilde künstlerischer Art, die den Dilettantismus anlocken müssen, und die ernsthafte, schöpferische Bewältigung des gebotenen Materialstils nicht zur Entfaltung kommen lassen« (PONGS 1930: 5).

PROFESSIONALISIERUNG DER HÖRSPIELABTEILUNGEN

Spätestens seit Richard Kolbs *Horoskop des Hörspiels* (1930f.) galt das Hörspiel als die ›Krönung des Funks‹. Kolbs Vorbild war Reinacher und sein Ideal war der konzentrierte, unabgelenkte Hörer. Anfang der 1930er-Jahre wurde die Hörspielarbeit deutlicher in redaktionelle Strukturen eingebunden. In Berlin waren Anfang 1932 Alfred Braun, Arnolt Bronnen, Gerd Fricke und Max Bing fürs Hörspiel zuständig, in Leipzig Eugen Kurt Fischer, Arno Schirokauer, Kurt Arnold Findeisen und Hans Peter Schmiedel, in München Hellmuth Habersbrunner und Otto Framer, in Königsberg Walther Ottendorf und in Köln Rudolf Rieth und Josef Kandner. In Stuttgart, Frankfurt, Hamburg und Breslau gab es noch keine nur fürs Hörspiel Verantwortlichen. Mit dieser Professionalisierung ließ einerseits das Interesse an musikalischen Hörspielformen nach, die Entwicklung schien spätestens 1932 zu stagnieren und auch die Suche nach einer absoluten Radiokunst wurde nicht fortgesetzt. In der frühen Hörspieltheorie dominierte zunehmend die literarische Anbindung der Radiokunst: »Das reine Hörspiel«, so schrieb Eugen Kurt Fischer 1932, »ist Wortkunstwerk. Es bedarf der Geräuschkulisse so wenig wie der Musik« (TIMPER 1990: 25).

HÖRSPIELKRISE

Der Eindruck einer blühenden, allseits gelobten Hörspiellandschaft gegen Ende der Weimarer Jahre wäre freilich trügerisch. »Nach der wilden, geräuschvollen Euphorie der Frühzeit (brachen) [...] seltsamerweise im Theoretischen erst einmal Enttäuschung und Katzenjammer aus und hielten sich bis in die Jahre 1931/32« notierte Schwitzke (1963: 71) später. Und in der Tat waren die Klagen vielfältig. Hans Flesch fehlte das Originäre: »Im vergangenen Jahr wurden von den deutschen Sendern 854 dramatische Sendespiele gebracht, davon waren 321 Theaterstücke und 533 für den Funk geschriebene Hörspiele [...] Ich kann mir nicht helfen, ich finde, wir sind im achten Jahr des Rundfunks der Erfüllung unserer großen Sehnsucht nach der funkdramatischen Eigenform ferner, als wir das etwa vor vier Jahren glaubten« (FLESCH 1931: 73). M. Felix Mendelsohn klagte: »Man kann geradezu von einer Krise des Hörspiels sprechen, die nach außen dadurch in Erscheinung tritt, dass man dem Funkwerk den Weg zur Hörerschaft verwehrt und sich mit erprobten Bühnenstücken begnügt. Die ganze Aktion um das Hörspiel ist zum Stillstand gekommen« (MENDELSOHN 1932: 201). Und Arno Schirokauer, der Leipziger Hörspielmann, machte 1932 die für das Hörspiel der späten Bundesrepublik wohl folgenreichste Bestandsaufnahme: »Der ›Begriff Hörspiel‹ [...] gestattet jedem, ›alles was er will oder kann, darunter‹ zu verstehen: ›Ist Hörspiel das hörbar gemachte Schauspiel? Die Übersetzung des Seelendramas ins Akustische? Muss es vor dem Mikrofon spielen wie das Schauspiel vor dem Parkett? Muss es überhaupt spielen oder ist es Zeitung, die statt Buchstaben Stimmen in die Ohren der Hörer drückt? Vermittelt es Erkenntnis? Dient es der Belehrung und zugleich der Unterhaltung? Man sendet [...] Hörberichte, Lyriken, Urkunden, Zeugnisse, Belehrungen und Traumdichtungen [...] Das alles gibt es, und es gibt niemanden, der behaupten kann, ein einziger dieser Bestandteile sei für das Hörspiel verboten‹« (KARST 1991: 5).

Bis 1930 entstanden alle Hörspiele als Livesendung in den Studios, und gerade in der ›Einmaligkeit‹ der Darbietungen wurde ›das Beste‹ des Rundfunks gesehen. Obwohl die akustische Qualität der Mittelwellenhörspiele mäßig und die Technik unterentwickelt waren, wurde die Einführung des ›Schallplattenhörspiels‹ keineswegs euphorisch begrüßt. »Die Schallplatte nimmt der Wiedergabe der Dichtung jede individuelle Verschiedenheit, die aus der persönlichen Auffassung des Hörspielers oder des Sendeleiters hervorgeht.« Der »Hauptvorteil des Funks«, die »Illusion der Gleichzeitigkeit des Erlebens«, schwinde dahin und die »Lebendigkeit der Kunst« gehe verloren (KOLB 1932: 81). Die Integration von Originaltönen in Hörspiele wie Hermann Kessers *Straßenmann* (Berliner Funk-Stunde 1930) blieb die Ausnahme. Und siehe da: »Die meisten Hörer wussten nicht, dass sie Platten gehört hatten« (KRUG 1992: 334).

AUDIOKUNST

Die erste vollständige Montage aus Geräuschen, Musikfetzen und Sprachpartikeln wurde in Berlin und Breslau am 13. Juni 1930 (21.00 Uhr) urgesendet: Der Filmemacher Walter Ruttmann begründete mit seinem auf Tonfilmstreifen aufgezeichneten Kurzspiel *Weekend* (11 Minuten 10 Sekunden) die Tradition des akustischen O-Ton-Hörspiels – und hob die Trennung zwischen Autor und Regisseur auf. Sein von Magnus und Flesch beauftragtes Stück bestand ausschließlich aus Geräuschen und Tönen. Es erzählte keine Geschichte und war auch keine Unterhaltung. Die Montage aus 240 Einzelstücken auf 250 Lichttonfilmmetern war ein akustisch – nicht literarisch – orientiertes Experiment und wurde von den Zeitgenossen kaum wahrgenommen. »In wenigen Minuten zieht diese Sinfonie der Geräusche vorüber und vermag trotz fehlender Handlung und scheinbarer Zusammenhanglosigkeit doch ein Bild zu vermitteln, das die Absicht des Autors erkennen lässt. Die Eigenart und Neuheit der Idee wird sicherlich die meisten Hörer bewogen haben, auch die Wiederholung dieses Tonfilms nach den erklärenden Worten des mit großer Liebe für diesen Versuch sich einsetzenden Intendanten Flesch anzuhören. Die akustischen Mängel sind allerdings ganz erheblich, denn es dröhnten Geräusche aus dem Lautsprecher, die auch das funkgeübteste Ohr und die kühnste Fantasie nicht zu deuten weiß«, notierte die *Ostdeutsche illustrierte Funkwoche* aus Breslau. Ende der 1960er-Jahre war Ruttmann eine Art Geheimtipp unter den Anhängern des Neuen Hörspiels. Eine Kopie der *Weekend*-Aufnahmen wurde erst 1978 in New York gefunden und 2000 auch als CD zugänglich gemacht.

3.2 ZWISCHEN LITERATUR UND PROPAGANDA

Nach 1933 veränderte sich die Rundfunklandschaft grundlegend, die Veränderungen im Hörspiel aber waren offenbar geringer. »Speziell«

für das Hörspiel war das Jahr »nur bedingt eine Zäsur« (DÖHL 1992: 1). Hermann Kasacks *Der Ruf* etwa, eines der letzten Weimarer Hörspiele, kam Anfang 1933 erneut ins Programm und wurde kurzzeitig eines der erfolgreichsten Spiele. Doch nun inszenierte Ottoheinz Jahn das Arbeitslosenspiel und ließ es mit Adolf Hitler enden. Kasack, der dagegen protestierte, erhielt Sendeverbot.

ZWEI PROZENT DES PROGRAMMS SIND HÖRSPIELE

Das Hörspiel konnte auch nach 1933 seinen Anteil am Gesamtprogramm bei zwei Prozent halten und war dennoch nicht unumstritten. Bereits 1933 gab es Debatten um eine Reduzierung des Hörspielangebots. Die Spanne der Honorare war inzwischen gewachsen, bewegte sich zwischen 40 RM und 3.000 RM, der Durchschnitt dürfte bei 500 RM gelegen haben. Ende 1933 hatten fast alle Sender eigene Hörspielabteilungen, aber 1934 gab es weder Hörspieldramaturgen noch Mitarbeiter, die sich ausschließlich dem Hörspiel widmeten. Ausgesprochene Hörspielautoren waren auch im ›Dritten Reich‹ eine Ausnahme – und wurden nicht gern gesehen. »Es gibt [...] Rundfunkautoren«, kritisierte Gerd Eckert, einer der damals bedeutendsten Hörspieltheoretiker und -beobachter, »die es in wenigen Jahren auf dreistellige Zahlen in ihrer Hörspielproduktion gebracht haben. Diese Werke sind es, die den Begriff ›Hörspielmanie‹ entstehen ließen, die das Hörspiel in Misskredit brachten. Wer es wirklich ernst mit dem Hörspiel meint, der schreibe nicht nur Hörspiele [...] Es ist gewiss kein Zufall, dass die wahren Hörspieldichtungen von solchen Schriftstellern kamen, die nicht nur für den Rundfunk schrieben« (ECKERT 1940: 30f.).

Die regionale Prägung der Programme ließ nach 1933 nach. Breslau und Köln verloren ihr Profil, nachdem die Intendanten und programmprägenden Hörspielpioniere Bischoff und Hardt entlassen worden waren. Die Berliner Funkstunde entließ Intendant Flesch bereits 1932, ihm folgte auf diesem Posten für kurze Zeit Hörspieler Kolb. 1933 musste auch Alfred Braun gehen. Ansonsten blieben die »alten Literatur- und Hörspielabteilungen« (SCHWITZKE 1963: 182) weitgehend erhalten. Dafür stieg die Bedeutung des Deutschlandsenders, der ein repräsentatives

Reichsprogramm über Langwelle ausstrahlte. Harald Braun, seit 1932 Leiter der literarischen Abteilung, und – seit 1924 schon in Frankfurt dabei – Gerd Fricke waren nun die einflussreichsten (Berliner) Regisseure, man nannte sie damals ›Spielleiter‹; andernorts wirkten Curt Baumgarten, Herbert Engler, Eugen Kurt Fischer, Rudolf Mirbt, Werner Pleister (der dann 1952 mit einer Rede das Nachkriegsfernsehen eröffnete) oder Rudolf Rieth.

PERSONELLE KONTINUITÄTEN

Schwitzke hat überraschenderweise die Zeit bis 1936 zur ersten Blütezeit des literarischen Hörspiels gerechnet und damit vor allem die fortwährende Orientierung des Hörspiels an der Literatur hervorgehoben. Und in der Tat gab es Kontinuitäten. Einige Weimarer Autoren blieben auch nach 1933 beim Hörspiel: Reinacher war – trotz Entlassung 1933 – mit Ursendungen im Programm, Johannsen ebenso; Eich schrieb nicht nur die – später in die *Lindberghflug*-Tradition gestellte – ›Märchenoper für den Funk‹ *Das kalte Herz* (DS, 24.3.1935; Musik: Mark Lothar). Er schuf zwischen 1933 und 1940 über fünfzig Hörspiele und eine Fülle von Serienbeiträgen etwa für den ›Deutschen Kalender‹, wurde zu einem der produktivsten und beliebtesten Hörspielautoren und konnte bis 1940 fast ausschließlich von seinen Hörspielen leben. Eher unbekannt, doch weiterhin aktiv blieb Fred von Hoerschelmann; Paul Alverdes schrieb Hörspiele, Josef Martin Bauer schuf mit *Das tote Herz* das erfolgreichste (LEONHARD 1997: 1181) Hörspiel der NS-Zeit. Walter Bauer, Richard Billinger, Walter Erich Schäfer, Willi Schäferdiek (*Der Trommler Gottes*; WERAG 1933), Georg von der Vring und Ernst Wiechert konnten weiterproduzieren. Hans Rehberg wurde sehr produktiv. Einbrüche und Abbrüche gab es andernorts: Die wenigen sozialistischen Hörspiele blieben eine kurze Weimarer Episode – und erst das DDR-Hörspiel bezog sich wieder auf dieses Erbe; wortlose Experimentalstücke wie Ruttmanns *Weekend* gab es nach 1933 nicht mehr; die einst prägenden Regisseure Bischoff, Alfred Braun oder Hardt konnten keine Regie mehr machen; auch Flesch war entlassen worden, Autoren wie Brecht, Kesser, Döblin oder Wolf wurden nicht mehr gesendet.

NEUE HÖRSPIELAUTOREN

Stattdessen kamen neue Autoren zum Hörspiel: Peter Huchel schrieb 1933 sein erstes Hörspiel *Dr. Faustens Teufelspakt und Höllenfahrt*, arbeitete dann vor allem für den Funk und gehörte zu den meistgesendeten Autoren; Horst Lange wurde ein viel gesendeter Autor. »Der Radioerstling des Shakespeare-Übersetzers und Ufa-Dramaturgen Hans Rothe geriet zum Publikumserfolg. Nach Ablauf des Jahres unternahm der Deutschlandsender Berlin eine Hörer-Umfrage nach dem beliebtesten Hörspiel des Jahres 1935. *Verwehte Spuren*, 3. Juni 1935 (DS) gelangte [...] auf den ersten Rang. 1936, bei gleicher Gelegenheit, war es bereits zum ›Klassiker‹ avanciert. Auf der Beliebtheitsskala rangierte es wiederum an erster Stelle« (KARST 2002: 87). Das Spiel wurde im Ausland realisiert, es folgten Film-, Theater- und Romanversionen des Stoffes. »Nahezu bruchlos fand die Erfolgsgeschichte des Hörspiels nach dem Zweiten Weltkrieg ihre Fortsetzung« (KARST 2002: 87f.). 1938 folgte der gleichnamige Film. Rothe setzte Döblins mehrmediale Medienpraxis fort: vom Hörspielstoff zur Theater-, Film- und Buchvorlage.

Es ist auffallend, wie stark das Hörspiel nach 1933 de facto zur ersten Kunstform wurde. Wenn es um Erlebnisse für die ›Gemeinschaft‹ ging, wenn Breitenwirkung erwünscht war, dann wurde zunächst (und im nationalen Rahmen) auf die Hörspielform gesetzt. Die bisher übliche Zweitauswertung etablierter Formen im Hörfunk ging zurück, die Radiosendungen bekamen Priorität: Hanns Johsts *Schlageter* (DS, 1.3.1933) etwa war zunächst im Hörfunk zu hören (und wurde dort auch wiederholt) – und kam erst dann in die Theater; Richard Euringers Sprechoratorium *Deutsche Passion 1933* war ursprünglich als Hörspiel konzipiert, wurde am 13. April 1933 in der ›Stunde der Nation‹ über alle deutschen Sender ausgestrahlt und dann als Bühnenwerk und als Buch ein Renner; viele Thing- und Gemeinschaftsspiele wurden zuerst im Rundfunk gesendet. »Das Hörspiel lebt und wird so lange eine nicht zu übersehende Tatsache sein, wie es einen Rundfunk geben wird«, schrieb Ernst Johannsen (1934: 75). »Die gleichen Kritiker, Schriftsteller, Dichter und Regisseure, die früher den Film indiskutabel fanden, fühlen sich heute geehrt, wenn sie für ihn arbeiten dürfen, und es wird die Zeit kommen, wo jene Schriftsteller, die ›nicht so recht an das Hörspiel glauben‹, oder jene Schauspieler, die die Funkbühne nur als Nothafen betrachten, das Hörspiel ebenso ernst nehmen wie das Bühnenstück oder den Film. Dazu gehören nur eine gewisse Zeit und der Erfolg von Hörspielen und Sprechern. Prominente Schauspieler lehnen es bereits nicht mehr ab, im Rundfunk zu sprechen; Hörspielstoffe wandern bereits zur Bühne, zum Film. Auch die Presse hat das anfängliche Schweigen schon ein wenig aufgegeben. Wer das Hörspiel nicht ernst nimmt, der kann selber nicht mehr ernst genommen werden, weil er vor einer lebenskräftigen Tatsache die Augen verschließt« (ebd.: 75). Und in der Tat scheint die Zahl der Hörer nicht gering gewesen zu sein. »Da das Hörspiel in der Zeit sehr gewirkt hat«, so Eckert später, »muss man sagen, dass jeder zweite [Hörer HJK] regelmäßig Hörspiele hörte, also sechs bis sieben Millionen« (DÖHL 1992: 87).

POLITISCHE HÖRSPIELE UND PROPAGANDASTÜCKE

Nach 1933 sollte das Hörspiel nicht nur »Unterhaltung und künstlerische Erbauung« bieten; »[e]s füllt sich ein Teil des Hörspielplanes mit kämpferischen Stücken in neuer Form, mit Hörwerken, die Bekenntnis, Gelöbnis, Aufruf, Kampfansage, Empörung, satirische Widerlegung sind« (WESSELS 1985: 248), so Programmmacher Fischer in der Hörfunkzeitschrift *Werag*. Und Ottoheinz Jahn, Dramaturg beim Deutschlandsender und Regisseur, schrieb 1933: »Eine jähe Welle hat die alten Pfahlbauten der Literaturästhetik über den Haufen geworfen. Abseits von den verlorenen Lagern eines liberalistischen Freibeutertums beginnt ein neuer bewusster Aufmarsch. [...] Der Rundfunk hat eine fest umrissene Aufgabe übernommen, die tägliche Sammlung, Ordnung, Darstellung des nationalen Kulturgutes [...] Das Hörspiel, als vollkommene Darstellungsform des Rundfunks muss im Wechsel seiner Inhalte am stärksten eine Linie einhalten, über alle Aufführungen hin ein festes Band tragen: die geistige Durchdringung der jungen Volksbewegung« (JAHN 1933: 507).

Seit 1933 wurden Hörspiele gerne im Schulfunk und vor allem in der ›Stunde der Nation‹ gesendet. Es waren immer wieder Propagandastücke, die ein »Neuland des Hörspiels« (RICHTER 1933: 419) erschlossen: *Schlageter* (1.3.1933) von Hanns Johst, *Deutsche Passion 1933* von Richard Euringer (13.4.1933), *Sonnenberg* (19.4.1933) von Arnolt Bronnen, *Annaberg* von Kurt Eggers (21.5.1933) oder *Wir bauen eine Straße* (5.8.1933) von Peter Hagen und Hans Jürgen Nierentz (Regie: Werner Pleister). Gesendet wurde zur besten Sendezeit zwischen 19 und 20 Uhr, deutschlandweit und mit großer Wirkung. Gemeinschaftstücke, chorische Spiele und Thingspiele waren vorherrschend. Zudem wurde erstmals an Originalschauplätzen, d. h. außerhalb des Studios, produziert.

Am 1. Mai 1933 wurde das erste Hörspiel gesendet, das alle deutschen Sender übertrugen und das auch Nichthörer erreichen sollte. Im Rahmen des 24-Stunden-Radioprogramms zum ›Tag der nationalen Arbeit‹ wurde auch das Auftragswerk *Symphonie der Arbeit* von Hans Jürgen Nierentz nachmittags um 16.10 Uhr und zwischen politischen Live-Übertragungen gesendet. Zeitgenossen nannten das Hörspiel im chorischen Stil »richtungsweisend für junge Funkdichtung« (DÖHL 1992: 137). An diesem Tag waren deutschlandweit, selbst in den kleinsten Dörfern (KRUG 2018), auch Lautsprecher öffentlich aufgestellt, die das Reichsprogramm übertrugen. Das Hörspiel wurde also nicht nur privat vor dem Radioapparat gehört, sondern auch kollektiv; es bot – für dreißig Minuten – auch den Sound des Landes.

»Bereits Ende 1933 wurden beim Berliner Deutschlandsender (DS) 98 Prozent der eingereichten Hörspielmanuskripte sofort abgelehnt, 1938 wurden gar 99,5 Prozent der Hörspielsendungen über Aufträge gedeckt« (LEONHARD 1997: 1195). Dennoch wurden zwischen 1935 und 1942 Hörspielpreisausschreiben initiiert, um neue Autoren zu ermitteln und das Hörspiel als ›Führungsmittel‹ zu etablieren. Die technische Ausstattung der Studios verbesserte sich enorm – und man dachte darüber nach, Hörspiele auf Schallplatte festzuhalten. 1935 wurde in Berlin der erste ›Hörspielkomplex‹ eingerichtet: Regiezelle, Sendesaal, schalltoter Raum. Seit 1938 wurde bei Funkproduktionen das Magnetofon bevorzugt.

Das politische Hörspiel blieb eine (nie dominante) Episode, auch 1933 gab es ›Entspannung‹ im Radio. Unterhaltungsstücke wie Alfred Karraschs *Winke, bunter Wimpel* (DS, 9.8.1933) gehörten sogar zu den beliebtesten und rasch klassischen Spielen. Mit Werner Plückers Kurzhörspiel *Die Münchener Geiselmorde* wurde im Herbst 1933 die »Geburt einer neuen Hörspielgattung« (WESSELS 1985: 503) gefeiert – und fortan gefördert. »Das Hörspiel«, so Fischer 1942, »stellt an den Rundfunkhörer so große Anforderungen, dass die ständige Verringerung seiner Sendedauer eine Selbstverständlichkeit war. Wagte man vor acht bis zehn Jahren noch abendfüllende Spiele zu bieten, so dauerten die letzten wesentlichen Spiele des Jahres 1939 vierzig bis fünfundvierzig Minuten und das politische und propagandistische Spiel des ersten Kriegsjahres blieb oft auf fünfzehn bis dreißig Minuten beschränkt« (FISCHER 1942: 79). Anders als in der Weimarer Republik gab es im Nationalsozialismus keine Hörspielkritik mehr. Erstmals kamen eigenständige Hörspielbücher in größerem Ausmaß auf den Markt; 1938 veröffentlichten Hans Kriegler und Kurt Paquet *Das Hörspielbuch*. Nicht selten wurden Theaterstücke zunächst im Hörfunk urgesendet und kamen erst dann in die Theater. Auch die Wissenschaft beschäftigte sich – vor allem nach 1940, als es nur noch wenige Hörspiele gab – intensiver mit der Radiokunst. ›Hörbericht, Hörbild, Hörspiel‹ oder ›Das Hörspiel‹ waren Vorlesungsthemen am Rundfunkwissenschaftlichen Institut der Universität Freiburg. Hörspielsprecher waren nach 1933 nicht nur unbekanntere Schauspieler. Gisela von Collande, Volker von Collande, Paul Dahlke, René Deltgen, Elisabeth Flickenschildt, Albert Florath, Heinrich George, Gustaf Gründgens (Paul Apel: *Hans Sonnenstössers Himmelfahrt*, 1937), Gustav Knuth, Wolfgang Kieling, Hilde Körber, Theo Lingen, Bernhard Minetti, Lola Müthel, Fritz Rasp, Hannelore Schroth, Paul Wegener, Grethe Weiser und Paula Wessely waren schon lange vor 1945 Hörspielsprecher.

MUSIK GEWINNT AN BEDEUTUNG

»Die Kulturpolitik des Dritten Reichs forderte so viele neue Kompositionen, dass auch weniger angepasste Komponisten gut zu tun hatten« (TIMPER 1990: 343). Karl Knauer, der vor 1933 die Musik für Hörspiele von Eberhard W. Möller (*Douaumont*, 1932) und Kasack komponiert hatte, schrieb 17 neue Hörspielmusiken, darunter die zu Peter Huchels *Die Freundschaft von Port Said*. Auf Knauer folgte in Timpers Rangliste der meistbeschäftigten Hörspielkomponisten der Schönberg-Schüler Walter Gronostay, der einst in Baden-Baden Erfolge feierte, an der avantgardistischen Berliner Rundfunkversuchstelle tätig war und am 1. Mai 1933 mit der ›satirischen Hörfolge‹ *An Ihren Taten sollt ihr Sie erkennen* im Programm war. Gronostay arbeitete darin mit Liedtexten. Bis zu seinem frühen Tod 1937 schrieb er 12 Hörspielmusiken. Newcomer waren offenbar Kurt Stiebitz, der nach 45 wieder Hörspielmusik machte, sowie Herbert Wendt, einer der erfolgreichsten Filmmusiker dieser Jahre. Häufigere Einsätze gab es für den ehemaligen Hindemith-Schüler und gemäßigten Modernen Georg Blumensaat, für Heinz Steinkopf, Peter Völkner und Gustav Kneip. Kneip komponierte die Musik etwa für das Hörspiel *Der Trommler Gottes* (1933) des WERAG-Hörspieldramaturgen Willi Schäferdiek. Rudolf Wagner-Règeny schrieb mindestens sechs Hörspielmusiken, dann folgten Hansmaria Dembrowski und Paul Höffer. Werner Egk war etwa mit der Musik zu Kurt Eggers Mysterien (21.11.1933) weiterhin dabei, auch Karl Sczuka komponierte weiter. Weitere Autoren waren Ernst Rothers, Bernd Scholz, Hans Martin Majewski, Hans Rosbad, Bernhard Eichhorn und Winfried Zillig.

HÖRSPIELFREIE ZEIT

Seit 1934 bestand das deutsche Hörfunksystem aus ›Reichssendern‹, seit 1939 aus dem ›Großdeutschen Rundfunk‹ mit (seit 1940) nur noch zwei Wellen. Das Hörspiel richtete sich nun verstärkt auch an die Hörer in der inzwischen besser versorgten ›Provinz‹. »Es sind die Hörer, die draußen auf dem Lande wohnen und Theater oder Kino nicht haben, die Hörer, die in der Stadt aus diesem oder jenem Grund den Weg zum Theater nicht finden und mit dem Kino nicht in Berührung kommen. Sie sind in der Mehrzahl gegenüber den Hörern, die bei guter Kenntnis von Film und Bühne doch auch ein offenes Organ für das Hörspiel haben, denn in den meisten Fällen ist es leider so, dass der verwöhnte Film- und Theaterbesucher für das Hörspiel zu bequem geworden ist« (ECKERT 1940: 29).

Dauerhaft konnte sich die immer noch »unbekannte Größe« (DÖHL 1992: 53) ›Hörspiel‹ im NS-Radio nicht halten. 1938 begann der Exodus der Hörspielmitarbeiter, die zu anderen Medien und vor allem zum

Film und zur UFA abwanderten (Ottoheinz Jahn, Leopold Hainisch, Alfons Paqué, Harald Braun und [1940] als letzter Gerd Fricke) oder zum Militär mussten. »Noch immer muss das Hörspiel um seine Anerkennung kämpfen«, klagte Eckert 1940. »Das Hörspiel braucht den Dichter.« Doch da lag der Hörspielanteil schon unter einem Prozent (1939: 0,7 Prozent) – und dann begann im Einheitsprogramm des Großdeutschen Rundfunks eine beinahe hörspielfreie Zeit. »Es wird ja aufgefallen sein, dass der Rundfunk gegenwärtig keine Hörspiele sendet [...] In einer Zeit, da der Hörbericht – und wir meinen hier insbesondere den vom Kriegsgeschehen – mit zum am stärksten Wirkenden der Rundfunksendungen gerechnet werden darf [...] muss das Gestellte das Feld räumen« (WESSELS 1985: 323).

Auch Günter Eich musste zum Militär, wo ihn der Auftrag für *Rebellion in der Goldstadt* (DS, 8.5.1940), sein letztes literarisches Hörspiel für den Großdeutschen Rundfunk, erreichte. »Mein Hörspiel ist mit Ach und Krach fertig geworden«, schrieb Eich aus Berlin, »und ist ein jammervolles Werk. Dennoch hoffe ich stark auf eine baldige Sendung, honoraris causa. Mit Anschluss an die Sender sämtlicher inzwischen eroberten Gebiete«. Regie führte Gerd Fricke, Sprecher waren u. a. Gustav Knuth und Gisela von Collande. Erst 1993 wurde in der Nähe von Prag ein Matritzensatz des als verschollen geltenden Hörspiels gefunden und in Sonderterminen zum 70-jährigen Bestehen des Rundfunks in Deutschland von HR, NDR und SFB erneut ausgestrahlt (EICH 1997).

Ganz verschwunden war das Hörspiel auch nach 1940 nicht. Es blieb rudimentär als (Propaganda-)Kurzhörspiel präsent. Klassikeradaptionen spielten zwischen 1933 und 1945 immer wieder eine Rolle. Ende 1944 richtete der Münchner Dramaturg Wilfrid Feldhütter dann die ›Bühne im Rundfunk‹ ein. »In einer Zeit, in der die Theater geschlossen sind«, sollte die Reihe »Deutschlands hochentwickelte Bühnenkultur lebendig halten«, so 1944 die Zeitschrift *Reichsrundfunk*. Vierzehntägig gab es eine Dreiviertelstunde lang ›Theatererlebnisse‹. Lessing und Kleist, Nestroy, Hans Hömberg oder Goethe repräsentierten die Literatur im Radio, als kaum noch Hörspiele gesendet wurden. Eine Funkfassung von Goethes *Faust* dürfte das letzte Hörspiel des NS-Radios gewesen sein.

HÖRSPIELE AUS DEM EXIL

Gelegentlich produzierten nicht-deutsche Sender Exilhörspiele. Bekannt geworden sind Anna Seghers *Prozess der Jeanne d'Arc zu Rouen 1431* (1937) und Ernst Ottwalds *Kalifornische Ballade* (1939) – beide wurden im flämischen Programm des Belgischen Rundfunks erstgesendet. Andere stammten von Walter Mehring (*Der Freiheitssender*) und Bert Brecht (*Lukullus vor Gericht*; Radio Beromünster 1940). Doch das Kapitel ›Exilhörspiel‹ ist ebenso ungeschrieben, wie das über die Hörspiele in den besetzten Gebieten. Denn auch dort gab es überraschenderweise Hörspiele.

»Das Schrifttum [des Senders Reval HJK], das den geringsten Raum im Programm einnimmt, aber durch die Zusammenfassung von Lesestunden, Hörspielen und Kinder- und Jugendstunden trotzdem ein großes Arbeitsgebiet hat, wird vom Hauptsachbearbeiter W. Heuer geleitet, der dem deutschen Rundfunk und besonders dem Reichssender Hamburg schon viele Hörspiele geschenkt hat« (MEYER-GOLDENSTÄDT 1942: 69).

Der Landessender Reval schrieb sogar im November 1942 ein Hörspielpreisausschreiben aus und kürte einige Preisträger: »Die Zahl der eingehenden Manuskripte übertraf alle Erwartungen [...] Die für den Inhalt der Hörspiele gestellte Bedingung, dass es sich bei Wahrung der inneren Beziehung zur Gegenwart um historische Stoffe, aktuelle Zeitereignisse oder volksnahen Humor handeln soll, ist von den Hörspielautoren erfüllt worden« (ANONYM 1943: 61). Aber nicht nur in Reval gab es Hörspiele. Auch der Landessender Minsk und die Soldatensender Finnmark, Gisela, Lappland oder Bordeaux brachten Hörspiele.

3.3 LITERATUR PRÄGT DAS HÖRSPIEL

Die wirkungsvollste Hörspielzeit und zweite Blütezeit begann, als Theater und Kinos geschlossen, Zeitungen und Bücher rar waren – und der Hörfunk das einzige und konkurrenzlose (auch) kulturelle Medium war. Das frühe Nachkriegshörspiel war Buch-, Theater- sowie Filmersatz und begann vor allem mit Adaptionen. Den deutschen Hörern in den vier Besatzungszonen sollten die bedeutendsten Werke des klassischen

Erbes sowie die neue Literatur des In- und Auslandes als Funkliteratur nahegebracht werden.

NEUANFÄNGE

Am 5. Juli 1945 sendete der Berliner Rundfunk das erste Hörspiel nach dem Krieg. Es hieß *Hypnose* und stammte von dem Hörspielpionier Josef Pelz von Felinau. Zwei Monate später eröffnete Radio Hamburg um 22.30 Uhr sein Hörspielprogramm für die britische Zone mit Carl Zuckmayers *Der Hauptmann von Köpenick* (3.9.1945; Regie: Helmut Käutner); Radio Stuttgart in der amerikanischen Zone sendete am 12. Oktober 1945 Anna Haags *Die Entdeckung Amerikas* – das Manuskript stammte vermutlich noch aus der Zeit vor 1933 (LERSCH 1990: 48). Radio München begann am 17. November mit der Komödie *Das Märchen von Curt Goetz* – der ›Schauspieler-Dichter‹ kannte die Hörspielpraxis schon aus den dreißiger Jahren. Am 21. November folgte Radio Stuttgart mit *Miles Standish's Brautwerbung* von Henry Longfellow. Und der (zur französischen Zone gehörende) Südwestfunk (SWF) startete mit einer Adaption von Jean Cocteaus *Die menschliche Stimme* (3.4.1946). Doch »im Jahre 1945, in den sieben Monaten nach der Kapitulation wurde überhaupt kein wirkliches Hörspiel gesendet« (SCHWITZKE 1963: 209). Das erste Originalhörspiel nach dem Krieg (*Der Held*, 28.1.1946) schrieb Volker Starke, ein redaktioneller Mitarbeiter des Nordwestdeutschen Rundfunks (NWDR), doch weitere Originalhörspiele blieben rar. Das Hörspiel begann wieder als regionale Radiokunst – und es begann unter einfachsten Bedingungen. In Stuttgart etwa stand als Studio lediglich ein Wagen zur Verfügung, in Baden-Baden strömten der Straßenbahn- und Kantinenlärm bis in die ungenügend gedämmten Studios. Die Zahl der Hörspielstätten wuchs trotz der schwierigen Bedingungen rasch auf zehn, gelegentlich fast zufällig: »Von Menschen und Mäusen hieß das erste Hörspiel, das wir nach der Währungsreform wieder selber produzierten«, erzählte der damalige Bremer Oberspielleiter Gert Westphal später einmal. »Die Leitung des Hauses hatte in ihrem Sparprogramm hellsichtig gerade das Hörspiel stillgelegt, auf das sie sich bald so viel zugute hielt. Erst als meine Sekretärin ausrechnete, dass Von Mäusen und Menschen billiger zu finanzieren wäre als irgendeine Übernahme von reicheren Sendern, durften wir wieder. Dank an Ruth Stelter; sie hat wahrscheinlich das Bremer Hörspiel gerettet« (ARD 1995: 93).

BRÜCHE UND KONTINUITÄTEN

Für das bundesdeutsche Hörspiel war 1945 »kein absoluter Neuanfang«; es gab »eine gewisse Kontinuität« (WÜRFFEL 1978: 74). Kolbs – zutiefst der Mittelwelle verbundene – Konzept der ›inneren Bühne‹ blieb auch nach dem Krieg – unausgesprochen – wirksam. Das Hörspiel wendet sich, so betonte Schwitzke nach dem Ende der nationalsozialistischen Herrschaft, »obwohl der Rundfunk ein Masseninstrument ist, immer nur an den Einzelnen in seiner Isolierung, in seinem privaten ›Kämmerlein‹« (SCHWITZKE 1961: 828). Gemeinschaftsspiele, Propagandatexte oder Thingstücke blieben nach 1945 tabu – hier gab es einen klaren Schnitt. »Der politische Aufklärungscharakter des NWDR-Hörspielprogramms stand an erster Stelle, ›selbst auf die Gefahr hin, unpopulär zu sein‹« (HUBER 2006: 94). Einige der frühen Dramaturgen, Regisseure und Autoren hörspielten auch nach 1945 weiter: Josef Maria Bauer, Walter Bauer, Christian Bock, Günter Eich, Felix Gasbarra, Kurt Heynicke, Fred von Hoerschelmann, Ernst Johannsen, Hermann Rossmann (*Der Ritt nach Osten*; Stuttgart 1946), Walter Erich Schäfer, Oskar Wessel oder Wolfgang Weyrauch.

HÖRSPIEL UND FEATURE

Nach dem Kriegsende 1945 wurde in den Sendern vor allem improvisiert und gerade Adaptionen von Novellen, Schauspielen oder Romanen bestimmten das Programm. Sie waren als Buch erhalten geblieben, mussten aber funkgerecht umgearbeitet werden. »Eines Tages«, so berichtete NWDR-Chefdramaturg Ernst Schnabel, »kam ich in den Sender, in die Hörspielabteilung und fand da eine Riesenaufregung. Ich fragte jemand, warum seid Ihr so aufgeregt? ›Wir haben morgen Hörspielabend und wir haben kein Hörspiel‹ Und da fragte ich: ›Was wollt Ihr denn haben?‹ Er sagte: ›Totenschiff von Traven‹. Und ich fragte: ›Haben Sie ein Buch?‹ ›Ja‹. ›Wenn Sie mir das Buch mitgeben, haben Sie bis morgen früh das Totenschiff‹. Und es war über Nacht fertig. Das war mein erstes Hörspiel. Und so bin ich überhaupt zur Hörspielarbeit gekommen«. Das *Totenschiff* wurde am 2. Dezember 1946 vom NWDR urgesendet. Auch beim Berliner Rundfunk musste improvisiert werden, wie Hans Rosenthal berichtete: »›Es sollte das erste Hörspiel gemacht werden – *Nathan der Weise*. Die 144 Seiten Manuskript – fertig bearbeitet mit sämtlichen Strichen und Markierungen vom Regisseur Hannes Küppers – lagen vor. Allerdings nur einmal. Sechzehn Exemplare hätte man gebraucht. [...] (Die) Produktion sollte abgesagt werden‹. [...] Hans schnappte sich das Manuskript ging von Büro zu Büro, von Schreibkraft zu Schreibkraft: ›Wären Sie so nett und würden dies für mich abtippen – 2 mal 7 Durchschläge [...] Es müsste aber sofort sein‹ [...] So verteilte er das Manuskript Seitenweise, sammelte es später wieder ein, und nach drei Stunden lagen alle 16 Manuskripte auf dem Schreibtisch des Regisseurs. Am nächsten Morgen begann pünktlich die Produktion. Mit Hans Rosenthal als Regieassistent« (REXIN 2002: 310). Am 2. August 1945 wurde *Nathan* gesendet.

Viele etablierte Schriftsteller hielten sich auch nach 1945 zurück. »Es fehlt mir die Fähigkeit, und auch die Lust, ein Hörspiel zu schreiben«, schrieb etwa Georg Britting 1948 an den SWF. Auch erfahrenen Hörspielautoren wie Günter Eich fehlte die Lust: »Ich gab inzwischen meine Hörspielarbeit auf«, teilte er 1948 Georg von der Vring mit, »merkwürdig, dass ich dergleichen einmal aufs Eleganteste konnte«. Die Grenzen zwischen den verschiedenen Radioformen waren wieder überaus offen. Die frühen, stark dokumentarisch orientierten NWDR-Features von Axel Eggebrecht oder Ernst Schnabel etwa wurden anfangs mal als Hörspiel, mal als Feature und sogar als ›ein Stück Journalismus‹ verstanden. Die – aus 35.000 bzw. 80.000 Hörerzuschriften zusammengesetzten – Collagen *29. Januar 1947* sowie *Der 1. Februar 1950* machten den inzwischen zum Leiter der Hauptabteilung Wort im NWDR aufgestiegenen Schnabel und das Feature populär. Erst 1950 nahm der NWDR eine Trennung in eine Hörspiel- und eine Featureredaktion vor.

DRAUSSEN VOR DER TÜR

Vor allem zwei Hörspiele sorgten in den frühen Nachkriegsjahren für Furore – und prägten den legendären Ruf des Nordwestdeutschen Rundfunks in Hamburg. Fernab aller Hörspieltraditionen entstand 1947 Wolfgang Borcherts *Draußen vor der Tür*. Das erste wirklich populäre Hörspiel behandelte Krieg und Zusammenbruch, und es war radiospezifisch und expressiv realisiert (Regie: Ludwig Cremer). Borchert hatte sein Spiel fern des Hörfunks in nur acht Tagen geschrieben und eigentlich fürs Theater vorgesehen. Nur durch Zufall gelangte das Manuskript zu Ernst Schnabel, der für eine rasche Produktion sorgte. Als der NWDR das Hörspiel am 13. Februar erstmals ausstrahlte, blieb seinem Autor ein Mithören verwehrt. Eine der üblichen Stromsperren schnitt den Hamburger Stadtteil, in dem der todkranke Borchert lebte, von der Versorgung ab. Sein Radio blieb stumm, das Zimmer dunkel; Borchert ging früh ins Bett, um nicht zu frieren und verschlief die Geburtsstunde des Nachkriegshörspiels. Doch das Echo war sensationell: »Die Hörer schreien zurück: emporgerissen, gepeinigt, erschrocken, befreit, zornig, erschüttert, abwehrend, dankbar«, berichtete Gerhard Prager (1958: 24), damals Chefredakteur von *Kirche und Rundfunk*. Dieter Wellershoff, später selbst ein herausragender Hörspielautor, gehörte zu den Hörern: »Ich war mit drei anderen allein auf der Bude, als Bodo S., einer von den beiden Leuten, mit denen ich mich über Literatur unterhielt [...] aufgeregt hereinstürzte und rief: ›Kommt mal schnell rüber! Da ist was Tolles im Radio!‹ Nur in der Nebenstube gab es ein Radio. Dort saßen schon mehrere und gaben uns mit einer schnellen Handbewegung zu verstehen, wir sollten uns still dazusetzen. Es war der Abend des 13. Februar 1947, wie ich aus der Literaturgeschichte weiß [...] Das Stück, vom Norddeutschen Rundfunk aus Hamburg gesendet, sprach auf eine bisher ungehörte, leidenschaftliche Weise von den Verheerungen des Krieges, von der Verlorenheit der Überlebenden und von heimatloser Heimkehr [...] und als seine letzte Frage ›Gibt denn keiner Antwort?‹ in ein langes Schweigen auslief, ehe die Absage über den Sender kam, da herrschte dieses Schweigen wohl überall unter den betroffenen Zuhörern« (WELLERSHOFF 1985: 202f.). Für Borchert brachte die Hamburger Funkausstrahlung den Durchbruch als Autor. 1948 erregte Radio

München mit einer Neuinszenierung noch einmal die Zuhörer. Doch als der NDR 1957 eine »weniger ekstatische« Inszenierung sendete, sah man in *Beckmann* schon eher ein »literarisches Gespenst«, eine »traurige Lesebuchfigur im Zeitalter der harten D-Mark« (KRUG 1991a: 13). Neben Hochkonjunktur und Nierentisch passte die ergreifende Geschichte um den Heimkehrer Beckmann schon kaum noch. Das Hörspiel aus der Zeit zwischen Weltkrieg und Währungsreform schien vielen schon veraltet – doch es blieb im Hörspielkanon und war zudem schon in den 1950er-Jahren Radio unabhängig auch als Klett-Cotta-Langspielplatte erhältlich. »Aber damals wollte kein Buchhändler die Schallplatten in seine Auslagen stellen« (THALHEIM 2007: 128).

TRÄUME

Vier Jahre später erregte Günter Eich mit seinem Hörspiel *Träume* (NWDR, 19.4.1951) enormes und zunächst negatives Aufsehen. Noch während der NWDR-Hamburg das Hörspiel ausstrahlte, hörten die Telefone im Sender nicht auf zu klingeln. Das Publikum war brüskiert: »Aufhören«, »verbieten«, »Polizei«, reagierten sich Hörer telefonisch und brieflich ab. Und auch die Kritik war wenig angetan: »Aufguss«, »Ablehnung«, so das fast einhellige Urteil über Eichs Stück und Fritz Schröder-Jahns siebzigminütige Inszenierung (Musik: Siegfried Franz). Kein Hörspiel konnte später solch geballte Reaktionen hervorrufen wie jene Erstsendung. Obwohl das Spiel den 1952 erstmals verliehenen ›Hörspielpreis der Kriegsblinden‹ nicht bekam, galt die Ursendung als die Geburtsstunde des Hörspiels. »Der eigentliche Durchbruch«, so Schwitzke, »geschah [...] mit den Träumen und den weiteren Hörspielen Eichs« (SCHWITZKE 1960: 13). Fritz Schröder-Jahn setzte auf einen pathetischen, durchaus die expressive Weimarer Sprechtradition aufnehmenden Sprechton (mit Inge Meysel unter den Mitwirkenden), ließ die entscheidenden Stellen aber besonders zurückgenommen sprechen und ermöglichte auch durch seine ganz andere Regiearbeit diese ›Neuentdeckung des Hörspiels‹. Doch es vergingen fünfzehn Jahre, bis man diese Urfassung der *Träume* (das Originalmanuskript wurde bei der Grundsteinlegung des NDR-Hörspielhauses eingemauert) in Hamburg erneut auszustrahlen wagte. Andere Fassungen (wie die mit dem später so berühmten: »Seid unbequem, seid Sand, nicht das Öl im Getriebe der Welt«) erlangten die Aufmerksamkeit der Erstsendung nicht mehr, und auch das Skandalöse des Stückes wurde immer seltener gesehen. Als die *Träume* (1953) auch als Buch erschienen, war das Lob bereits einhellig; als die jungen Hörspielrebellen ihr ›Neues Hörspiel‹ initiierten, sahen sie in Eich nur noch den Dichter des Beschaulichen. Doch das Spiel wurde allein in den 1980er-Jahren 18 Mal (KRUG 2002: 36) wiederholt, 16 Mal in der buchfernen Skandalfassung von 1951.

12 MILLIONEN HÖRER

In den Nachkriegsjahren wurde das Hörspiel erstmals ein besonderer und bald etablierter Teil der literarischen Kultur. Gerechnet hatte damit keiner, selbst die Macher nicht. »In einer Zeit, da Zeitungs- und Buchdruckpapier streng rationiert ist, Gedrucktes daher ›Mangelware‹, kommt dem Rundfunk eine selbst für seine Programmverantwortlichen ungeahnte und überraschende Bedeutung für die öffentliche Kommunikation, für Information, Gedankenaustausch, Diskussion, aber auch für die Vermittlung von Kunst und Kultur zu« (JENKE 1995: 110). Die Einschaltzahlen lagen in Millionenhöhe. »Nach allen Befragungen (sind) rund 50 Prozent der Rundfunkteilnehmer am Hörspiel interessiert, das entspricht etwa 12 Millionen Menschen«, jubelte etwa die *Funk-Wacht* 1951 (ANONYM 1951a: 13). Noch war der Hörfunkmarkt in Deutschland bei Weitem nicht gesättigt, noch hatte das Radio ein elektronisches Monopol (das Fernsehen sollte erst 1952 starten). Und da die Hörspiele gerade in den hörerreichen Abendstunden gesendet wurden, erreichten sie auch ihre Zielgruppe. »In den Fünfzigerjahren wurde nicht selten der wöchentliche Hörspieltermin wie ein Theaterbesuch eingeplant und vom übrigen Alltag abgeschirmt. Für die Familie [...] besaß die Hörspielsendung eine bedeutende kommunikationsfördernde Funktion. Als mit den Sechzigerjahren das Fernsehen diese Rolle übernahm, verdrängte es den Hörfunk von seinem Rang. Das Radio suchte sich in seinen Präsentationsformen den veränderten Bedingungen anzupassen. Das Hörspiel jedoch sollte in besonderer Weise unter dem sich verändernden Hörverhalten leiden und für den Hörer an Attraktivität verlieren« (OHDE 1986: 470).

Noch viel später schwärmten die Hörer über ihre Hörerfahrungen in den 1950er-Jahren, Helma Sanders-Brahms etwa: »Hörspiele (sind) das Schönste, was man zu Hause haben kann. Die Geschichten von den Termiten, von den Biedermännern und den Brandstiftern, von der Brandung von Serúbal – das ist die Wahrheit, so ist die Welt. Wenn ich im Bett liege, spreche ich die Texte, so weit ich sie behalten habe, und ahme die Stimmen der Schauspieler nach. Sie sind so schön, diese Stimmen, und die Menschen, die dazugehören und die man im Radio nicht sehen kann [...]« (GLASER 1990: 223). Und Ludwig Harig erinnerte sich: »Wenn in den frühen Fünfzigerjahren Hörspielzeit im Südwestfunk war, saßen wir immer schon eine Viertelstunde vor der Ansage am Radiogerät und drehten an den Knöpfen. Sobald die Sendung anfing, hatten wir das Gefühl, als seien wir selbst der Äther, und körperlos geworden schlüpften wir zu den imaginären Stimmen in den Apparat. Eine Stunde, die wir am liebsten zu einer Ewigkeit gedehnt hätten, lebten wir im selben Raum mit dem Raben Sabeth in Günter Eichs gleichnamigen Hörspiel (1951), mit Billy und Frankie in Ingeborg Bachmanns Märchen *Der gute Gott von Manhattan* (1958), in Wolfgang Hildesheimers *Unter der Erde* (1962)« (HÖRWELTEN 2001: 267). Die körperlose Stimme – selbst im Neuen Hörspiel wurde sie noch gehört.

DAS HÖRSPIEL UND DIE HOCHKULTUR

Das Feuilleton öffnete sich erstmals dem Hörspiel; man sprach und stritt über das Gehörte (und damals auch Gelesene). »Mit dem beschleunigten Tempo, mit welchem das Hörspiel die Mängel seiner Entstehungszeit abstreifte und berufene Schriftsteller und Dichter sich der Hörspielkunst zuwandten, trat diese mehr und mehr aus ihrer Unmündigkeit heraus und machte den Platz vor dem Mikrofon zu einem Forum ersten Ranges. So empfängt also fraglos das Hörspiel seine Literaturfähigkeit, wie überhaupt seine Lebensfähigkeit, unmittelbar aus den Händen der Dichter«, notierte Gerhard Prager (SCHWITZKE 1963: 293), der von 1949 bis 1953 die Hörspielentwicklung beim Süddeutschen Rundfunk (SDR) in Stuttgart maßgeblich beeinflusste und heftig für eine funkeigene literarische Form gestritten hatte. »Es darf nicht geduldet werden«, so zitierte ihn der *Spiegel* (16/1951, S. 33), »dass es sich die Bühnenwerke in den Polstern des Rundfunks bequem machen, wogegen das Hörspiel als das legitime Kind vor der Tür warten muss, bis es dann und wann vorgelassen wird«. Das Hörspiel wollte neben Epik, Lyrik und Dramatik eine selbstständige, gleichwertige vierte (literarische) Gattung werden – darum ging es. Später nannte man dieses legitime Kind ›Originalhörspiel‹. Eigens für das Radio geschrieben.

VON ANDERSCH BIS WALSER

Wohl alle bedeutenden deutschen Schriftsteller wurden in den 1950er-Jahren irgendwann auch einmal Hörspielautoren, mal mit großer, mal mit geringerer Affinität zum noch jungen Genre: Ilse Aichinger, Alfred Andersch (*Biologie und Tennis*, HR 1950; *Die Letzten vom Schwarzen Mann*, NWDR 1954), Ingeborg Bachmann, Gottfried Benn, Heinrich Böll, Bertolt Brecht (*Das Verhör des Lukullus*; BR 1949; Regie: Harald Braun), Friedrich Dürrenmatt, Günter Eich, Max Frisch, Günter Grass (*Hochwasser*; SDR 1957; Regie: Martin Walser), Richard Hey, Wolfgang Hildesheimer, Walter Jens (*Der Besuch des Fremden*; SWF, BR, RB 1952), Siegfried Lenz, Wolfdietrich Schnurre, Martin Walser (*Die Dummen*, SDR 1952; *Kantaten auf der Kellertreppe*, SDR 1953) u.v.a. Max Frisch – dessen 1945 in Zürich uraufgeführtes und heftig diskutiertes Theaterstück *Nun singen sie wieder* 1946 vom Berliner Rundfunk adaptiert und bis 1947 noch drei weitere Male realisiert wurde – nutzte das Hörspiel als eine Art ›Probebühne‹. Aus dem Originalhörspiel *Rip van Winkle* (NWDR 1953) wurde später der Roman *Stiller*, aus *Herr Biedermann und die Brandstifter* (BR 1953) ein Hörspielbuch und 1958 ein Theaterstück. Viel später wurden *Andorra*, *Homo Faber*, *Mein Name sei Gantenbein* oder *Blaubart* auch als Hörspiel eingerichtet. 42 Minuten dauerte 1957 der Monolog *Homo Faber* (NDR); 324 Minuten die Fassung, die der HR 2018 gemeinsam mit dem Hörverlag realisierte und dann als 6-CD-Hörbuch vermarktete.

Das Hörspiel hatte in den 1950er-Jahren bei der literarischen Produktion durchaus Priorität. Alfred Andersch etwa schrieb gern Hörspiele, um sie dann als Erzählung, Theaterstück oder Fernsehfilm weiter zu vermarkten. Martin Walser war seit 1949 nicht nur Reporter beim SDR;

er führte – als einer von wenigen Autoren damals – etwa in Weyrauchs *Die Minuten des Negers* (1953) auch Regie, gehörte zur legendären Stuttgarter ›Genietruppe‹ um Karl Ebert, Hans Gottschalk, Heinz Huber und Helmut Jedele, und er war sogar der ›Bearbeiter‹ von Erzählungen (*Der letzte Aufschrei*. Hörspiel nach der Erzählung *Gadir* von Arno Schmidt, SDR 1953). Erst in den 1990er-Jahren wurde wieder bekannt, dass Heinrich Böll auch ein produktiver Hörspielautor gewesen war. Neuere Zählungen kommen auf 40 Hörspieltexte aus der Feder des späteren Nobelpreisträgers. Schon 1952 produzierte der SDR Heidelberg-Mannheim Bölls erstes Originalhörspiel *Eine von Einhundertzwanzig* – ein Blick hinter 120 Minuten Radionachrichten. Und schon 1958 wurde Bölls Radio-Kultur-Satire *Doktor Murkes gesammeltes Schweigen* (RB 1958) erstmals auch als Hörspiel eingerichtet. »Wer Literatur-Funktionäre – im Rundfunk oder anderwärts – liebt«, so Schwitzke damals, »muss diese Geschichte lesen«. Lesen! Tatsächlich war die Satire Jahrzehnte nur als Hörspieltext präsent. Erst 1996 schuf Hermann Naber eine Neufassung (SWF, SR), die fast zeitgleich zur Erstsendung auch als Kaufkassette angeboten wurde. Unabhängig vom linearen Radioprogramm.

Fred von Hoerschelmann wandte sich in den Nachkriegsjahren wieder der Radiokunst zu – und schuf mit dem gleich zwei Mal produzierten Hörspiel *Das Schiff Esperanza* (SDR, 25.3.; NWDR, 26.3.1953) das wohl erfolgreichste deutsche Hörspiel. Aber dieser Erfolg setzte nicht 1953 ein, sondern erst in den 1960er-Jahren als Schwitzke es in sein Lesebuch *Sprich, damit ich dich sehe* (1960; 1965: 48-60 Tsd.) aufnahm und das Hörspiel in einer Ausgabe des Schöningh-Verlags Pflichtlektüre im Deutschunterricht der Gymnasien wurde. Hoerschelmann war ein eher traditioneller Erzähler. Er konzentrierte sich aufs Schreiben fürs Radio, schuf etwa zwanzig Hörspiele sowie ebenso viele Adaptionen. Doch der ›Meister der Hörspieldramaturgie‹ fühlte sich gelegentlich ›überhörspielt‹ und ›funkverseucht‹.

HÖRSPIELBÜCHER

Hörspielbücher wurden in den 1950er-Jahren eine Selbstverständlichkeit. Bereits 1948 war die Anthologie *Buch der Hörspiele* von Hans Georg

Stamm erschienen, 1950 startete der Süddeutsche Rundfunk seine Reihe ›Hörspielbuch‹ (1950-1961). Dann folgte das Hamburger Hans-Bredow-Institut mit der Reihe ›Hörwerke der Zeit‹ (1956-1965) – und veröffentlichte etwa die Erstausgabe von Max Frischs *Biedermann*-Hörspiel. Diese Buchpublikationen gaben der Radiokunst endlich Dauer, bescheinigten ihr Literalität und etablierten sie auch in der gedruckten ›Gutenberg-Galaxis‹. Fortan kamen alle relevanten Schriftsteller auch mit eigenständigen Hörspielbüchern auf den Markt: Alfred Andersch oder Ingeborg Bachmann, Gottfried Benn (*Die Stimme hinter dem Vorhang*, 1952) oder Heinrich Böll, Erwin Wickert oder Heinz Oskar Wuttig. 1974 listete Uwe Rosenbaum in seiner Bibliografie *Das Hörspiel* Hörspielbücher auf mehr als 100 Seiten auf. Die Literaturwissenschaft (Fritz Martini) setzte sich allmählich mit dem Hörspiel auseinander. 1958 erschien Werner Kloses Pädagogik *Das Hörspiel im Unterricht*, die Schulen öffneten sich, und die Hörspielpraktiker debattierten über das Genre. Aber es sollte noch dauern, bis die erste große Hörspielgeschichte erscheinen konnte: Heinz Schwitzkes *Das Hörspiel* (1963). Und dann – zum Vierzigsten – Eugen Kurt Fischers *Das Hörspiel. Form und Funktion* (1964). Es waren Theoriebildungen aus der Hörspielpraxis – nicht aus den Universitäten. Nur hier konnten die Produktionen jederzeit nachgehört und analysiert werden.

HÖRSPIELHONORARE

Anders als noch in der Weimarer Republik oder den ersten Nachkriegsjahren zahlte das Hörspiel in den 1950er-Jahren vorzüglich. »1949 gelang es dem ›Genietrupp‹ zum erstenmal, mit dem Honorar eines Originalhörspiels die Tausend-Mark-Grenze zu überschreiten« (SCHWITZKE 1963: 295). 2.000 DM zahlte 1951 der NWDR Hamburg als Höchsthonorar, beim NWDR Köln gab es 1.500, in Berlin 1.000, in Bremen 800 – und für Starsprecher waren bis zu 1.000 DM vorgesehen (ANONYM 1951: 32). Günter Eich erhielt zeitweilig vom SDR sogar eine »Monatspauschale mit der Verpflichtung, Hörspiele für das Haus zu schreiben« (DUSSEL 1995: 177). Zwischen 2.000 und 4.500 DM Honorar plus Nachschläge für Wiederholungen und Übernahmen durch andere Sender gab es 1962; Andersch etwa erhielt Anfang der 1960er-Jahre für eine siebenteilige Reihe *Andersch-Repertoire* ein Pauschal-Honorar von 17.000 DM. Das Hörspiel war nun also auch finanziell hoch attraktiv – und es konnte zu einem Innovationsbeschleuniger werden. Hörspielleiter wie der damalige Bremer Hörspielchef Gert Westphal empfahlen den »Romanautoren, zuerst ein Hörspiel aus der Romanidee zu machen, als Exposé sozusagen« (KAPFER 1999: 55).

HÖRSPIEL ALS KULTURMÄZEN

1947 und 1950 wurden Preisausschreiben veranstaltet, um neue Autoren zu finden – und NWDR-Abteilungsleiter Wort Walter Hilpert klagte noch 1951: »Es fehlt uns bitter an Autoren« (ANONYM 1951: 32). Doch Mitte der Fünfzigerjahre war die Knappheit vorbei, die Hörspielangebote der Schriftsteller inflationierten. Das Hörspiel wurde in den Nachkriegsjahren kultureller Faktor und de facto auch Mäzen (HICKETHIER 1997), relevanter Teil der Kultur, für den Lebensunterhalt vieler Autoren unentbehrlich – und ein Kulturereignis im Wohnzimmer, wo die zunehmend opulenteren Empfänger in der Regel standen. »Der Rundfunk weiß«, so Ernst Schnabel, NWDR-Intendant seit 1951, »dass er in seinem Verhältnis zur deutschen Literatur seit einigen Jahren eine große und höchst ehrenvolle Rolle spielt, die eines Mäzens nämlich«. Und auch einige Schriftsteller sahen das so: »Wir sind dem Rundfunk großen Dank schuldig«, lobte Gottfried Benn, »[er] ist die einzige Institution, die sich für die Literaten interessiert, die ihnen Verdienstmöglichkeiten gibt. Insofern bitte ich die jüngeren Kollegen, die Anregungen, die wir erhalten haben, sich anzueignen, ich glaube, es wird sich lohnen. Ich glaube, dass das Hörspiel der Zukunft im Kommen ist« (SCHWITZKE 1963: 294). Gerade die jüngeren Autoren waren an der Radiokunst interessiert: Die meisten Autoren der Gruppe 47 schrieben auch Hörspiele, in den erfolgreichsten Zeiten soll jedes sechste Hörspiel von einem Mitglied der Gruppe gekommen sein. »Fast alle haben vom Rundfunk gelebt«, so ihr Initiator Hans Werner Richter über die damalige Situation. Mäzenatentum war dabei durchaus weit ausgelegt: Die Tagung der Gruppe 47 fand 1952 im Gästehaus des NWDR statt, sogar ein Bus wurde finanziert, der die süddeutschen Autoren in den Norden brachte. Und das Treffen in Ulm 1960 war eine vom

Hörfunk unterstützte Hörspieltagung. Da aber erodierte die Verbindung zwischen Radio, Hörspiel und Autoren schon wieder. Auch, weil es jetzt die neue audiovisuelle Form ›Fernsehspiel‹ gab.

THEMEN, SCHAUSPIELER, REGISSEURE

Gern aufgegriffene Themenkomplexe der 1950er-Jahre waren die Sinnlosigkeit des Krieges, der innere Widerstand, der Schuld-Sühne-Komplex, das Verhältnis zu den Juden. Später wurde die Wohlstandsgesellschaft behandelt und – mit der Tendenz zum Allgemein-Menschlichen – die Zeitgeschichte von Hiroshima bis zum Computer. Immer wieder gab es Auseinandersetzungen um einzelne Hörspiele: 1951 protestierten Hamburger Hörer gegen Eichs *Träume*, 1958 untersagte SWF-Intendant Bischoff (zunächst) die Produktion von Anderschs de-Gaulle-kritischem Hörspiel *In der Nacht der Giraffe*, der BR sprang ab, beim SDR verhinderte Intendant Bausch die Sendung. Erst 1960 sendete der Hessische Rundfunk dieses nach einer Erzählung entstandene Stück, eines der wenigen aktuell-politischen Hörspiele jener Jahre, nun sogar von Intendant Eberhard Beckmann genehmigt (Regie: Martin Walser). Dabei wollte Andersch in seiner »Montage nichts oder nur wenig erzählen, sondern Situationen und Tatbestände darstellen und durchsichtig machen«.

Neben den besten Autoren konnten seit den 1950er-Jahren auch die besten und prägnantesten Stimmen verpflichtet werden: Dagmar Altrichter, Hans Christian Blech, Hans Clarin, Gisela von Collande, Ida Ehre, Helga Feddersen, Elisabeth Flickenschildt, Joachim Fuchsberger, Therese Giehse, O. E. Hasse, Martin Held, Hilde Krahl, Harald Juhnke, Hanns Lothar, Siegfried Lowitz, Hannes Messemer, Inge Meysel, Heinz Reincke, Dietmar Schönherr, Ernst Schröder, Gert Westphal, Klaus-Jürgen Wussow und viele, viele andere, die später auch in ganz anderen Fernsehzusammenhängen populär wurden. Und es dominierte weiterhin ein spezifisch rufender, prägnant künstlerischer, mittelwellengemäßer Sprechstil. Die bedeutendsten Regisseure der 1950er-Jahre waren ziemlich unumstritten und mit enormer Präsenz Fritz Schröder-Jahn und Gustav Burmester; daneben inszenierten Ludwig Cremer, Helmut Käutner, Ulrich Lauterbach (Bronnens *Michael Kohlhaas*, HR 1953), Max

Ophüls (*Novelle*, SWF, BR, RB 1953; *Berta Garlan*, SWF 1956), Kurt Reiss und Gert Westphal. Und sogar Gustaf Gründgens arbeitete wieder fürs Radio. 1954 führte er Regie in *Faust I*.

UKW – UND (FAST) EINE NEUENTDECKUNG DES HÖRSPIELS

Seit 1950 wurden (neben den Mittelwellenprogrammen) zusätzliche Zweite Hörfunkprogramme auf Ultrakurzwelle (UKW) eingerichtet. Diese UKW-Wellen verbesserten die Empfangsqualität enorm. Sie boten neue Sendeplätze – und erstmals die Möglichkeit, Hörspiele dezent wellen- und zielgruppenspezifisch zu platzieren. Vor allem aber veränderte UKW – was heute fast vergessen ist – die Ästhetik des Hörspiels grundlegend. Bereits 1963 notierte Heinz Schwitzke sehr aufmerksam, dass es 1950 »fast« zu einer »Neuerfindung des Hörspiels« gekommen sei – ein »Vorgang, [der] nicht zufällig mit der Einführung der UKW-Technik zusammenfiel« (SCHWITZKE 1963: 325), wie Schwitzke »zurecht« (DÖHL 1976) anmerkte.

Bereits am 23. Februar 1950 war Beobachtern das Hörspiel *Es war ein ungewöhnlich langer Tag* des Autorenpaares Christa-Maria Piontek und Paul Hühnerfeld aufgefallen, das einen ungewöhnlichen, einen nur noch andeutenden Inszenierungsstil aufwies. Der Regisseur war Fritz Schröder-Jahn. Er war ein neuer, damals fast unbekannter Regisseur, der »Erfinder« einer neuen Inszenierungsmethode, »bei der plötzlich alles, was bis daher galt, ins Gegenteil verkehrt wurde« (SCHWITZKE 1963: 324) – und dann wirkte er mehr als zwanzig Jahre als erster Regisseur im NWDR und im NDR in Hamburg. Der Durchbruch kam 1951 mit Günter Eichs *Träume*. UKW, Schröder-Jahn, dies war, »was Gerhard Prager sagte, und was ihm nachher alle nachsprachen: dies war die Geburtsstunde des deutschen Hörspiels« (SCHWITZKE 1981: 88).

UKW brachte eine vollkommene Veränderung des Einsatzes von Sprache, Musik und Geräuschen. »Der beste Gebrauch von Musik und Geräusch im Hörspiel«, so Schwitzke (1963: 228), »ist geschehen, wenn die Hörer am Ende meinen, weder Geräusch noch Musik gehört zu haben – oder aber, wenn sie Geräusch und Musik gehört zu haben glauben, obwohl nichts dergleichen verwendet wurde«.

Noch wurde die Radiokunst in Mono produziert und gesendet – und mit dem damals modernsten Kunstmittel, der Blende, gestaltet. »Lange Zeit galt die ›Blende‹, der schlichte Vorgang des Öffnens und Schließens des End- oder Summenreglers, als das entscheidende Kunstmittel des Hörspiels. Das lauter und leiser Werden des Schallvorgangs wurde als Kunst der Blende, als ›Atem des Hörspiels‹ verherrlicht. In der Tat ist es erstaunlich, in wievielerlei Funktionen dieser Vorgang angewendet werden kann« (KLIPPERT 1977: 38).

REGIONALE ENTWICKLUNGEN

Das Nachkriegshörspiel war ein öffentlich-rechtliches Radiospiel und Teil eines regionalisierten, föderalen Rundfunks. Wie in der Weimarer Republik hörten die Hörer in München und Hamburg, Stuttgart, Frankfurt oder Berlin spezifische Hörspielprogramme mit spezifischen regionalen Besonderheiten. Zunächst waren die großen Anstalten wohl auch die produktivsten, und einzelne Personen prägten das jeweilige Hörspielprofil. »Nach 1945 aktivierten zunächst u. a. Otto Kurth, Ludwig Cremer, Ernst Schnabel und Gerda von Uslar die Hörspielarbeit in Hamburg, Oskar Wessel in Bremen, Hans Korngiebel in Berlin (beim RIAS), Theodor Steiner, Hermann Burger und Fränze Roloff in Frankfurt, Christian Boehme und Manfred Haeberlen in Baden-Baden« (KAMPS 1984: 4).

Um 1950 veränderte sich die personelle Situation des Hörspiels in einigen Sendern entscheidend. Es blieb aber bei den regional sehr unterschiedlichen Entwicklungen.

Beim Nordwestdeutschen Rundfunk, ab 1956 Norddeutscher Rundfunk (NDR), in Hamburg wurde zunächst das gegenwartsbezogene Hörspiel gepflegt. 1951 übernahm Heinz Schwitzke (bis 1971) die Hörspielabteilung und »lenkte die Entwicklung zum reinen Wortkunstwerk, zum literarischen Hörspiel mit überzeitlicher Problematik« (KAMPS 1984: 5). Schwitzke machte das Hamburger Hörspiel zum erfolg- und einflussreichsten in Deutschland. Seit Anfang der 1950er-Jahre war die Hamburger Dramaturgie die erfolgreichste in Deutschland, fast alle Kriegsblindenpreise gingen (auch) nach Hamburg: Eich (1953), Hildesheimer (1955), Leopold Ahlsen (1956), Dürrenmatt (1957), Benno Meyer-

Wehlack (1958), Franz Hiesel (1960), Wolfgang Weyrauch (1962), Richard Hey (1965). Ein weiterer Höhepunkt war die deutschsprachige Erstsendung von Dylan Thomas' *Unter dem Milchwald* (NWDR 1954). Es gilt – so die ARD Hörspieldatenbank – als das wohl berühmteste Hörspiel der Rundfunkgeschichte.

In Stuttgart leitete Cläre Schimmel (1950 bis 1967) die Hörspielabteilung des SDR. Sie produzierte über 700 Hörspiele, führte in über hundert Regie. Die große Stuttgarter Hörspielzeit war vor allem mit dem Namen Gerhard Prager verbunden – obwohl dieser nur von 1949 bis 1953 als Hörspieldramaturg wirkte. Mit Erwin Wickerts *Darfst Du die Stunde rufen?* (SDR 1951) gewann das SDR-Hörspiel den ersten ›Hörspielpreis der Kriegsblinden‹, Eich wurde früh und fest an den Sender gebunden. Legendär waren die Parallelinszenierungen (zum NWDR) von Eichs *Die Andere und ich* oder Hoerschelmanns *Das Schiff Esperanza*. Stuttgart sendete 1953 26 Originalhörspiele, 34 Bearbeitungen, 60 Wiederholungen aus dem eigenen Bestand und sieben von anderen Sendern, insgesamt also 127 Hörspiele (DUSSEL 1996: 187). 1960 wurde Hans Jochen Schale Chefdramaturg in Stuttgart – das Hörspiel öffnete sich fortan verstärkt französischen Schriftstellern und deutschsprachigen Gegenwartsautoren.

In Frankfurt leitete Ulrich Lauterbach (1951 bis 1976) die Hörspielabteilung des Hessischen Rundfunks. Lauterbach verstand sich als »Mittler zwischen den Stilen und Nationen« und machte ein »betont ausgewogenes Programm« (KURSAWE 2004: 169f.). Er inszenierte Thomas Mann, realisierte das erste deutsche Hörspiel, Fleschs nicht erhaltene *Zauberei auf dem Sender* aus dem Jahr 1924, neu (HR 1962) und reiste zu Vorträgen über Hörspielfragen gern auch in die hessische Provinz. 1961 sprach er in der Lahntalschule in Biedenkopf über »Hörspiel-Dramaturgie« und brachte auch »Tonproben« von Hörspielen mit (ANONYM 1961: 4). 1963 produzierte er die Hörspielfassung von Rolf Hochhuths Theaterstück *Der Stellvertreter* (Regie: Erwin Piscator). Die Sendung wurde im Ersten Programm gesendet (19.30-22.00 Uhr) und mit einer Diskussionsrunde abgeschlossen; zwei Tage später gab es eine Wiederholung im Zweiten Programm. Es habe, so Lauterbach, seit dem Krieg »kein Hörspiel gegeben, zu dem in so erregter Form Stellung genommen wurde«. Zwei Jahre später folgte aus Frankfurt *Die Ermittlung* von Peter Weiss, ein ARD-

Gemeinschaftsprojekt. Seit 2001 war es im Hörverlag auch als Kassettenedition, seit 2007 als CD-Edition käuflich erwerbbar.

In Baden-Baden wurde Gert Westphal – er hatte seit 1948 das Hörspiel in Bremen geleitet – 1952 Hörspielchef und etablierte hier den ›epischen Stil‹ und die ›große literarische Form‹. Herausragende (aber nicht in den Kriegsblinden-Kanon eingegangene) Produktionen waren Max Ophüls' legendäre Realisationen von Goethes *Novelle* und Schnitzlers *Berta Garlan*. Die zweieinhalbstündige Schnitzler-Adaption – inszeniert in Anlehnung an filmische Stile und deshalb ›Hörfilm‹ genannt – wurde auf dem Höhepunkt der Ungarn-Krise 1956 ohne Unterbrechung urgesendet. Hörspiele von über zwei Stunden Sendedauer waren zu Westphals SWF-Zeit keine Seltenheit. Bereits 1954 richtete der SWF einen Günter-Eich-Schwerpunkt aus Wiederholungen und Neuinszenierungen ein. 1958 verließ Westphal den SWF, 1960 kam Bernhard Rübenach und blieb bis 1965 Hörspielchef.

Köln war bis 1956 Teil des NWDR und dies hatte auch für das Hörspiel Folgen. Während Hamburg Originalhörspiele sendete, kümmerte sich Wilhelm Semmelroth von 1946 bis 1960 in Köln vor allem um die klassische Bühne (dann wurde er Fernsehspielchef in Köln). »Ich habe eigentlich für die Schauspieler einen Spielplan gemacht«, berichtete er später. 1949 wurde in den Kölner Studios der erste Francis Durbridge-Krimi *Paul Temple und die Affäre Gregory* produziert. Als Friedhelm Ortmann – er hatte Alfred Anderschs damals hoch gelobtes Montage-Hörspiel *Der Tod des James Dean* (SWF 1959) zu Musik von Miles Davis realisiert – 1961 Hörspielchef wurde, begann er quasi bei Null. Er blieb bis 1968 und führte Hörspielhefte und Hörspieljahrbücher ein.

Hörspielchef des Bayerischen Rundfunks war von 1949 bis 1957 Friedrich-Carl Kobbe. »Bis 1948 stabilisierte sich die Anzahl der Ursendungen auf ca. 80, eine Zahl, auf die sich auf Jahre hinaus der Produktionsumfang einpendelte« (ZEYN 1999: 31f.). Klassische Theaterstücke spielten im Programm eine große Rolle. »Das Hörspiel wurde für viele, vor allem für unsere 60% Hörer vom Land, ein vollgültiger Ersatz für einen Theaterabend« (ZEYN 1999: 45). Zugpferde waren Stücke in bairischer Mundart wie Alois Johannes Lippls *Die Pfingstorgel* (1949) oder Georg Lohmeiers *Die Bulldogbraut* (1954) sowie die Kurzkrimis. In den 1950er-Jahren arbeitete man früh mit Max Frisch zusammen, 1954 entstand mit Friedrich Dürrenmatts *Das Unternehmen der Wega* eines der ersten Science-Fiction-Hörspiele (BR 1954). 1959 erhielt München für Ingeborg Bachmanns letztes Hörspiel *Der gute Gott von Manhattan* (BR, NDR 1958) erstmals den Kriegsblindenpreis. 1970 wurde dann an dem Preiswerk die Frage, ob das Hörspiel der 1950er-Jahre »reaktionär« (BECKER/WONDRATSCHEK 1970: 190f.) gewesen sei, diskutiert.

HÖRSPIEL IN DER DDR

Auch in Ostdeutschland fing man »im Grunde wieder bei Null an« (WÜRFFEL 1982: 10). Zunächst gab es beim Berliner Rundfunk und beim 1946 gegründeten MDR-Leipzig eigenständige Hörspielprofile. Das ungemein produktive Leipziger Hörspiel wurde von Gerhard W. Menzel seit 1948 geleitet, doch bereits 1952 wurde der MDR aufgelöst und das Hörspiel in Berlin zentralisiert. 1948 war *Während der Stromsperre* von Berta Waterstradt ein sehr bekanntes Hörspiel – und handelte ganz traditionell im Dunkeln. Eines der ersten und populärsten DDR-Hörspiele wurde 1951 in Leipzig produziert: *Herhören, hier spricht Jesus Hackenberger* von Walter Karl Schweikert. Der Monolog eines Wehrmachtsangehörigen (Sprecher: Willy A. Kleinau) rief heftige kirchliche Proteste hervor, wurde 1954 (jetzt in Berlin) neu produziert und war vermutlich der Klassiker des ostdeutschen Hörspiels. Theoretisch orientierte sich das frühe DDR-Hörspiel an Konstantin S. Stanislawskis Begriff der ›Worthandlung‹. 1950 und 1951 erschienen die drei Bände *Das Hörspiel unserer Zeit* – ausnahmslos mit neuen Hörspieltexten. Schon in den 1950er-Jahren schrieben Gerhard Rentzsch, seit 1952 auch Hörspieldramaturg in Berlin, und Günter Rücker (*Die letzte Schicht*, 1952) Hörspiele. 1953 saß Bertolt Brecht bei Egon Monk im Hörspielstudio und lauschte der Produktion des Hörspiels *Die Gewehre der Frau Carrar*. Monk verließ die DDR noch im selben Jahr (und wurde später Dramaturg bei Schwitzke), Brecht starb 1956; seine Radiotheorie hatte in der DDR eine völlig nachgeordnete Rolle gespielt. Und auch der frühe Heiner Müller war mit *Die Korrektur* (1957, gemeinsam mit Inge Müller; Regie: Wolfgang Schonendorf) Hörspieler. Zunächst gab es große Diskussionen um das Spiel, dann wurde es zum Ausgangspunkt vieler Brigadehörspiele.

Die regionale Struktur des bundesdeutschen Hörspiels hatte für die Hörspieldramaturgie verblüffende Auswirkungen: Es gab keine einheitliche Theorie, es gab keine verbindliche Dramaturgie, es gab vermutlich noch nicht einmal eine Verständigung darüber, was öffentlich-rechtliches Hörspiel sei. Es gab nur öffentlich-rechtliches Hörspiel. Natürlich: Schwitzke war mit seiner (aber erst 1963 wirklich ausformulierten) Konzeption des literarischen Worthörspiels vielfältig präsent. Doch seine Theorie war nur ein Aspekt der Hörspielpraxis, die vielfältige Praxis in den Sendern war prägender. Und die frühen Hörspielleiter waren durchaus Alphaleiter.

Auch die Autoren wollten sich nicht festlegen lassen. »Ich bin froh«, so Günter Eich schon 1953 bei der Verleihung des Kriegsblindenpreises, »dass es für das Hörspiel noch keine *Hamburger Dramaturgie* gibt, und ich fühle mich in diesem anarchischen Zustand, der Experimente weder fordert noch verbietet, recht wohl. Im Grunde meine ich, dass es für alles, was geschrieben wird, und also auch für das Hörspiel, auf etwas anderes ankommt, was ich Ihnen nicht eigentlich begründen kann, weder kurz noch lang, noch überhaupt, und was ich Sie bitten müsste, als eine persönliche Ansicht und ein persönliches Bekenntnis hinzunehmen: Dass es darauf ankommt, dass alles Geschriebene sich der Theologie nähert« (HÖRSPIELPREIS DER KRIEGSBLINDEN [HDK]: 12). Auch hier hieß es: »alles Geschriebene.« Das Hörspiel begriff sich vor allem als Teil der schriftlichen, kaum der mündlichen oder sekundär-oralen Kultur.

Ein Jahr später folgte ihm – fast im Sound eines heutigen Start-ups – Heinz Oskar Wuttig: »Vielleicht erwarten Sie nun von mir eine grundsätzliche Stellungnahme zum Thema Hörspiel, zu dieser jungen Kunstgattung also, die so beharrlich und energisch darauf pocht, neben der Bühnendramatik gleichberechtigt und ernst genommen zu werden. Ich habe ein viel zu großes Misstrauen gegenüber allem ›Grundsätzlichen‹, gerade auf dem noch so traditionslosen Boden des Hörspiels, und ich bin viel zu sehr ein Mann der Praxis, als dass ich mit geschliffenen Aphorismen aufwarten könnte. Und lassen Sie mich gestehen, dass für mich jede Arbeit an einem neuen Hörspiel noch immer ein Abenteuer ist, vergleichbar mit dem eines Mannes, der sich in einer kleinen Nuss-Schale aufs offene Meer begibt« (HDK: 15). 1958 betonte Benno Müller-Wehlack die Traditionslosigkeit des Hörspiels: »Das Hörspiel hat noch keine künstlerische Tradition. Also fehlen manche Anziehungskräfte, wie Theater und gedruckte Literatur sie von vornherein haben« (HDK: 34). Und Alfred Andersch formulierte prononciert: »Dass es keine Dramaturgie des Hörspiels bisher gibt, zeigt gerade, wie lebendig es als Kunstform ist.«

KRIMINALHÖRSPIELE

Auch in der lange währenden Blütezeit gab es niemals nur die hochwertigen und anspruchsvollen literarischen Hörspiele. »Der Glanz zahlreicher preisgekrönter und literarisch wie literaturgeschichtlich bedeutsamer Hörspiele lässt leicht übersehen, dass die Hörspielredaktion eine so umfangreiche Programmfläche zu betreuen hatte, dass nicht jede Woche ein hochliterarisches Hörspiel gesendet werden konnte«, schrieb Edgar Lersch über den frühen Stuttgarter Rundfunk (DUSSEL 1995: 186). Radiokrimis etwa galten »nicht als eine dem Hörspiel mit seinem Kunstanspruch gleichwertige Form« (KOBAYASHI 2009: 82).

Bereits 1947 sendete der NWDR Hamburg die erste Kriminalhörspielreihe *Sherlock Holmes Abenteuer* in vier Episoden. Nach 1949 – und lange vor den legendären Fernsehmehrteilern – wurde Francis Durbridge in Deutschland bekannt, seine Spiele waren fast 20 Jahre ein fester Bestandteil der Radioprogramme. *Paul Temple und der Fall Vandyke* (WDR 1953, acht Folgen), *Paul Temple und der Fall Jonathan* (WDR 1954, fünf Folgen) oder *Paul Temple und der Fall Gilbert* (WDR 1956, sechs Folgen) werden auch heute nicht nur gelegentlich wiederholt. Sie sind auch dauerhaft auf dem Hörbuchmarkt präsent, etwa als *Die große Box* (2019), sechs Kriminalhörspiele in der – so ›Der Audio Verlag‹ (DAV) – »ungeschnittenen Original-Radiofassung des WDR«. Der »schlechthin sensationellste Hörspielerfolg aller Zeiten« (SCHWITZKE 1963) war die Reihe *Gestatten, mein Name ist Cox* (NWDR 1952ff.) von Alexandra und Rolf Becker und mit Carl-Heinz Schroth als Sprecher. 52 Prozent der Gesamthörerschaft sollen 1952 die von 22.10 bis 22.40 Uhr über Mittelwelle gesendeten Staffeln mindestens ein Mal gehört haben. Alle diese Hörspielserien hatten angelsächsische Stoffe, und sie folgten einer ganz anderen Dramaturgie als die literarischen Hörspiele. Mehrteiler machten im NDR-Programm in den Fünfzigern rund 11 Prozent der Hörspiele aus (KOBAYASHI 2009: 82).

Stuttgart bevorzugte Texte französischsprachiger Herkunft, Georges Simenons *Maigret* war seit 1952 im Programm. 1957 wurde der wöchentliche Kriminalhörspieltermin ›Aus Studio 13‹ geschaffen und im selben Jahr in München die Kurzhörspielreihe *Dickie Dick Dickens* (1957 bis 1976) eingerichtet. Der Saarländische Rundfunk sendete spätestens seit 1956 (und bis in die 1970er-Jahre) *Lester Powell* – SR-Unterhaltungschef Albert C. Weiland führte Regie und sprach auch die Hauptrolle. Hörspiel und Kriminalhörspiel waren also durchaus Verschiedenes, hatten verschiedene Herkünfte, Traditionen und Dramaturgien. Laut einer Hörerstudie, die der NWDR 1955 publizierte, bevorzugten rund 30 Prozent der Hörspielhörer das Kriminalhörspiel. Die Kritik sah das nicht unbedingt so. Sie bevorzugte statt der seriellen Krimis lieber klassische Kriminalhörspiele, Adaptionen bekannter Romane wie etwa Theodor Fontanes *Unterm Birnbaum* oder E.T.A. Hoffmanns *Das Fräulein von Scuderi*. Sie wurden 1956/57 vom NWDR Köln zu der Reihe *Klassiker der Kriminalliteratur* gebündelt.

KINDERHÖRSPIELE

Kinder- und Schulfunkstücke waren ein fester Bestandteil der ARD-Programme. In den 1950er-Jahren wurden verschiedene Astrid-Lindgren-Bücher als Hörspiel eingerichtet, der *Meisterdetektiv Kalle Blomquist* (NWDR 1954) etwa oder *Kalle Blomquist, Eva Lotta und Rasmus* (NDR 1955). Mit *Kalle Blomquist*, bearbeitet von Rose Marie Schwerin und inszeniert von Kurt Reiss, gelang sogar ein regelrechter ›Straßenfeger‹. Diese Kinderhörspiele gehörten senderintern aber nicht zum Hörspiel, genauso wenig wie der Schulfunk. Ein Dauerrenner war die 1955 gestartete Schulfunkreihe *Neues aus Waldhagen* (NDR). Sie führte die Viert- bis Sechstklässler (bis 1985) in kleinen Hörspielszenen in das Leben des fiktiven Ortes Waldhagen ein und sollte den Gemeinschaftskundeunterricht beleben und ergänzen.

DIALEKTHÖRSPIELE

Dialekthörspielserien spielten für das Publikum in den Nachkriegsjahren eine große Rolle. Auch sie wurden von den Unterhaltungs- und nicht von den Hörspielredaktionen verantwortet, kommen darum in den Hörspielgeschichten kaum vor – und waren dennoch enorm populär, Straßenfeger. Bereits 1948 startete Radio Stuttgart *Die Familie Staudenmeier*. 1951 hatte die Familienserie am Samstagabend eine Einschaltquote von mehr als 62 Prozent. Der Autor dieser Serie war Wolf Schmidt, und der schrieb nicht nur Adaptionshörspiele, sondern schuf mit *Firma Müller und Co* (SDR 1952ff.), *Familie Schmitz* (NWDR Köln) sowie vor allem der hessischen Serie *Familie Hesselbach* (HR 1949ff.) weitere Renner. Schmidt war von enormer Produktivität: Schon 1948 hatte er insgesamt 120 Szenen, 80 Hörspiele und 85 Parodien verfasst. 1956 und nach 77 Folgen endete die *Familie Hesselbach* im Hörfunk – und ging noch populärer im Fernsehen weiter. Nicht ganz so populär wurde *Häberle und Pfleiderer* (SDR mit Willy Reichert und Oscar Heiler). Zur Hörspielpraxis der 1950er-Jahre gehören auch – gelegentlich hochgeschätzte – Unterhaltungshörspiele, die von Autoren wie Josef Maria Bauer, Heinz Oskar Wuttig (*Nachtstreife*, RIAS 1953) oder Herbert Reinecker geschrieben wurden. Daneben gab es Zeitstücke, Satiren, Problemspiele, religiöse Spiele oder Hörspiele in Fortsetzungen. Die Hörspielfacette war insofern breit, offen zum noch jungen Medium ›Fernsehen‹, das später viele Hörspielautoren und -stoffe übernehmen sollte. Das frühe Hörspiel war Worthörspiel, abgeschlossen eher gegen das nur Akustische, gegen Musik, Geräusche und gegen das Politische. Noch 1964 brauchte BR-Hörspielchef Hansjörg Schmitthenner einen »erstaunlichen Mut zum Experiment« (DÖHL 1988: 53), um Paul Pörtners akustische Schallspielstudie ins Programm zu nehmen.

DAS EICH-MASS

Im Mittelpunkt des (diskursiven) Interesses stand in den 1950er- und frühen 1960er-Jahren unangefochten das literarische Hörspiel – und dieses dominierte auch die gesamte öffentliche Hörspielrezeption. Krimis waren Straßenfeger, hochwertig aber war das literarische Hörspiel. Und es war vor allem ein Name, der für diese lange zweite Blütezeit des Literarischen, ja Dichterischen stand: Günter Eich, der angesehenste, produktivste und meistgespielte Autor, der allein zwischen 1948 und 1958 um die 50 Radiospiele schrieb. In Stücken wie *Die gekaufte Prüfung* (NDWR 1950) oder *Träume* war Eich zunächst einer eher aggressiven Wirkungsästhetik verpflichtet gewesen, dann dominierten Fiktionen, Märchen und Visionen seine Werke wie *Geh nicht nach El Kuwehd!* (1950), *Sabeth* (1951), *Der Tiger Jussuf* oder *Das Mädchen aus Viterbo* (1952). 1953 erhielt Eich für *Die Andere und ich* (NWDR, 6.2.1952) den ›Hörspielpreis der Kriegsblinden‹, dann erfreuten *Die Stunde des Huflattichs* (1956) und *Die Brandung von Setúbal* (1957) Hörer und Feuilleton. Als Eich 1958 eine Hörspielpause einlegte, galt er längst als lebender Klassiker: »In dem häufig verwendeten Wortspiel vom ›Eich-Maß‹ wird die außerordentliche Hochschätzung des Hörspielautors Günter Eich sichtbar. Für das literarische Hörspiel der Fünfzigerjahre vor allem wird hiermit die normative Bedeutung des Hörspielwerks Eichs auf eine einprägsame Formel gebracht« (OHDE 1986: 481). Und doch versuchten sich bereits in den 1950er-Jahren die populärsten und besten Regisseure immer wieder neu an Eichs Texten: Gustav Burmester, Axel Corti, Ludwig Cremer, Ulrich Lauterbach, Egon Monk, Cläre Schimmel, Fritz Schröder-Jahn und Gert Westphal.

Der Eich der Hörspielbücher (und des ›Eich-Maßes‹) und der Eich der Realisationen, das war durchaus zweierlei. Denn Eich war nicht nur der Autor artifizieller Wortkunstwerke. »Ich glaube«, sagte Eich 1968 und man glaubt es kaum, »es gibt kein einziges Hörspiel von mir, das nicht irgendeine Musik hat. Mir ist immer gesagt worden, das muss so sein. Ich weiß es nicht, aber ich habe das nie ganz kapiert. Ich dachte immer, es müsste auch ohne gehen. Aber nun gut, also es ist immer Musik dabei gewesen, aber nicht sozusagen als Prinzip« (EICH 1991: 536). Die ›Eich-Musik‹, der ›Eich-Sound‹ stammte von den besten Hörspielmusikkomponisten: Johannes Aschenbrenner, Enno Dugend (einer der meistengagierten Hörspielkomponisten), Siegfried Franz, Ennio Morricone, Rolf Unkel, Bernd Alois Zimmermann und Peter Zwetkoff (seit 1954 Musikdramaturg beim SWF). Welche Folgen diese Musiken für die Eich-Realisationen und für den ›Eich-Sound‹ hatten, wurde in der Hörspielforschung bisher noch nicht thematisiert (KRUG 2019).

Darüber hinaus war Eich nicht nur Dichter. Früh schrieb er auch Kinderhörspiele (*Der 29. Februar*, 1948) oder bearbeitete traditionelle Literatur. In zehn Folgen erzählte er auch *Die schönsten Geschichten aus 1001 Nacht* (NWDR 1954) oder *Phantastische Geschichten* nach Rudyard Kipling, Nikolai Gogol oder Wilhelm Hauff.

HÖRSPIELPREIS DER KRIEGSBLINDEN 1

Welche Hörspiele den Zeitgenossen gefielen und welche sie als – auch pädagogisch – wertvoll ansahen, illustrieren am aussagekräftigsten die Preisträger und Preisstücke des Hörspielpreises der Kriegsblinden (Juryvorsitzender 1952-1995: Friedrich Wilhelm Hymmen). Der Preis wurde 1951 vom Bund der Kriegsblinden (BDK) und auf Anregung seines Schriftleiters Hymmen beschlossen. Er sollte das beste deutsche Hörspiel auszeichnen – und damit war (man lebte in einer medienoptimistischen Zeit) ›das gewinnreichste‹ Hörspiel gemeint: »Wir suchen also jenes Hörspiel, das vom Menschlichen her uns anredet und uns eine Hilfe gibt, mit dem Dasein besser fertig zu werden oder die Zusammenhänge und Aufgaben unseres eigenen Lebens besser zu verstehen.« Da sich in der Jury Blinde und Fachkritiker wie Willy Haas, Walter Höllerer, Hans Bender oder Rolf Schroers versammelten, wurde aus dem Preis rasch viel mehr. Er holte das um 1950 »im Grunde« noch immer »verachtete Stiefkind der Literatur« (HYMMEN 1952: 2) aus dem Abseits. Hymmens Projekt wurde rasch zum wichtigsten und seismografischen Hörspielpreis in Deutschland – auch wenn renommierte Hörspielautoren wie Alfred Andersch, Jürgen Becker, Heinrich Böll, Max Frisch oder Siegfried Lenz nie ausgewählt wurden.

Als erster Autor wurde 1952 Erwin Wickert für ein Hörspiel ausgezeichnet, das sich mit der Euthanasie-Problematik auseinandersetzte. *Darfst Du die Stunde rufen?* (SDR 1951) begründete eine neue Hörspielästhetik, die die Rührung der Hörer und ihre lebenspraktische, moralische Verbesserung anstrebte. 1953 erhielt Eich für das geheimnisvolle Spiel *Die Andere und ich* den Preis. Interessanterweise wurden – wieder zeigte sich, wie weit Manuskript und Hörspiel auseinander sein können – gleich zwei Realisationen ausgezeichnet: Cläre Schimmel hatte das Spiel um die Amerikanerin Ellen und ihre dunkle, italienische Hälfte Camilla für den SDR (1.2.1952, 69 Minuten) eingerichtet, am 6. Februar folgte NDR 2 Nord mit einer eigenen Realisation (Regie: Gustav Burmester, 78 Minuten). Der wesentliche Unterschied zwischen beiden Fassungen war die Besetzung der Rollen von Camilla und Ellen. Stuttgart vergab beide Rollen an Edith Heerdegen, Hamburg verteilte sie auf Gisela von Collande und Hilde Krahl (HÖRWELTEN 2001: 93).

SCHRIFTSTELLER UND HÖRSPIEL – ZUM BEISPIEL DÜRRENMATT

Seit den Anfängen des Kriegsblindenpreises wurden auch Schriftsteller prämiert, für die das Hörspiel eine Kunstform unter vielen anderen war. Sie schrieben Theaterstücke, Bücher, Lyrik, Fernsehspiele, aber auch Hörspiele. Wolfgang Hildesheimer (*Prinzessin Turandot*, NWDR 1954) gehörte etwa zu dieser Gruppe, gleiches gilt für Friedrich Dürrenmatt (*Die Panne*, NDR 1956). Dürrenmatt war in den 1950er-Jahren ein produktiver und äußerst erfolgreicher Hörspielautor. Er schrieb bereits als Student 1946 sein erstes Stück *Der Doppelgänger*, das aber von Radio Bern abgelehnt (und erst 1961 urgesendet) wurde. Dann präsentierte er Radiospiel auf Radiospiel. Sein Erstling *Der Prozess um des Esels Schatten* (1951) wurde noch vom Schweizer Rundfunk produziert, dann konnte sich Dürrenmatt auf Auftragsarbeiten für (besser zahlende) bundesdeutsche Sender beschränkten. Hörspiele waren »in der ersten Hälfte der 1950er-Jahre Dürrenmatts wichtigste Einnahmequelle« (PLAY DÜRRENMATT 1996: 318). *Die Panne* etwa wurde 1956 von Walter Ohm (BR, SDR) und von Gustav Burmester (NDR) realisiert. 1962 auch vom Rundfunk der DDR. Der BR zahlte Dürrenmatt für das Manuskript 2.500 DM, rund 30 Jahre später kostete die Wiederholung der Sendung 5.000 DM zzgl. MwSt. Das Hörspiel dürfte allein vor der Jahrtausendwende rund dreißig Mal gesendet worden sein. Und seit 1989 war es auch als Hörspielkassette bei Klett Cotta verfügbar.

Nachdem Dürrenmatt für die NDR-Realisation 1957 den ›Hörspielpreis der Kriegsblinden‹ und dann auch den Prix Italia (*Abendstunde im Spätherbst*, ORF 1958) erhalten hatte, stellte er die originären Funkarbeiten wieder ein. Die Verbundenheit zu seinen Anfängen aber blieb – und 1961 übernahm er sogar die Rolle des Hörspielautors in seinem (nachproduzierten) Erstling *Der Doppelgänger*. Auch später hat sich Dürrenmatt zum Radiospiel vor allem freundlich geäußert. Noch 1966 erklärte er: »[...] Es ist eine Art Lust, Hörspiele zu schreiben« (PLAY DÜRRENMATT 1996: 111).

Dürrenmatt war kein Theoretiker des Hörspiels, sondern ein früher Praktiker gattungsüberschreitender, vielmedialer Produktionsweisen, und schon *Die Panne* gab es als Erzählung, Hörspiel, Fernsehspiel und Theaterstück. Als er keine originären Radioarbeiten mehr schrieb, ließ er viele spätere Werke – finanziell lukrativ – auch vom Hörfunk adaptieren. Seine alten Hörspiele wurden immer wieder mal neu inszeniert und interpretiert, *Der Prozess um des Esels Schatten* mindestens fünf Mal. 1996 wurde Dürrenmatt mit der großen S2 Kultur-Retrospektive *play Dürrenmatt* geehrt, und seine acht Originalhörspiele aus den 1950er-Jahren wurden nicht nur im Radio wiederholt, sondern liefen – das TV-Bild zeigte ein abspielendes Tonbandgerät – nacheinander auch in einer Nacht im Fernsehen (3sat). Diese Retrospektive war der erste Versuch, das Theater-, Radio- und Fernsehwerk eines Autors ganz ausführlich mehrmedial darzustellen. Im TV (3sat) wurden die Aufführungen, Fernsehfilme und Spielfilme gezeigt, im Radio die Hörspiele wiederholt und dann wurde im Buch (PLAY DÜRRENMATT 1996) der Autor gezeigt und popularisiert. Nach dem großen Erfolg folgten – das Hörspielwerk immer eingeschlossen – 1998 36 Mal Bertolt Brecht in der Reihe *alles was Brecht ist ...* und 2001 das ›Hörfunk/Fernseh-Ereignis‹ *jetzt: Max Frisch* (3sat, SWR2, RB2).

FUNKAUTOREN UND -MITARBEITER ALS HÖRSPIELAUTOREN

Andere Preisträger schrieben hingegen intensiv vor allem für den Funk oder arbeiteten (früher oder später) sogar dort: Leopold Ahlsen war zeitweise Lektor beim Bayerischen Rundfunk. Mit seinem Erstling *Philemon und Baucis* (BR 1955) gelang auch ihm ein früher Medientransfer und die Verwertung in einer Medienkette: Das Stück wurde vom BR urgesendet; kurz nach den Hörfunkaufnahmen wurde es an den Münchner Kammerspielen uraufgeführt, wenig später auch vom Fernsehen (Regie: Werner Völker) gesendet. Mit dem Hörspielpreis freilich wurde nicht die Münchner Erstrealisation, sondern eine Fassung des Hamburger NWDR (Regie:

Fritz Schröder-Jahn) ausgezeichnet, die – mit Hedwig Wangel grandios besetzt – fast fünf Monate nach der Ursendung ausgestrahlt wurde. Auch Ahlsen verkaufte ähnlich wie Eich oder Dürrenmatt seine Manuskripte an verschiedene (ideell konkurrierende) Hörspielredaktionen – Hörspielkultur funktionierte schon im frühen Zeitalter der technischen Reproduzierbarkeit und vor allem der akustischen Flüchtigkeit anders.

Ingeborg Bachmann (*Der gute Gott von Manhattan*, BR, NDR 1958) hatte einige Jahre bei dem österreichischen Sender Rot-Weiß-Rot als Redakteurin gearbeitet und dort 1952 ihr erstes Hörspiel *Ein Geschenk mit Träumen* geschrieben; Heinz Oskar Wuttig (1954) nahm in den 1950er-Jahren einen festen Platz im Hörspielrepertoire ein, ehe er als Drehbuchautor populärer TV-Serien wie *Alle meine Tiere* oder *Forellenhof* Karriere machte; Benno Meyer-Wehlack wurde in den 1950er-Jahre durch eine fast minimalistische Ästhetik bekannt, zog nach dem Erfolg mit *Die Versuchung* (NDR 1957) zum Fernsehen – und wandte sich dann doch wieder dem Hörspiel zu. Seit den Anfängen war Wolfgang Weyrauch ein sehr produktiver Hörspielautor. 1957 unterlag er mit *Indianische Ballade* (BR, HR 1956) gegen Dürrenmatts *Die Panne*, wurde dann aber 1962 für den *Totentanz* (NDR 1961) prämiert. Franz Hiesel wechselte nach seinem Hörspielerfolg *Auf einem Maulwurfshügel* (NDR; Regie: Egon Monk) als Dramaturg zum NDR-Hörspiel und wurde dann Hörspielchef des österreichischen ORF; Richard Hey (1965) schrieb seit 1954 sehr konzentriert Hörspiele und schuf mehr als 70 Produktionen.

HÖRSPIELGESCHICHTEN UND EINE THEORETISCHE NEUERZÄHLUNG

»Der Blütezeit des deutschen Nachkriegshörspiels entstammten Anfang der Sechzigerjahre nicht nur mehrere umfangreiche Hörspielbücher, die zugleich Ansätze zu einer auf das traditionelle Hörspiel bezogenen Hörspieltheorie boten – die Bücher von Krautkrämer, Frank, Fischer und Schwitzke erschienen im kurzen Zeitraum der Jahre 1962-1964, sondern auch erste Überlegungen zu einem Gegenmodell. 1961 veröffentlichte Friedrich Knilli sein Buch *Das Hörspiel – Mittel und Möglichkeiten eines totalen Schallspiels*« (WÜRFFEL 1978: 149). »Das literarische Hörspiel ist heute als Modell eindeutig erschöpft«, erklärte Knilli dort und leitete mit der Distanzierung vom traditionellen Hörspiel eine völlige theoretische Neuorientierung ein. »Günter Eich – aber was nun? [...] Die Sorge, dass das deutsche Hörspiel durch Eich in eine Sackgasse geraten könnte, die Beobachtung, dass das herkömmliche Hörspielmodell nur mehr Dagewesenes hervorbringt, wird durch Stimmen verstärkt, die über Vergeistigung und Verwortung des deutschen Hörspiels klagen und das Schreckgespenst Fernsehen beschwören [...] Doch die Theaterhasen bauen wie anno 1924 ihre naturalistischen Hör- und Radiobühnen mit akustischen Kulissen, Hintergrundgeräuschen, Keysound und hetzen ihre Hörspieler oder deren Ton-Double über kostspielige Steinpflaster, Holzplanken, Sand- und Kieswege, teure Geräuschstiegen oder lassen sie recht oft groteske Quietschtüren öffnen und schließen« (KNILLI 1970: 44).

»Die Diskussion, die ich vorfand«, so Knilli mehr als vierzig Jahre später in der Sendung *Ätherdramen* (KRUG 2003), »war vielleicht auch deshalb so aktuell, weil eben das Fernsehen schon spürbar für die Autoren und für das Publikum sich auswirkte. Also das Hörspiel, das bis zu diesem Zeitpunkt 1961 eben das Medium oder das Kunstmedium war, war natürlich in Gefahr, seine Bedeutung zu verlieren und man konnte schon erkennen, was ja später einsetzte: Das Publikum wanderte woandershin. Und das war wahrscheinlich sogar ein Teil des Erfolges den dieses Kohlhammer-Buch hatte, weil ich diese Beerdigungsrede, diese Grabrede zufällig hielt. Ich wusste gar nicht, dass das so eine Grabrede wird. Aber es ist letztlich eine geworden«.

HÖRSPIELE DER 1960ER-JAHRE

Dieter Wellershoff hatte zunächst mit Radiosendungen begonnen. »Ich schrieb ein Feature nach dem anderen und begann mich zu verschleißen«, klagte er später. »Mit dem ersten Hörspiel hatte ich Erfolg gehabt. Die beiden nächsten waren auf inhaltliche Einwände der Redaktionen gestoßen [...] Das Schreiben der Hörspiele (hatte) mich belebt und fasziniert. Es war keine Routinearbeit gewesen, sondern ein Suchen nach Ausdruck und Form für Inhalte, die erst während des Schreibens wirklich hervorgebracht werden mussten [...] Die Hörspiele waren für mich nur ein Anfang gewesen« (WELLERSHOFF 1985: 124). Erst *Der Minotau-*

rus (SDR 1960), ein Hörspiel ohne Happy End über einen Schwangerschaftsabbruch, machte Wellershoffs so andere Poesie richtig bekannt und brachte ihm den Kriegsblindenpreis ein. »Wer sich auf die Wirklichkeit einlässt«, erklärte er bei der Preisverleihung, »kann schwer zu einem harmonischen Ende kommen«. Überhaupt war auch er ein Freund offener Dramaturgien: »Es ist fragwürdig, über die Dramaturgie des Hörspiels zu sprechen, weil jedes charakteristische Stück seine eigene Dramaturgie hat, weil die Ausdrucksmöglichkeiten des Genres ihren Sinn und Ausdruckswert erst aus Idee und Gehalt des jeweiligen Stückes bekommen« (HÖRWELTEN 2001: 109). Auch Hans Kasper (1963) und Margarete Jehn (1964) waren bei der Preisverleihung Newcomer.

Als erster Autor wurde Peter Hirche 1966 ausdrücklich auch für sein gesamtes Hörspielwerk mit dem Kriegsblindenpreis ausgezeichnet. Er war bereits seit seinem ersten Hörspiel *Die seltsamste Liebesgeschichte der Welt* (NWDR 1953) berühmt und nun so etwas wie ein Repräsentant geworden. Das Hörspiel war 1964 40 Jahre alt – und eine Vielzahl von Hörspielbüchern signalisierte jetzt den großen Erfolg des Genres. Die literarische Radiokunst hatte eine Geschichte – und wurde dann erstmals offen abgelehnt. Friedrich Knilli 1969: »Hirche gehört zu jener Frontgeneration kleiner und großer Hoffnungen, die aus der Gefangenschaft heimgekehrt, gegen Faschismus und Stalinismus schreibend, sich ihre kleinen und großen Häuschen rund um die Meinungsfabriken aufbauten [...]. [Er] hat in den letzten 16 Jahren nur etwa 12 Hörspiele geschrieben und diese meist unter dem Druck wachsender Verlagsvorschüsse, so dass er, seiner Rechnung nach, nie mehr als ein Feldwebel der Bundeswehr verdient hat [...]. Der Berufsschriftsteller ist der berufsmäßige Verdränger und Kompensierer« (KNILLI 1970: 74ff.).

RADIO VERSUS FERNSEHEN

Anfang der 1960er-Jahre war das Radio ein völlig selbstverständliches Gebrauchsgut, etwa 95 Prozent der Haushalte hatten ein Gerät, doch das Interesse am Hörspiel ließ nach. Der öffentlich-rechtliche ARD-Hörfunk verlor seine ›Alleinherrschaft im Äther‹, das Imperium wankte. Das neue ARD-Medium ›Fernsehen‹ drängte außerordentlich rasch gerade in die abendlichen und kulturdominierten Radiozeiten (KRUG 2019: 35). Am 1. April 1963 folgte das Zweite Deutsche Fernsehen (ZDF) – und beide Programme machten aus Hörern zunehmend Zuschauer (und aus Hörspielautoren nun auch Drehbuchautoren). Die Konkurrenz lag nicht auf der Ebene ›Hörspiel – Fernsehspiel‹, obwohl populäre Serien wie *Familie Hesselbach* das Medium wechselten. Das Fernsehen entzog dem Radio (und damit gerade auch dem Hörspiel) einfach die (Abend-)Hörer, prägte neue Rezeptionshaltungen und sollte so bald zum größten Konkurrenten der Radiokunst werden. Die massenkulturelle Fülle wuchs, Unterhaltungsradios aus Luxemburg waren seit 1957 eine weitere Konkurrenz fürs öffentlich-rechtliche Radio. Eine große Zeit endete langsam. »Bisher sind etwa die Hälfte abgewandert«, klagte Schwitzke 1963 (S. 24), »es werden weitere folgen, doch Millionen werden bleiben«. In einer veränderten Hörfunklandschaft freilich. Denn die ARD-Radios konzentrierten sich (nach und nach, von Region zu Region, von Sender zu Sender unterschiedlich rasch) nicht mehr so sehr auf den kulturgesättigten Abend mit seinen gewachsenen Hörspielterminen. Sie setzten auf die Zeiten, die vom Fernsehen noch nicht besetzt waren, entwickelten lange Magazinstrecken für den Morgen und den Mittag, etablierten zusätzliche Nachrichtenplätze, gründeten eigene Pop- und Jugendwellen, schufen neue Kultursendeplätze in den Zweiten bzw. Dritten Programmen und positionierten das Radio zunehmend neu: als Nebenbeimedium. Spätestens seit Mitte der 1960er-Jahre definierte sich das öffentlich-rechtliche Radio nicht mehr als »Kulturträger der Nation«, sondern als »Dienstleistungsbetrieb mit kulturellen Aufgaben« (JÄGER 1982: 63), das Programmprofil gewann gegenüber der Einzelsendung. Und das hatte auch für das Hörspiel – zunächst langsam, dann immer stärker – Folgen. »Das Hörspiel«, so sah Helmut Heißenbüttel sehr früh und sehr klarsichtig, »hat einen bestimmten (oder nach Tages- und Tageszeitenterminen variierenden) Platz in einem Programm, das ganz bestimmten Schematisierungsregeln unterworfen ist. Kein Hörspielleiter oder Dramaturg kann sich darüber hinwegsetzen, dass er das Hörspiel platzieren muss. Alle ästhetischen und werkimmanenten Kriterien müssen auf diesen Platzierungszwang bezogen werden. Denn ungesendet ist das Hörspiel nichts als ein Manuskript unter anderen« (HEISSENBÜTTEL 1972: 226).

PROGRAMMHEFTE UND HÖRSPIELBÜCHER

Neben der flüchtigen Hörspiel-Radio-Kultur entwickelte sich eine reiche Hörspiel-Buch-Kultur. Bereits 1950 gab der Süddeutsche Rundfunk das *Hörspielbuch 1* (Europäische Verlagsanstalt) heraus, 1953 folgten – weiterhin vom SDR, gelegentlich auch mit NWDR, NDR oder WDR herausgegeben, das *Hörspielbuch 1953*, das *Hörspielbuch 1954* usw. Anfang der 1960er-Jahre erschienen Gerhard Pragers Sammlung *Kreidestriche ins Ungewisse*, Schwitzkes Anthologien *Sprich, damit ich dich sehe* (1960; 1966 48.-60. Tausend) und *Sprich, damit ich dich sehe II. Frühe Hörspiele* (1962) sowie der Sammelband *Hörspiele* (1961) aus dem S. Fischer Verlag. Der Band mit Hörspielen von Aichinger, Bachmann, Böll, Eich, Hildesheimer und Rys wurde bis 1986 mehr als 193. Tausend Mal verkauft; die Verkaufszahlen zeigen sehr deutlich, wie wenig das Hörspiel bis dahin als eine akustische Kunst wahrgenommen wurde. 1962 dokumentierte Hansjörg Schmitthenners Anthologie *Sechzehn deutsche Hörspiele*, wie lebhaft sich die Rundfunkkunst mit den Problemen der Gegenwart auseinandersetzte. Hörspiele wurden also nicht unbedingt gehört, sie wurden von literarisch Interessierten auch gern gelesen. Regisseure, Sprecher und Realisationen aber waren für die frühen Hörspielfreunde nicht unbedingt wichtig. Da die Programmzeitschriften ihre Hörfunkberichterstattung langsam verringerten, führte die WDR-Hörspielabteilung 1961 eigene Hörspielhefte ein und gründete 1962 die neue Reihe *WDR Hörspielbuch* (im Verlag Kiepenheuer & Witsch). Beide sollten Werbung für die junge Radiogattung machen und Hörer ans Hörspiel binden. Im selben Jahr startete das DDR-Hörspiel mit dem *Hörspieljahrbuch* und druckte etwa Gerhard Rentzschs *Altweibersommer* (Rundfunk der DDR 1960).

HÖRSPIEL IM MEDIENUMBRUCH

Auch in der Hörspielszene sprach man in den 1960er-Jahren wieder einmal von Krise, doch diesmal verbargen sich dahinter auch ein Medienumbruch, ein Generationenwechsel und (damit verbunden) ein Ästhetikwandel. »Jetzt, da die Hörspielkunst einen erheblichen Teil ihrer Hörer an das Fernsehen verliert, ist sie von der Verlockung bedroht, [...]

das Publikum zu missachten und sich in literarischer Artistik zu isolieren«, warnte Schwitzke bereits 1961 (S. 832). Und Peter Hirche: »Nun begegnet man heute der Meinung [...], dass das Hörspiel in Gefahr sei, esoterisch zu werden, dass also seine Motive immer abseitiger werden [...] Nein, wenn das Hörspiel in Gefahr ist, dann durch die Art, in der es produziert wird. Durch die Routine, die sich entwickelt hat, den technischen Apparat, der abläuft, und mit dem man ebenso gut Kühlschränke produzieren könnte« (HDK: 59).

NEUE HÖRSPIELAUTOREN

Doch trotz aller Krisen: Das Hörspiel war auch Ende der 1950er-, Anfang der 1960er-Jahre ein äußerst attraktives Genre. 1961 veröffentlichte Christoph Buggert sein erstes Hörspiel *Der blaue Vogel* (BR). »Ich war absolut erstaunt, welche Resonanz und welche Öffentlichkeit diese mir relativ unbekannte Gattung Hörspiel hatte. [...] Zum Beispiel: Die ›HÖR ZU!‹ hat einen Fotografen zu mir geschickt, der einen ganzen Tag mit mir unterwegs war in München, Bilder mit mir schoss, absurde Bilder. Der ließ einfach die Luft aus meinem Fahrrad raus und ich musste das dann wieder aufpumpen. Und dann erschien das Bild in der ›HÖR ZU!‹: Der junge Autor pumpt sein Fahrrad auf und all solche Geschichten. Und die Rolle, die das Hörspiel spielte innerhalb des Mediums Radio, das war phänomenal« (KRUG 2003). Gut waren auch die Möglichkeiten beim SWF, wo es die Reihe ›Querschnitt‹ gab, ›ein Studio für Unerfahrene‹ und eine ›Experimentierbühne für Extremes‹. Sechs neue Namen wurden hier jährlich präsentiert, darunter Ferdinand Kriwet, Hermann Moers, Erasmus Schöfer und Margarete Jehn, die als erste SWF-Autorin 1964 den Kriegsblindenpreis erhielt.

Während der ›Hörspielkrise‹ in den 1960er-Jahren produzierte der Bayerische Rundfunk zum ersten Mal ein Hörspiel eines Autors aus der DDR: *Altweibersommer* (BR 1965) von Gerhard Rentzsch. Später folgten (auch bei anderen Sendern) Stephan Hermlin, Barbara Honigmann, Erich Loest, Ulrich Plenzdorf, Rolf Schneider und Christa Wolf (BOLIK 1994). Umgekehrt zeigte der ehemalige DDR-Rundfunk allerdings kaum Interesse an westdeutschen Hörspielen. 1967 wurde der Kriegsblindenpreis erstmals an einen Autor aus der DDR verliehen: Rolf Schneider hatte 1956 sein erstes Hörspiel im Rundfunk der DDR veröffentlicht. Neun Jahre später richtete der WDR das 1964 im Osten urgesendete Stück *Heimkehr nach Weilstedt* erneut ein – mit Marius Müller-Westernhagen als einem der Sprecher. Doch erst die vom Bayerischen Rundfunk in Auftrag gegebene Produktion *Zwielicht* (BR, WDR, HR 1966) brachte Schneiders Durchbruch auch im Westen. Später verließ Schneider die DDR, blieb aber dem Hörspiel treu und schuf bis heute mehr als 70 Hörspiele. Sein letztes Hörspiel, 2017 vom MDR ausgestrahlt, produzierte er 2011 selbst (Sprecherin: Gisela May).

Der Weiterentwicklung des Repertoires dienten beim SWF Programmschwerpunkte zu einzelnen Autoren: Erwin Wickert (1961), Wolfgang Hildesheimer (1962), Alfred Andersch (1963) sowie Fred von Hoerschelmann (1964) – den Abschluss der Reihe bildete dann jeweils ein exklusiv für den SWF geschriebenes Hörspiel. Neue Regisseure wie Richard Hey, Otto Kurth, Heinz Lietzau, Egon Monk, Friedhelm Ortmann, Hans Rosenhauer (KRUG 2006), Peter Schulze-Rohr oder Martin Walser traten in den Vordergrund. Von den etablierten Regisseuren konnte sich vor allem Fritz Schröder-Jahn bis in die 1960er-Jahre behaupten. Und eine neue – durchs Fernsehen oft schon bekannt gewordene – Schauspielergeneration fand zum Hörspiel: Mario Adorf, Gerd Baltus, Uwe Friedrichsen, Monika Peitsch, Günter Pfitzmann, Matthias Ponnier, Ernst Schröder, Klaus Schwarzkopf und Horst Tappert.

EIN ARD-HÖRSPIEL

Anfang der 1960er-Jahre explodierten die Dokumentationsdramen und Vergangenheitsbewältigungen – und hinterließen auch in den Hörspielprogrammen breite Spuren. Doch es waren keine Ursendungen des Radios mehr, die die Veränderungen der Erinnerungskultur initiierten; sie begleiteten sie, verbreiterten sie auch. Heiner Kipphardt hatte die Rechte zu *In der Sache J. Robert Oppenheimer* (BR, WDR 1964) zunächst ans Fernsehspiel verkauft – hier war die neue Fernsehspielkonkurrenz direkt deutlich geworden. Und auch Peter Weiss' Oratorium in 11 Gesängen *Die Ermittlung* (ARD, DRS 1965) über den Auschwitz-Prozess in

Frankfurt war schon an 15 Theatern aufgeführt worden, ehe die 178-minütige Koproduktion von acht ARD-Hörspielabteilungen (Regie: Peter Schulze-Rohr) am 25. Oktober 1965 urgesendet und dann binnen einer Woche von allen ARD-Sendern ausgestrahlt wurde. Es war eine reine Wortinszenierung, sachlich, nüchtern und ein Drittel kürzer als die Theaterfassung. Radioadaptionen erforderten ihre eigene Dramaturgie und Zeitökonomie. Die Bearbeitung stammte von Hermann Naber, Sprecher waren Herbert Fleischmann, Hellmut Lange und Karl Lieffen. Die Wirkung, so HR-Hörspielchef Lauterbach später, war »ungleich stärker [...] als auf der Bühne«, weil hier keine Zeugen auftraten, sondern »Stimmen, die sich an die Imaginationsfähigkeit der Hörer wandten« (LAUTERBACH 1969: 93). Einen Tag später sendete der Deutschlandsender in Ost-Berlin sogar eine 247-Minuten-Realisation (Regie: Wolfgang Schonendorf). Das waren mehr als vier Stunden.

4. LITERATUR ODER AKUSTIK (1968-1985)

Während traditionelle, literarische und unterhaltende Hörspiele weiterhin im Zentrum der Hörspielprogramme standen, entwickelte sich im Schatten der populäreren Spiele seit Anfang der 1960er-Jahre das Neue Hörspiel. Das stabile Zentrum dieses Neuen Hörspiels war nicht mehr Hamburg, sondern Köln.

»Als beim Westdeutschen Rundfunk 1960 die Hörspielleitung von Wilhelm Semmelroth auf Friedhelm Ortmann überging, endete eine Programmplanung, die die Adaptionen von Bühnenstücken bevorzugte. Es begann der erfolgreiche Versuch, junge Autoren erstmals für die Hörspielarbeit heranzuziehen. Nach einem neuerlichen Wechsel von Friedhelm Ortmann zu Paul Schultes (1968) fanden die inzwischen aufgekommenen Hörspielexperimente im Kölner Programm zeitweise eine breitere Plattform als bei irgendeinem anderen westdeutschen Sender« (KAMPS 1984: 5).

NICHT ERZÄHLENDE TRADITIONEN

Das Neue Hörspiel suchte seine Vorbilder außerhalb der etablierten bundesdeutschen Literatur in den verschütteten Traditionen: bei der experimentellen Kunst der 1920er-Jahre (Ruttmann), der nicht radiofonen Lautmalerei Kurt Schwitters, der Konkreten Poesie, der Musique concrète Pierre Schaeffers, der Stuttgarter Schule Max Benses, dem

Nouveau Roman, den (Weimarer) Radiotheoretikern und -praktikern Bertolt Brecht und Walter Benjamin sowie der neuen internationalen Popkunst. Diese Neuorientierung entstand, als das Fernsehen dem Hörfunk stetig und deutlich die Hörer nahm und das öffentlich-rechtliche Radioangebot durch rock- und poporientierte Jugendprogramme wie *Teens-Twens-Top-Time* (HR 1966) und dann auch Servicewellen zielgruppengemäßer – und damit wortärmer – positioniert wurde. Die Position des Hörspiels änderte sich in den Programmen enorm. 1967 lag der Hörspielanteil beim populären HR1 bei nur noch 0,2 Prozent. In einigen Sendegebieten erreichte das Hörspiel bereits 1970 die größeren Hörermehrheiten nicht mehr. Es war – etwa in Baden-Württemberg – ganz aus dem populären SWF-1-Programm verschwunden. Stattdessen wurden die seit Mitte der 1950er-Jahre neu eingerichteten, hörerarmen und für wechselnde Minderheiten bestimmten Dritten Programme (WDR 3, NDR 3) (KRUG 2006) zur neuen Hörspielheimat. Das Hörspiel musste (und wollte) seinen neuen Platz in den Kulturprogrammen suchen. Denn hier gab es zwar wenig Hörer, aber reichlich Platz für Experimente und vermeintliche ästhetische Hörsensationen. Und dann gab es noch eine folgenreiche technische Innovation, das Radio bekam zwei Kanäle: Seit 1963 gab es in Deutschland Stereohörfunk, 1968 hatte jede öffentlich-rechtliche Welle mindestens ein Stereoprogramm.

INNOVATIONSZENTRUM SAARBRÜCKEN

Es war der kleine Saarländische Rundfunk in Saarbrücken, der das Neue Hörspiel initiierte. Und das ist ganz wörtlich und persönlich zu nehme, denn 1964 war Heinz Hostnig neuer Hörspielchef an der Saar geworden, seit 1965 war Johann M. Kamps als Dramaturg angestellt, und auch die Sendeanlage war ganz neu. »Die Bedingungen waren in Saarbrücken günstig«, berichtete Hostnig später: »Auf dem Halberg war ein nigelnagelneues Funkhaus entstanden. Das Musikstudio befand sich technisch auf dem neuesten Stand, und noch war einiges Baugeld vorhanden, um auch die Hörspielstudios für die Stereofonie auszustatten. Wir mussten nur grünes Licht geben: Dramaturg Kamps und ich. Zustatten kam uns ferner, dass wir, am Rande der damaligen Hörspiellandschaft, keinem sonderlichen Normendruck ausgesetzt waren. Hilfreich bei der Entscheidung, ob wir nun bei der Stereofonie mitmachen oder nicht mitmachen sollten, war schließlich vor allem die Bekanntschaft mit Ludwig Harig« (HOSTNIG 1996).

Und Harig erinnerte sich: »Die Ursendung des Hörspiels *Das Geräusch* am 20. März 1963 veranlassten Heinz Hostnig und Johann M. Kamps, mit mir eine Reihe von Möglichkeiten zu erörtern, die sprachspielerischen Methoden der ›Stuttgarter Schule‹ auf die Neukonzeption des Hörspiels zu übertragen [...] Es ergab sich eine Fülle von schier unerschöpflichen Möglichkeiten [...] Hostnig und Kamps nahmen Kontakt mit anderen, mir bekannten und befreundeten Autoren des Sprachspiels auf und baten sie um Manuskripte für Hörstücke [...] Sie kamen aus dem engeren und weiteren Umkreis der Konkreten Poesie der ›Stuttgarter Schule‹ von Max Bense« (HÖRWELTEN 2001: 269).

Und bald entstanden an der Saar die ersten Stereohörspiele in Deutschland: *Das Fußballspiel* (SR 1966) und *Ein Blumenstück* (SR 1968), beide von Ludwig Harig – und beide ohne erzählte Geschichte.

Dann folgten auch andere Hörspieler den Saarbrücker Anregungen: Hermann Naber (seit 1965 neuer Hörspielchef des SWF), Klaus Schöning (der seit 1968 das WDR 3-Hörspielstudio aufbaute) sowie Christoph Buggert (Dramaturg beim BR). Und dann verließ Hostnig Saarbrücken und wurde – auf Schwitzkes Initiative – 1971 Hörspielchef in Hamburg. So unterschiedlich die einzelnen Personen und Positionen dieser Neuen Hörspieler auch waren: Sie setzten alle (mehr oder weniger) auf einen neuen und ›aktiven‹ Hörspielhörer, nicht mehr auf den nur ›passiven‹, ›lauschenden‹ oder ›einfühlenden‹ Hörer der 1950er-Jahre. Und sie aktivierten eine neue Autorengeneration für die Radiokunst: »Das Hörspielangebot«, so berichtete Schöning zurückblickend, »war trotz einer gewissen Breite nicht identisch mit der Breite der aktuellen Entwicklung anderer künstlerischer Medien. Dies lag nicht am Mangel an Autoren und Komponisten. Eine ganze literarische Richtung zum Beispiel, die in besonderem Maße an der akustischen Realisation ihrer Vorlagen und Ideen interessiert war, blieb weitgehend unberücksichtigt. Nur zögernd fanden diese außerhalb des Hörspiels anerkannten Schriftsteller von Mon bis Jandl, von Rühm bis Heißenbüttel Ende der

Sechzigerjahre Einlass in das Hörspielprogramm – und mit ihnen eine ganze Generation junger Schriftsteller von Kriwet bis Jonke, von Widmer bis Wondratschek, von Wohmann bis Novak, von Handke bis Scharang, von Becker bis Ror Wolf. Ein so großer Zuwachs von neuen qualifizierten Hörspielautoren in der Zeit von 1967 bis 1972 ist nur mit dem von 1947 bis 1955 vergleichbar. Ergebnis einer aktiven, offenen Dramaturgie. Diese Entwicklung wurde bekannt unter dem Schlagwort Neues Hörspiel [...] Ich hatte ihn 1968 eingeführt, ohne zu ahnen, welche Definitionen und Denunziationen damit ausgelöst werden sollten« (SCHÖNING 1982: 24).

Vor allem aber bot der Hörfunk fantastische finanzielle Möglichkeiten: »›Wir spielen da wohl noch Mäzen‹, gesteht WDR-Hörspielchef Paul Schultes, der für jedes Hörspiel bis zu 4.000 Mark Autorenhonorar und 10.000 bis 15.000 Mark Produktionskosten auswirft, ›aber wir haben ja auch ganz schöne Möglichkeiten‹« (*Spiegel* 32/1969).

FÜNF MANN MENSCHEN

Das Neue Hörspiel ist vor allem mit einem Werk und Autorenpaar verbunden: Das gerade mal fünfzehnminütige Spiel *Fünf Mann Menschen* von Ernst Jandl und Friederike Mayröcker (SWF 1968), eigentlich ein Kurzhörspiel, wurde mit dem ›Hörspielpreis der Kriegsblinden‹ ausgezeichnet und wurde rasch zu dem herausragenden und begeistert aufgenommenen Neuen Hörspiel. Das Stereospiel erzählte in rasant geschnittenen Szenen das Nichtleben von fünf Menschen, war der Konkreten Poesie verpflichtet, sprachkritisch, geräuschereich, leicht und amüsant und hatte doch keine Geschichte, keine erzählte Story mehr. Aber es vertrat exemplarisch die neueste, von Klaus Schöning formulierte Hörspielmaxime: »Das Neue Hörspiel ist in seiner Tendenz antiirationalistisch, sprachkritisch und spielerisch« (SCHÖNING 1969a: 15). Technisch ist es ein Kind von UKW und Stereofonie.

Ernst Jandl erklärte zur Verleihung des Hörspielpreises 1969 seine Hörspieltheorie: »Von dem, was zusammentraf, um den Ansatzpunkt zu diesem Hörspiel zu bilden, scheinen mir zwei Dinge von entscheidender Wichtigkeit: die Stereofonie, und die Gemeinschaftsarbeit. Gemeinschaftsarbeit, das bedeutet: ein Text, der dazu bestimmt war, als

Hörspiel von mehreren Sprechern gesprochen zu werden, entstand im Zwiegespräch; die Vertrautheit der beiden Autoren miteinander sicherte die nötige Leichtigkeit – es gab keine Scheu, irgendetwas zu sagen – und zugleich die nötige Kontrolle – es gab keine Scheu, zu kritisieren und zu verwerfen. Die Stereofonie erwies sich als überaus brauchbarer Motor; wir fixierten, von links nach rechts, fünf Positionen; aus diesen entstanden die Sprecher; die Richtung; die Stationen; das Ziel. Zum Hörspiel im allgemeinen noch diese Anmerkung: ich glaube, dass zuweilen Autoren gerade dann etwas Neues und Interessantes ins Hörspiel bringen können, wenn der Schwerpunkt ihrer Arbeit anderswo liegt; daher erscheint es mir, der ich nur beiläufig hier für das Hörspiel Partei ergreife, begrüßenswert, dass die Hörspielabteilungen der verschiedenen Rundfunkstationen sich darum bemühen, Autoren, die auf anderen Gebieten tätig sind, zum Verfassen eines Hörspiels zu gewinnen.«

Und Koautorin Mayröcker, sonst der Konkreten Poesie verpflichtet, setzte auf Akustik: »Was ich vom Hörspiel fordere, ist: Es muss akustisch befriedigen, faszinieren, reizen, d. h. der akustische Vorgang muss beim Hörer eine ganz bestimmte Reaktion hervorrufen, etwas, das in der Nähe musikalischen Genusses liegt, aber statt von Tönen von Worten und Geräuschen ausgelöst wird« (HDK: 72). Inzwischen gilt das Hörspiel – das sich gegen Harigs *Ein Blumenstück* durchsetzte – als ein »Glücksfall der Hörspielgeschichte«, ursprünglich war das anders: »Dann gab ich das Manuskript Fünf Mann Menschen dem Hörspielleiter Dollinger«, so BR-Redakteur Hansjörg Schmitthenner später. »Der las es und sagte nichts, gab's den Lektoren, und die schrieben: Das ist ein Studentenulk, das macht 'n Student zum Kommersabend, in einem halben Abend schreibt er das [...] Dann fand ich auf meinem Schreibtisch einen Brief, von ziemlich weit oben: ›Aus künstlerischen Gründen ist es unsendbar und es ist dem Autor zurückzusenden‹« (ZEYN 1999: 65).

HEISSENBÜTTELS HOROSKOP DES HÖRSPIELS

Die Etablierung des Neuen Hörspiels wurde publizistisch außerordentlich rege begleitet – und dies dürfte ein wesentlicher Bestandteil seines Erfolges gewesen sein. Helmut Heißenbüttel etwa, der »Schutzheilige, Seher und Deuter« und »einer der Erfinder des Neuen Hörspiels« (KNILLI 1970: 81) definierte in seinem *Horoskop des Hörspiels* (1968) erstmals das Hörspiel als »offene Sendeform« zwischen Nachricht und Musik. Heißenbüttel war Essayist, Autor und verantwortlicher Redakteur des legendären ›Radio-Essay‹ beim Süddeutschen Rundfunk (1959 bis 1981) und setzte auf akustische ›Hörsensationen‹ für wenige und eine völlige Neuorientierung: »Ich bin gebeten worden, dem Hörspiel ein Horoskop zu stellen«, sagte er 1968 auf der ›Internationalen Hörspieltagung‹ der Deutschen Akademie der Darstellenden Künste. »Ich muss jedoch noch etwas hinzufügen. Der Titel Horoskop des Hörspiels ist vorbelastet. Unter dem gleichen Titel erschien 1932 ein schmales Bändchen von Richard Kolb, das einen der Ausgangspunkte bildete für die reflektierende Beschäftigung mit dem Hörspiel, und die umfangreichste, detailreichste, kenntnisreichste Arbeit über das Hörspiel, Heinz Schwitzkes 1963 erschienenes, so kann man wohl sagen: Standardwerk über ›Geschichte und Dramaturgie des Hörspiels‹, beruft sich an entscheidenden Stellen auf die frühe Schrift von Kolb [...] [Heute] müsste man sagen, dass es sich dabei um eine doch deutlich historisch eng relativierte Auffassung gehandelt hat, die keineswegs den Anspruch erheben kann, das ganze Feld der Möglichkeiten ins Blickfeld gezogen zu haben« (HEISSENBÜTTEL 1972: 205f.).

»Das Hörspiel ist eine offene Form«, so postulierte Heißenbüttel stattdessen. »Die Hörsensation, die allein den Hörer vom Fernsehen weglocken kann [...] wird realisiert von Autoren, Dramaturgen und Regisseuren. Sie sollten sich stets bewusst sein, dass sie machen können, was sie wollen, dass es für das, was sie ausprobieren wollen, keine Grenzen gibt und dass auch die Pole, von denen ich versuchsweise gesprochen habe, nur darauf warten, überschritten zu werden [...] Alles ist möglich. Alles ist erlaubt. Das gilt auch für das Hörspiel« (HEISSENBÜTTEL 1972: 222f.).

NEUE REGISSEURE – UND AUTOR-REGISSEURE

Das Neue Hörspiel probierte »einen fundamentalen Bruch zur Vorstellungswelt des traditionellen Hörspiels« (SCHÖNING 1969: 20). Nicht nur die Terminologie, die Theorie und der Autorenstamm änderten sich. Mit Walter Adler, Heinz von Cramer, Rainer Werner Fassbinder, Heinz Hostnig, Hartmut Kirste, Peter Michael Ladiges, Raoul Wolfgang Schnell oder Klaus Schöning trat eine neue Generation von (Stereo-)Regisseuren auf. Als erster Autor zog Paul Wühr 1971 selbst mit dem Aufnahmegerät durch München, realisierte sogar das Hörspiel selbst und gewann dann mit *Preislied* (BR, NDR 1971) den Kriegsblindenpreis. Weitere neue ›Autoren‹ sollten später ihre eigenen Regisseure und Realisatoren werden: Hans Noever (1973), Alfred Behrens (1974), Walter Adler (1976), Urs Widmer (1977), Gerhard Rühm (1984), Heiner Goebbels (1986) und viele andere mehr. Die Veränderungen betrafen auch die Sprechebenen. Neue Schauspieler fanden zum Hörspiel: Christian Brückner, Hans Peter Hallwachs, Ernst Jacobi, Günther Neutze, Hannelore Hoger, Vadim Glowna, Matthias Ponnier, Helmut Qualtinger, Hanna Schygulla, Otto Sander, Susanne von Borsody – und auch die anonyme Stimme wurde jetzt kunstfähig.

Das Neue Hörspiel öffnete sich statt der Innerlichkeit verstärkt der Musik und der Akustik. Komponisten wie Mauricio Kagel (*Ein Aufnahmezustand*, WDR 1969) wurden Hörspielmacher und sahen das als notwendige Innovation. »Ich nehme meinerseits den ›Hörspielpreis der Kriegsblinden‹ [...] auch als eine Auszeichnung für das Neue Hörspiel als Richtung entgegen, das sich zunächst vom traditionellen Hörspiel dadurch unterscheidet, dass Tonband und Schere neben Bleistift und Papier gleichberechtigt sind«, erläuterte Kagel, nachdem er 1980 den Kriegsblindenpreis für *Der Tribun* (WDR 1979) erhalten hatte. »Gerade dies ermöglicht mir, meine Identität zu wahren und weiter noch, ein Komponist-als-Hörspielmacher zu sein. Diese Tätigkeit wäre allerdings ohne die kontinuierliche Zusammenarbeit mit der Hörspielabteilung des Westdeutschen Rundfunks in den letzten zehn Jahren nicht denkbar gewesen.«

COMPUTER – UND DAS FLACHE LAND

Ende der 1960er-Jahre wurde im Hörspiel, im Neuen Hörspiel, auch mit Computern experimentiert. »Das erste Hörspiel der Rundfunk-

Geschichte, dessen Text aus einem Computer stammt und nicht von Menschen gesprochen wird« (ANONYM 1969: 100) war *Der Monolog der Terry Jo* von Max Bense und Ludwig Harig (SR, RB 1968). Es ließ die unverständlichen Worte einer Ermordeten (»fyuiömge – sevvrh-vkfds – züeä – swedmhf…«) durch einen Computer laufen, um sie verständlicher zur machen und so zur Aufklärung beizutragen. Statt des Mädchens sprach nun ein Vocoder, eine künstliche Stimme, die neue andere Seite des künstlerischen Hörspiels, wie etwa Ulrich Lauterbachs Aufsatz *Zwischen Bühne und Computer* im ARD-Jahrbuch 1969 nahelegte. Das Experiment erregte damals einiges Aufsehen – und wird noch immer wiederholt. Als Kriminalhörspiel auf NDR Info etwa.

Das Neue Hörspiel machte sehr bald deutlich, wie weit sich die großstädtischen und die ländlichen Rezeptionsgewohnheiten inzwischen entfernt hatten. 1968 sendete WDR 1 Peter Handkes drittes Hörspiel *Hörspiel Nr. 1* – eine sprachkritische Arbeit und eigentlich eine Romanadaption. Kurz nach der Ursendung berichtete Klaus Schöning Handke von einem »vielbesprochene(n) Erfolg«, die »große Presse« habe sich geäußert, die »Provinzpresse« habe sich zurückgehalten (KEPPLINGER-PRINZ 2015). 1973 erschien Handkes Hörspiel dann auch als Schallplatte. Das Hörspiel war nun dreifach präsent: ganz traditionell als flüchtiges Radiospiel, schriftlich fixiert – in mehreren Sammelbänden – als Buch und als LP in der ›No Music‹-Kooperation von Luchterhand Verlag und Deutscher Grammophon.

HÖRSPIELBÜCHER UND -SCHALLPLATTEN

Das Neue Hörspiel verdankte seinen Aufstieg nicht nur der technologischen Innovation Stereo und seinen Hörspielen, sondern auch seiner geschickten Publikationspraxis. Zeitschriften wie *Akzente* (1969), *Rundfunk und Fernsehen* oder *Merkur* debattierten über das Neue Hörspiel, bald folgte eine Fülle literarischer und theoretischer Texte im Suhrkamp Verlag – das Neue Hörspiel war Teil der legendären Suhrkamp-Kultur. Die Hörspielgeschichte wurde (vor allem) in der 60-teiligen WDR-Sendereihe *Geschichte und Typologie des Hörspiels* von Reinhard Döhl zwischen 1970 und 1986 intensiv neu erforscht und neu pointiert, die Hörspielliteratur wurde umfassend bibliografiert (ROSENBAUM 1974), Dissertationen analysierten unbekannte Hörspielfacetten (HÖRBURGER 1975), während Reclams *Hörspielführer* (1969) eher nochmals in die glorreiche Zeit des traditionellen Hörspiels führte. Weiterhin gab es eine Fülle traditioneller Hörspielbücher: Jürgen Becker publizierte 1969 *Bilder, Häuser, Hausfreunde. Drei Hörspiele*, Peter Handke 1970 *Wind und Meer. Hörspiele*, Alfred Andersch 1973 *Hörspiel* und 1979 *Neue Hörspiele*. Bis 1969 – so berichtete der *Spiegel* – waren »mehr als 500 deutschsprachige Hörspiele (gedruckt) erschienen« (ANONYM 1969: 100).

Doch daneben brachten Verlage erstmals Bücher mit mediumsgerechteren Hörspielpartituren heraus. Schöning etwa legte 1969 seine Anthologie *Neues Hörspiel* in einer Buch-Schallplatten-Edition vor. Hörspiele waren nun auch als Schallplatte zu erwerben. Nach 1973 leistete sich der Luchterhand Verlag zusammen mit der Deutschen Grammophon die Reihe *Hörspiel heute* und veröffentlichte dort Hörspiele von Jürgen Becker, Ludwig Harig, Helmut Heißenbüttel, Ernst Jandl oder Franz Mon auf Langspielplatten (LP). Ein größeres Publikum freilich erreichten diese Hörspielschallplatten nicht. Ihre Dauer war beschränkt und die Handhabung aufwendig: Langspielplatten mussten umgedreht, und die Nadel musste vorsichtig aufgesetzt werden. Aber die LP gab dem flüchtigen Medium ›Hörspiel‹ eine feste Form. Jetzt war es auch noch nach der Ausstrahlung hörbar. Wieder und wieder. Und die junge Medienwissenschaft konnte nun perspektivisch das Hörspiel tatsächlich als akustisches Medium erforschen.

ETABLIERT

Mit der Vergabe des Kriegsblindenpreises an Jandl und Mayröcker 1969 konnte sich erstmals ›akustische Kunst‹ durchsetzen. »Das experimentelle Hörspiel hat es geschafft«, schrieb Werner Klippert schon Mitte 1969, »es ist etabliert« (KLIPPERT 1969: 1); und es begann die kurze Hochzeit des Neuen Hörspiels. Mit Wolf Wondratschek (*Paul oder die Zerstörung eines Hörbeispiels*, WDR 1969), Helmut Heißenbüttel (*Zwei oder drei Porträts*, BR, NDR, SWF 1970; Regie: Heinz Hostnig), Paul Wühr oder Hans Noever (*Der Tod meines Vaters*, BR, WDR 1972) wurden erneut akustische Spiele prämiert. »Ein Hörspiel muss nicht unbedingt ein Hörspiel sein, d.h. es muss nicht den Vorstellungen entsprechen, die ein Hörspielhörer von einem Hörspiel hat. Ein Hörspiel kann ein Beispiel dafür scin, dass ein Hörspiel nicht mehr das ist, was lange ein Hörspiel genannt wurde. Deshalb ist ein Hörspieltext nicht unbedingt ein Hörspieltext« (DÖHL 1988: 48), ließ Wondratschek auf der Folie eines Beatles-Songs provokant verlauten und verbat sich die Verleihung des Preises im Bonner Bundesrat.

Die Neuorientierung des Hörspiels hatte Folgen und die zeigten sich überraschend rasch. F. W. Hymmen – Vorsitzender der Jury des Kriegsblindenpreises – klagte bereits 1970: »Vor zehn Jahren war es einfacher, die Hörspielwelt war noch in Ordnung. [...] Der Konflikt ist höchst unkompliziert: Die Hörer machen nicht mit. Eine Rundfunkanstalt kann aber nicht eine elitäre Minderheit bevorzugen, sie kann nicht all ihren Ehrgeiz in Sendungen der Dritten Programme investieren, mit dem Risiko, dass selbst dort die Hörer konsterniert streiken [...] Im deutschen Hörspiel stimmt nicht alles« (HYMMEN 1970: 1). Und nur wenig später drastischer: »Das Hörspiel ist in der Gefahr, überhört zu werden, oder – was das große Publikum angeht – übersehen zu werden: der Bildschirm ist attraktiver. Und es ist in Gefahr, sich selber umzubringen – durch narzisstischen Verzicht auf die Partnerschaft des Publikums« (HYMMEN 1971: 1).

Bei den Hörspielpreisen hingegen wurde und blieb das Neue Hörspiel, die Intellektuellenkunst, die »im Carlton-Hotel« (BECKER 2006: 9) entwickelte Hörspieldramaturgie, Mainstream. Auch der ›Karl-Sczuka-Preis‹ mit dem der SWF seit 1970 die ›beste radioFone Produktion‹ auszeichnete, ging vor allem an Vertreter des Neuen Hörspiels: Kagel, Franz Mon, Ferrari, Kriwet (*Radioball*, WDR 1975), Walter Kempowski oder John Cage. Doch schon 1970 distanzierte sich Friedrich Knilli vom Neuen Hörspiel und nannte es »genauso reaktionär wie das Alte Hörspiel«: »Seine Autoren reagieren bloß auf Politik. Sie verstehen sich als freie Schriftsteller, parteilose Literaten und literarische Übermenschen, spezialisiert auf die Entlarvung politischer Rede, wissend, was gute und schlechte Rede ist, wahre und falsche, schöne und hässliche, sie sind die Entdecker der neuen schönen Welt der neuen schönen Sprachmuster, sind die Spießer der Siebzigerjahre. Ihre Heimat ist der Supermarkt der Kulturindustrie« (KNILLI 1970: 80).

Der Konflikt sollte noch lange an vielen Stellen weiterschwelen. Während Hostnig beispielsweise im Neuen Hörspiel vor allem einen »vehementen Innovationsschub« (HOSTNIG 1996) sah, kritisierte sein Vorgänger Schwitzke: »Das Neue Hörspiel hat den Schildbürgerstreich begangen, im Hörspiel in demselben Augenblick [...] publikumsferne ›Elitekunst‹ zu propagieren, in dem im Rundfunkprogramm sonst – unter dem leidigen Einfluss des Einschaltquotendenkens im Fernsehen – mit allen Mitteln um Publikumsgunst gerungen wurde. Erst seit diesem – inzwischen längst als gescheitert erkannten – Versuch, das Hörspiel an einer elitären Ideologie zu orientieren, die in den Köpfen von Theoretikern gemacht wurde, hat es den Kontakt mit den Hörern und seine bevorzugte Stelle im Rundfunkprogramm mehr und mehr verloren und ist [...] in die [...] Verlegenheit, museal zu werden, abgerutscht« (DÖHL 1988: 175).

BEATLES, ROLLING STONES – POPHÖRSPIEL

Die Rockmusik gewann in den 1960er-Jahren im Hörfunk entschieden an Bedeutung oder eroberte über die Schallplatte die jugendlichen (Sub-)Kulturen; dann wurden poporientierte Jugendsendungen im Radio etabliert, und auch das Hörspiel öffnete sich. »Ganz unpathetisch«, so Hermann Naber 1969 in der Literaturzeitschrift *Akzente*, »läuft alles darauf hinaus, wieder eine Verbindung herzustellen zwischen den Hörspielabteilungen, den Musikabteilungen und – warum nicht – den Unterhaltungsabteilungen, die die moderne popmusic verwalten, von den Beatles bis zu den Pink Floyd und den Mothers of Invention, deren akustische Unterwelt mindestens ebenso viel Anregung fürs Hörspiel enthält wie etwa das Musik-Theater von Mauricio Kagel, Luciano Berio und György Ligeti«.

Es waren die Beatles, die erstmals mit Vierspur und Amplex-Geräten arbeiteten und mit *Sgt. Pepper's Lonely Hearts Club Band* eine so nur im Studio machbare Popmusik herstellten. Wenig später nahm Pierre Henry, der Großmeister aus Frankreich, mit der Rockband Spooky Tooth die Langspielplatte *Ceremony* (1968) auf: eine elektronische Messe, kein

Hörspiel; und die Beatles probten in *Revolution 9* neue experimentelle Musikformen, quasi Pophörspiele.

1971 entstand das erste tatsächlich auch so genannte ›Pophörspiel‹, und schon das Label machte (neben dem Marketingaspekt) die immer wichtiger gewordene Bedeutung der Musik deutlich. Wer hätte je an ein Volksliedhörspiel, ein Klassikhörspiel oder gar an ein Neue-Musik-Hörspiel gedacht? Alfred Behrens realisierte das Stück *John Lennon, du musst sterben*, ein Pophörspiel in Stereo (SWF 1971). »Mindestens die Hälfte des Hörspiels«, so erläuterte SWF-Hörspielchef Hermann Naber diese besondere Schwerpunksetzung später einmal, »bestand aus Beatles-Musik« (KRUG 2003). Dabei ging es nicht nur um Kunst, mit dem Projekt sollte das Hörspiel auch für die neuen, populären Popsendungen und Popwellen attraktiv gemacht werden. Später folgte *Als Nowhere Man den Fall erledigt hatte, legte er ›Street Fighting Man‹ von den Rolling Stones auf*, ein Pop-Kriminalhörspiel (1972), diesmal mit Musik der Rolling Stones.

Es waren keine fürs Hörspiel eigens geschriebenen Hörspielmusiken mehr, sondern Übernahmen von Schallplatten, Hits. Und fortan dürfte fast das gesamte populäre und avantgardistische angloamerikanische Popspektrum wenigstens als Klangteppich in unzähligen Hörspielen genutzt worden sein. »Pop-Elemente finden sich in vielen, fast allen Arbeiten des neuen Hörspiels«, fand Schöning schon 1969 (S. 27). Gabriele Wohmann setzte bereits in *Norwegian Wood* (SWF 1967) auf den gleichnamigen Beatles-Song, Wolf Wondratschek spielte in *Paul oder die Zerstörung eines Hörbeispiels* eine lange Passage des Beatles-Songs *I'm so tired*, Rolf Dieter Brinkmann hörte Soft Machine, und in Paul Gerhardts grandiosem Drogen-Pop-Hörspiel *Ausgeflippt* (SR 1972; Regie: Peter Michel Ladiges) waren neben Beatles und Doors viele zeitgenössische Bands zu hören. Das dürften die analogen Zeiten gewesen sein, in denen »im Studio noch ordentlich getrunken und gekifft« wurde (STURM 2017: 178).

Es war nur ein kurzer Pophörspiel-Aufbruch. Das Pophörspiel verschwand rasch, aber neue alternative Bands und Komponisten stießen zum Hörspiel: Amon Düül, Amon Düül II, Lokomotive Kreuzberg, Floh des Cologne, Georg Deuter, Insterburg & Co., Franz Josef Degenhardt, Herbert Grönemeyer, Klaus Schulze aber auch Heiner Goebbels. Neue Technik (Synthesizer, Sampler, Raumsimulator etc.) machte elektronische Klänge rasch möglich und zugänglich. Mit dem ›Synthesizer-Zeitalter‹ wurde freilich auch ein »kompositorischer Dilettantismus« sichtbar, der – so Christiane Timper – die Hörspielmusik seit den 1950er-Jahren »latent« (TIMPER 1990: 90) durchzogen hatte: ungenaue Einsätze, unsaubere Töne, unrhythmisches Zusammenspiel.

EICHS LETZTE HÖRSPIELE

Das traditionelle literarische Hörspiel galt vielen der jungen Hörspieler als ›reaktionär‹ und deshalb setzte man sich davon ab. Gerade Eich, der ›Klassiker zu Lebzeiten‹, wurde von den Neuen heftig kritisiert; er verstummte fast vollständig und distanzierte sich von seinem Lebenswerk. »Manchmal hat es den Anschein, als ginge die Stunde des Hörspiels zu Ende. Das wäre etwas, was die Welt ärmer machte. Das Hörspiel darf nicht sterben«, orakelte Eich 1968 (EICH 1991: 511). Und zwei Jahre später klagte er: »Die Hörspiele liegen mir schon fern. Bis auf die letzten vier muss ich mich von allen distanzieren. Ich kann sie leider nicht mehr auslöschen – sie sind nun einmal gedruckt [!! HJK]. Überhaupt – ich bin der Form des Hörspiels über« (EICH 1991: 533). Dennoch wurde Eich auf Anregung des SWF noch einmal aktiv. Nach achtjähriger Hörspielpause schrieb er in einem Hotel in Baden-Oos sein letztes Spiel *Zeit und Kartoffeln*, das am 5. Oktober 1972 als krönender Abschluss eines Eich-Schwerpunktes urgesendet wurde (SWF, HR, NDR 1972). Am 20. Dezember 1972 starb Eich. Sein sehr verschlossenes sprachkritisches Stück (Regie: Peter Michael Ladiges) fand beim Neuen Hörspiel wenig Anerkennung und löste bei vielen alten Eich-Verehrern vor allem Irritationen aus. Noch 1978 fühlte sich RIAS-Hörspielchef Gerhard Niezoldi genötigt, »unseren Hörspielklassiker Günter Eich vor dem Zugriff der Inquisitoren [zu] bewahren« (NIEZOLDI 1978: 4).

KRIMINALHÖRSPIELE UND NACHMITTAGSSENDUNGEN

Natürlich war das Neue Hörspiel – wie einst das ›eigentliche‹ literarische Hörspiel – nur ein Teil eines umfassenden Programms; doch es eroberte rasch immer mehr Programmplätze. Etwa ein Viertel des NDR-Hörspielangebots bestand bereits 1973 »im weiteren Sinn« aus Neuen Hörspielen und diese wurden ausschließlich im Dritten gesendet (HOSTNIG 1973: 44). Das ›Hörspielstudio‹, das der Bayerische Rundfunk 1970 einrichtete, sendete sogar ausschließlich Neue Hörspiele. Bei den Neuproduktionen war das Neue offenbar dominierend. Der Hörspielautor Hartmut Lange – schon 1964 in der DDR mit dem Kinderhörspiel *Katharinchen und das Schwein* hervorgetreten und Anfang der 1970er-Jahre Hörspielautor für SWF und WDR – schrieb 1973: »Jeder Autor, der einen neuen Text verkaufen will, der dem genormten Text des Neuen Hörspiels unähnlich ist, der braucht auf keinen Verkauf zu hoffen« (LANGE 1973: 47).

Unterhaltungshörspiele, Krimis, Wiederholungen klassischer Hörstücke, Dialektspiele, Science-Fiction-Hörspiele oder traditionell-literarische Neuproduktionen wurden weiterhin gesendet. Aber es entstanden auch in diesen Jahren aufregende Literaturadaptionen. 1974 realisierte Rudolf Noelte eine fast musikfreie und insgesamt 455 Minuten lange Adaption von Theodor Fontanes Roman *Effi Briest* (SFB, HR, BR). Fast gefühllos gesprochen (Sprecher: Paul Edwin Roth), knapp und präzise inszeniert und geschnitten. Der Roman erhält als Hörspiel quasi ein zweites Leben.

Die einzelnen Hörspielabteilungen blieben ihrem Programmumfeld und ihren (regionalen) Hörspielkonzepten verbunden. Beim Südwestfunk etwa richtete man 1967 eigens eine Krimireihe ein, um die Hörer – jetzt am Nachmittag – an SWF 1 zu binden. »Die zentralen Versuche waren«, so Hermann Naber, »das unterhaltende Hörspiel in die Hörspielabteilung zurückzuholen. Und für diese Hörspiele Sendezeiten zu bekommen, bei denen man auch mit Publikum rechnen konnte. Das waren die Nachmittage. Wir haben dann angefangen, Kriminalhörspiele zu produzieren, die gab es zwar schon, aber das war ein Genre, das keine große Beachtung, vor allem bei den Autoren, hatte. Obwohl meiner Meinung nach unsere großen Hörspielautoren immer alle Mal Krimis geschrieben haben, von Dürrenmatt bis Eich. Man hat die nur nicht so bezeichnet. Dann haben wir angefangen, was es in den 1950er-Jahren schon gab, so was wie Familienserien zu entwickeln. Serien spielten überhaupt eine Rolle« (KRUG 2003). *Vier Zimmer, Küche, Bad* (SWF 1975ff.), *Wernicke. Eine Familienserie* (NDR, WDR 1973; Regie: Hans Rosenhauer) der Autoren Uwe Friesel, Margarete Jehn und Hubert Wiedfeld oder *Jelka*

(SWF 1976) von Peter O. Chotjewitz waren solch populäre Serien. Der Hessische Rundfunk richtete 1977 den neuen nachmittäglichen Hörspieltermin ›Schauplatz‹ ein – es sei, so der neue Hörspielchef Buggert (seit 1976), nicht »einzusehen, dass die Hörspielsendezeiten, die noch einer Vergangenheit entstammten, in der das Hörspiel eine bequemere, entprivilegierte Form des abendlichen Theaterbesuchs sein sollte, in alle Ewigkeiten fortgeschrieben werden müssen« (KURSAWE 2004: 285). Schon früher fand unter der Federführung der ARD 1971 sogar ein Preisausschreiben für Minutenhörspiele statt. 1975 fand es BR-Intendant Albert Scharf »überlegenswert, ob nicht auch Kriminalhörspiele in Zukunft von der Jury des Hörspielpreises der Kriegsblinden berücksichtigt werden sollten. Krimis und Heiteres – das sind immerhin die beiden Sparten, die seit Jahren auch von den hörspielinteressierten Hörern nachdrücklich und mit Mehrheit gefordert werden« (SCHARF 1975: 4).

REGIONALE ENTWICKLUNGEN

Auch in den 1960er- und 1970er-Jahren war das Hörspiel ein regionales Hörspiel. Es gab zwar offenbar verstärkt Koproduktionen zwischen verschiedenen Sendern und damit auch Mehrfachausstrahlungen (und Wiederholungen), doch dies änderte an den spezifischen regionalen Entwicklungen wenig.

Der Saarländische Rundfunk machte mit experimentellen Hörspielen und Stereoproduktionen auf sich aufmerksam. Bereits 1968 wurde hier Georges Perecs *Die Maschine* produziert, eine quasi maschinell hergestellte Fassung von *Wanderers Nachtlied*. Bekannt wurden aber vor allem Franz Mons *das gras wies wächst* (SR 1969) sowie Ludwig Harigs *Staatsbegräbnis* (SR, WDR 1969), eine Collage aus Radiomitschnitten vom Begräbnis Konrad Adenauers 1967. Noch 1972 war diese sechste SR-Produktion mit Harig im Sender gesperrt. Auf Hostnig folgte Werner Klippert, der andere Schwerpunkte setzte und von 1970 bis 1986 Hörspielchef blieb. Damals wurden in Saarbrücken 25 bis 35 ›abendfüllende‹ Hörspiele pro Jahr produziert. 1971 platzierte Klippert die ›Hörspielboutique‹ mit Kurzhörspielen auf der populären Europawelle Saar. Kurzhörspiele wie *Papa, Charly hat gesagt* (NDR 1972ff.) wurden hier gesendet.

Der SWF – hier war Hermann Naber von 1965 bis 1998 Hörspielchef – hatte sehr früh einen experimentellen Hörspieltermin, das ›Hörspielstudio‹. Der große Erfolg von *Fünf Mann Menschen* konnte den Verlust von populären Sendeplätzen aber nicht wettmachen. 1972 war das Hörspiel quantitativ an einem Tiefpunkt (WESSELS 1991: 21), 1973 sprach man – trotz der neuen Form Pophörspiel – selbst beim SWF vom »Desaster Hörspiel« und meinte damit das Desaster Neues Hörspiel. Dem Karl-Sczuka-Preis widmete man weiterhin besondere Aufmerksamkeit – der SWF hatte als einzige ARD-Anstalt einen musikdramaturgischen Berater (Peter Zwetkoff; 1954-1990). Das Hörspielprogramm wurde deshalb wieder in die alte Tradition des epischen Hörspiels gestellt. Mit anspruchsvoll-unterhaltenden Serien wie *Vier Zimmer, Küche, Bad* (1973-1975) oder *Jelka* (1976) versuchte man Hörer zurückzugewinnen. Unter den Autoren: Elfriede Jelinek. 1977 erhielt Urs Widmer – im Jahr zuvor mit dem Sczuka-Preis ausgezeichnet – dann den Kriegsblindenpreis für das Spiel *Fernsehabend*. Hörspielkritiker wie Heinrich Vormweg klagten: »Hinter dem Wunsch, bei den Hörern anzukommen, treten künstlerische Ambitionen weit zurück« – solche Vorwürfe waren damals Standard.

Der SDR blieb mit seiner dezidiert auch französischen Orientierung eher ein Vorläufer des Neuen Hörspiels. Doch 1969 ereignete sich in Stuttgart um Peter O. Chotjewitz' Hörspiel *Die Falle oder die Studenten sind nicht an allem schuld* (SDR, SR 1969; Regie: Richard Hey) ein heftigerer Skandal – nachdem Kulturminister Wilhelm Hahn die Collage auf der Autobahn im Dienstwagen gehört haben soll. Der ›Ministerrat‹ befasste sich mit dem Hörspiel und vertrat die Meinung, dass es »mit dem Rundfunkgesetz nicht vereinbar« sei. Auch die Mehrheit des Rundfunkrats lehnte das Hörspiel ab. Eher im Stillen wirkte hingegen Helmut Heißenbüttels Neues-Hörspiel-Theoriestück *Was sollen wir überhaupt senden?* (SDR 1970).

Ganz anders verlief die Entwicklung in München, wo Hansjörg Schmitthenner (bis 1974) das Hörspiel leitete. Hier entstand 1970 das ›Hörspielstudio‹, das ausschließlich dem Neuen Hörspiel vorbehalten war. Zwischen 1970 und 1975 gewann der Bayerische Rundfunk mit Arbeiten von Heißenbüttel (1971), Wühr (1972), Noever (1973), Behrens

(1974) und Kühn (1975) fünf Mal nacheinander den ›Hörspielpreis der Kriegsblinden‹. In München begriff man sich als ›Vorhut‹. 1974 übernahm Dieter Hasselblatt die Hörspielleitung – man wendete sich nun von der Lautpoesie ab, Science-Fiction-Hörspiele wurden immer wichtiger. Und BR-Dramaturg Buggert ging nach Frankfurt und wurde dort von Intendant Werner Hess mit den Worten empfangen: »Sie haben jetzt in München vier Mal den ›Hörspielpreis der Kriegsblinden‹ geholt – Das geht hier so weiter« (KRUG 2003). Nun als Hörspielleiter.

STEREOFONIE UND DRAMATURGIE

Es war neben den ästhetischen, medialen und politischen Umorientierungen vor allem die seit 1965 zunächst beim Sender Freies Berlin, beim Saarländischen Rundfunk und seit 1967 auch vom WDR-Hörspiel eingesetzte technische Innovation ›Stereofonie‹, die die Machtverhältnisse in den Studios veränderte, die Radiokunst vor neue Aufgaben stellte und dem Innerlichkeitshörspiel der Blütezeit in Mono den Garaus machte. »Die technische Entwicklung der Stereofonie«, so WDR-Hörspielchef Paul Schultes 1977, »lenkte das Interesse der Hörspielautoren und -produzenten auf die Realisation des Textes im Studio und wies dem Regisseur sowie dem technischen Team eine bisher nicht da gewesene Bedeutung zu« (DÖHL 1987). Das neue Aufnahmeverfahren machte die Blende fast unmöglich, die Hörsituation veränderte sich, die innere Bühne wurde zerstört – die Stereofonie hatte fürs Hörspiel eine ähnliche Bedeutung »wie für den Film der Farbfilm«, ja, sie war »ein ganz neues selbständiges akustisches Medium« (SCHÖNING 1969: 29).

»Die Stereofonie machte den Hör-Raum als Spielfläche zwischen den beiden Lautsprechern erfahrbar, auf der nun die einzelnen akustischen Elemente choreographiert werden konnten. Aus dem einseitigen Instrument der Monofonie wird in der Stereofonie ein Instrument über zwei Seiten. Der zwischen den beiden Seiten existierende Raum wird zum Spiel-Raum, die Gleichzeitigkeit ablaufender Ereignisse durch die stereofonen Positionen gleichsam sichtbar versinnlicht. Eine Erfahrung, die den konkreten Hör-Raum des Radio-Zuhörers, der in der monofonen Rezeption durch entsprechende Stücke als innere Bühne versinnlicht worden war, ins Spiel brachte. Ein vierseitiges Lautsprecher-Instrument hätte den Spielraum erweitern können, doch konnte sich die Quadrofonie für die Radio-Rezeption nicht durchsetzen. Auch Versuche mit der so genannten Kunstkopf-Stereofonie, über Kopfhörer den ganzen Raum plastisch zu erfahren, wurden kaum von den Hörern angenommen« (SCHÖNING 2001: 255f.).

Daran konnte auch Walter Adler nichts ändern, der für sein Kunstkopf- und Science-Fiction-Hörspiel *Centropolis* (WDR 1975) mit beinahe dreidimensionalem Hörraum 1976 den Kriegsblindenpreis erhielt.

ORIGINALTON-HÖRSPIEL

Um 1970 wurde der Originalton neu entdeckt. Autoren gingen mit dem Mikrofon unter die Menschen, nahmen ihre Meinungen mit dem Tonband auf und montierten aus dem Material neue (künstlerische) Radiostücke. Das tragbare Tonbandgerät machte es auf einmal leicht, die Menschen überall zu befragen. Die Probleme, die Walter Ruttmann oder der frühe Ernst Schnabel mit O-Ton-Produktionen hatten, galten für diese Nachfolger nicht mehr.

Ferdinand Kriwet montierte 1970 aus 65.000 Metern Tonband mithilfe von 20.000 cm Klebeband ein 100-minütiges Werk. Ror Wolf sammelte mit dem Tonband, zerlegte seit 1972 Fußballmitschnitte in Zehntausende von Tonbandschnipseln und klebte sie neu zusammen. Der Hauptschullehrer und Schriftsteller Paul Wühr, seit 1964 auch dem Hörspiel verbunden, zeichnete in München Gesprächsmaterial von mehr als 12 Stunden Dauer auf, montierte es zu dem O-Ton-Hörspiel *Preislied* und erhielt für seine Montage aus »Allgemeinplätzen, Privatphilosophien, Lebensleitsätzen und Geschwätz« (Barbara Bronnen) den ›Hörspielpreis der Kriegsblinden‹. »Das Preislied ist ein Original-Ton-Hörspiel«, verkündete Wühr stolz, »es ist nicht erfunden und nicht im herkömmlichen Sinn verfasst: vielmehr sind Tonbandaufzeichnungen das Ausgangsmaterial zur Entwicklung eines Spiels. Für diese neue Arbeitsweise entschied ich mich vor zwei Jahren, da ich nicht mehr, wie bisher in meinen Funkarbeiten über mich und mein Bewusstsein Aussagen machen, sondern das um mich herum vorfindbare Gesamtbewusstsein hörbar machen wollte; aus Bruchstücken individueller Aussagen sollte eine überindividuelle Aussage entstehen [...] Gerade das Original-Ton-Hörspiel gibt die Möglichkeit, durch offenes Eingeständnis der Manipulation diese aufzuheben und damit auch den Glauben an die Authentizität von Dokumenten abzubauen« (HDK: 84). Das Hörspiel übernahm damit Arbeitsweisen von Reportern – und es machte so einige anspruchsvolle Produktionen erst möglich. Von Schauspielern gesprochen wäre Wührs Münchner Panorama viel zu teuer geworden. Auch dies gehört zur Geschichte der Hörspielinnovationen.

Doch nicht nur Kriwet, Harig, Ror Wolf oder Wühr machten O-Ton-Arbeiten. Günter Wallraff nutzte die neue Form, Erika Runge, Jürgen Geers, Ernst Klee, Alfred Behrens oder Walter Adler waren auf unterschiedliche Art dem O-Ton verbunden: Mal behandelten sie Psychiatrie und Psychotherapie, mal Arbeitswelt und Auschwitz. Dabei war durchaus offen, was ein O-Ton ist: Es konnte sowohl ein Radiomitschnitt (Harig, Wolf) als auch die Originalaufnahme eines Autors (Wühr) sein. Aber die O-Ton-Euphorie hielt nicht allzu lange: »Trotz unterschiedlicher O-Ton-Methoden«, notierte Schöning schon 1974, »ist mittlerweile unbestritten, dass das Original-Ton-Hörspiel (der schriftlichen Notierung geht die akustische Fixierung voraus) grundsätzlich keinen größeren Wert aufweist als das Nicht-Original-Ton-Hörspiel« (SCHÖNING 1974: 26). »Die Arbeit mit dem Originalton«, bedauerte WDR-Dramaturg Kamps Anfang der 1980er-Jahre, »die in der ersten Hälfte der Siebzigerjahre überall entstehenden Rollenspiele, O-Ton-Stücke, Planspiele und Dokumentationen boten eine neue Chance, die getrennt verlaufenen Entwicklungen von Feature und Hörspiel wieder zu vereinigen. Aber diese Chance wurde verpasst und verspielt« (KAMPS 1984: 11). Neben der rauen Wirklichkeit gewannen auch Klangspiele und rein formale Produktionen ihre Bedeutung. Zwischen Realität und Kunst, Sachlichkeit und Experiment entwickelte der O-Ton eine reichhaltige Formensprache. Und dennoch blieben diese Originaltöne nicht unwidersprochen. Früh kritisierte Wilhelm Genazino, dass der »Mensch am Schneidetisch« (GEERS 1992: 22) des O-Tons verschwände.

Das Manuskript hatte für das O-Ton-Hörspiel wenig Bedeutung; Tonband, Schnitt, Montage wurden viel wichtiger – und vor allem die

O-Töne, das Aufgenommene, das Auditive. Das O-Ton-Hörspiel begriff sich vor allem als akustische, nicht mehr als literarische Kunst. Der Autor wurde zum Sammler und Arrangeur von originalen Stimmen und oft auch sein eigener Regisseur, der Konsument tendenziell zum Produzent. Aber die O-Ton-Euphorie endete rasch. Das letzte große O-Ton-Projekt der 1980er-Jahre dürfte Jürgen Geers *Meinungscontainer* (HR, NDR, SFB 1983) gewesen sein. Erst Jahre später wurde Geers zusammen mit Inge Kurtz für den historischen, fast 15-stündigen Radiotag *Unter dem Gras darüber* (HR 1999) mit dem Kriegsblindenpreis ausgezeichnet. Im (Frankfurter) Umfeld inhaltlich ausgerichteter, durchaus populär und vor allem thematisch gestalteter Radiotage gewann der Originalton eine ganz neue, überaus radiogemäße (KRUG 2003), produktive und hörernahe Präsenz.

SPLENDED ISOLATION

1972 erhielt Helmut Heißenbüttel den Kriegsblindenpreis. In der Preisrede definierte er: »Dieses ›Neue Hörspiel‹ könnte man, etwas vereinfacht, auch so definieren, dass in ihm das Hörspiel sich selbst zum Problem wird. In der Problematik würde dann zugleich ein Erkenntnisstreben eingeschlossen sein, das sich an der Problematik zu orientieren sucht über das, was die Problematik bewirkt. Das heißt etwa, dass das Hörspiel zunächst aufhört – oder: der Autor und die Produzenten des Hörspiels zunächst aufhören –, unbefragt die vorgegebenen Regeln oder Hilfskonstruktionen zu übernehmen, sich an Konventionen zu halten, sie zu füllen oder zu variieren, und dass sie stattdessen seine Mittel befragen. Die Entlarvung von Redeweisen wäre der Anfang. Die Konstruktion von Redeweisen, von Sprachräumen, bestimmte den Fortgang. Die Enthüllung des Zustands, in dem die Entlarvung von Redeweisen und die Konstruktion von Sprachräumen notwendig wäre, bestimmte das Ziel. Es wäre die Darstellung dessen, was Aufnahme, Modifizierung und Weiterverbreitung, Reproduktion von Rede im Zeitalter technischer Reproduzierbarkeit mit Rede macht, das heißt mit den Redenden macht, die von dieser Rede leben« (HDK: 79).

Die Hörer freilich, sozialisiert durch mitfühlenden Hörspielkonsum, entzogen sich auch in den 1970er-Jahren dem Neuen, seinen ›Hörsensationen‹, Originaltönen und Hörübungen. Sie wollten keine ›aktiven Hörer‹ sein, schalteten ab – und dann gar nicht mehr ein, ohne dass das viele Hörspielmacher wirklich gestört hätte. Sie bevorzugten eine (mitunter sogar selbstgewählte) »als edel empfundene ›Splendid Isolation‹« (Karl Karst). Immerhin begann der WDR 1981 (gemeinsam mit der Stadt Köln) mit einer Hörspielgalerie: Die Funkproduktionen wurden vor Ort außerhalb des Radios vorgespielt, der Kontakt mit dem Publikum neu gesucht, und aus der ›Kölner Hörspielgalerie‹ wurde bald eine nordrhein-westfälische Angelegenheit (KARST 1985: 5). Zur gleichen Zeit besann man sich – »nicht zuletzt auf Hörerwünsche hin« – wieder auf die »Funkdramen der Fünfzigerjahre, auch dies reihenweise. Aichinger, Andersch, Bachmann, Böll, Dürrenmatt, Eich, Hoerschelmann, Kaschnitz, Lenz, Weyrauch und Wickert stehen wieder fest im Programm« (LENZ 1982: 6).

SCIENCE-FICTION-HÖRSPIELE

Günter Eich, Friedrich Dürrenmatt oder Christa Reinig (*Das Aquarium*, SDR 1967) hatten in einigen Hörspielen dezent auch Science-Fiction-Stoffe verarbeitet, früh und dauerhaft schrieb Richard Hey (*Reisenbeschreibung*, WDR, SFB 1970) Zukunftshörspiele. »Sciencefiction fand im deutschen Original-Hörspiel nach dem 2. Weltkrieg mit einer Selbstverständlichkeit statt, die die Etikettierung ›Sciencefiction‹ nicht brauchte«, schrieb Dieter Hasselblatt, der als Hörspielchef des (keine Hörspiele produzierenden) Deutschlandfunks zwischen 1963 und 1974 mehr als 100 SF-Hörspiele ausstrahlte. In den 1970er-Jahren wendete man sich dann auch in den Hörspielredaktionen sehr offen dieser sogenannten ›trivialen Literatur‹ zu. 1972 gab es – ausgelobt von SDR und WDR – ein erstes Preisausschreiben für Science-Fiction-Hörspiele. ARD-weit wurde 1973 an der Entwicklung medienspezifischer Hörspieltypen des Science-Fiction-Genres gearbeitet. 1974 wurde Alfred Behrens' Stück *Das große Identifikationsspiel*, 1976 Walter Adlers Kunstkopfproduktion *Centropolis* mit dem Kriegsblindenpreis geehrt – beide Hörspiele handelten im SF-Bereich. Am 6. Juni 1975 sendete der Bayerische Rundfunk – wo Hasselblatt inzwischen Hörspielchef war – als erster deutscher Sender Orson

Welles' (Regie) Hörspiel *The War of the Worlds* in der Originalfassung. Das Hörspiel nach H. G. Wells gleichnamigem Roman war legendär und auch für Deutschland interessant geworden, weil es bei der Ursendung am 30. Oktober 1938 in den USA bei Tausenden panische Reaktionen ausgelöst haben soll. 1977 realisierte Klaus Schöning erstmals eine deutsche Fassung (*Der Krieg der Welten*, WDR). Die meisten SF-Hörspiele wurden im SDR-Studio Heidelberg (1967-1981 und 1984-1993) sowie in München produziert, 175 davon allein in der Ära Hasselblatt zwischen 1974 und 1987. So richtig populär aber sollte das SF-Hörspiel in Deutschland erst in den 1980er-Jahren mit Douglas Adams sechsteiliger Serie *Per Anhalter ins All* (Regie: Ernst Wendt; BR, SWF, WDR 1981) werden. Sprecher dieser 318-minütigen Kultproduktion waren Dieter Borsche, Klaus Löwitsch, Bernhard Minetti, Hans Korte sowie das damalige Ensemble der Münchner Kammerspiele. Die Hörspiele kosteten 180.000 DM und wurden über den Verfügungsfond der Programmdirektion finanziert.

DER RÜCKZUG DER LITERATURWISSENSCHAFT

Ende der 1970er-Jahre zog sich die Literaturwissenschaft vom Hörspiel zurück. Der Diskurs brach ab und das nicht nur, weil im neuen textarmen Hörspiel keine Dekonstruktion möglich war. Seit Stefan B. Würffels Arbeit *Das deutsche Hörspiel* (1978) erschien keine neue Hörspielgeschichte mehr. Das Hörspiel verlor im Hörfunk seinen Status als weitgehend autonomes Einzelwerk im Programmfluss und musste sich zunehmend Programmformaten anpassen. Bereits 1984 und noch vor Einführung des dualen Systems machte Johann M. Kamps quasi von außen darauf (kritisch) aufmerksam: »Vor allem aber wird gegenwärtig viel dreister als je zuvor die Hörspielform als Gebrauchswert gehandelt: so geht es heute beim Hörspiel zuweilen keineswegs um Kunst im Rundfunk, sondern um eine Funktion im Programmfluss. Kurzhörspiele etwa, erst in jüngerer Zeit von einigen Sendern eingeführt, können in ihrer Mehrzahl bisher kaum ästhetisch ernst genommen werden. Sie erfüllen lediglich ein Bedürfnis nach Spielelementen inmitten eines auf Information und Unterhaltung ausgelegten, auf breiteste Akzeptanz abzielenden Programms« (KAMPS 1984: 9).

Und das hatte auch für die Hörspieltheorie Folgen: »Nahezu alle mir bekannten Theorien des Hörspiels«, so formulierte Christoph Buggert, der Hörspielchef des Hessischen Rundfunks, zur gleichen Zeit, »sind zur Verteidigung der Gattung in der jetzt entstandenen Mediensituation ungeeignet, weil sie das Hörspiel als selbständig existierende Disziplin auffassen: radiophonische Literatur, akustische Szene usw. Dass der Hörfunk insgesamt [...] heute in Zwänge eingebunden ist, die mit Programmziel und Programmaufgaben des Mediums überhaupt nichts zu tun haben, wird bei so schöngeistiger Perspektive übersehen« (BUGGERT 1985: 103).

1.500 HÖRSPIELE PRO JAHR

Ende der 1970er-, Anfang der 1980er-Jahre sendeten die neun ARD-Landesrundfunkanstalten sowie RIAS Berlin und Deutschlandfunk jährlich etwa 1.500 Hörspiele in ihren Hörfunkprogrammen. Dazu kamen, von Sender zu Sender verschieden, auch Hörspiele aus anderen Programmsparten und Redaktionen. »Das Hörspiel hat seine Bedeutung im Gesamtprogramm steigern können«, sagte 1978 der damalige ARD-Vorsitzende Wilhelm von Sell. »Unser Angebot reicht vom Thriller über die Familienserie, vom Dialektstück bis zur Sciencefiction, dem engagierten Sozialhörspiel bis zum experimentellen Hörstück, wobei etwa die Familienserie ebenso Neuland erforscht wie das artifiziell akustische Experiment. Dieses Programmangebot ist heute so offen und vielgestaltig wie nie zuvor in der Geschichte des Hörspiels« (SELL 1978: 4).

In der Programmstatistik von 1980 wurden die Hörspiele mit 0,8 Prozent Anteil am Gesamtprogramm ausgewiesen, die Werbung erreicht dagegen 1,6 Prozent (KAMPS 1984: 3). Vielfältiges stand erstmals beinahe friedlich nebeneinander. »Engagierte und experimentelle, realistische und surrealistische, traditionelle und neue Radioarbeiten (keineswegs mehr als Gegenpole gedacht) treiben ein gleichberechtigtes Spiel innerhalb eines zunehmend begrenzten Medienraumes. Das Hörspiel als Reservat der kulturellen, künstlerischen Aufgaben des Rundfunks, als offenes Feld des Möglichen und Neuen im Grenzbereich von Literatur und Musik: als akustische Literatur, als Tonbandkunst, als Dialogspiel, als Gesellschaftsskizze und auch – falls der Rundfunk sein Mäzenatentum fortzusetzen in der Lage ist – als ›Radiokunst‹, als Kunst des Radios«, so analysierte Karl Karst Mitte der 1980er-Jahre (KARST 1985a: 6). Angesichts der Vielfalt an Formen, Mitwirkenden und Stilen wirkte der Begriff ›Hörspiel‹ kaum noch zeitgemäß. Doch »Audio Art« (Ulrich Gerhardt) konnte sich nicht durchsetzen. Und noch ein ›Problem‹ trat auf: All die vielen Formen mussten auch im Programm platziert werden – und da die Hörer immer seltener am Abend Radio hörten, wurden auch die bisher hörspielfreien Zeiten für Hörspieler interessant. »In den Siebzigerjahren mehrten sich die Versuche, Hörspiele spät nachts, am Vormittag oder Nachmittag zu platzieren. Diese Versuche, den Hörspielen wenigstens teilweise günstigere Programmzeiten zuzugestehen, führten bei den Spielplänen zu einer Verlagerung hin zum Gängigen, Leichten, Kurzweiligen. Als Faustregel kann gelten: je spezieller ein Hörspiel, desto entlegener sein Platz im Programm« (KAMPS 1984: 3). 1982 wurde dann erstmals das Konzept ›Composing the Radio‹ umgesetzt. In einer 31-Stunden-Nonstop-Sendung wurde der gesamte *Ulysses* von James Joyce zusammen mit RTE Dublin in englischer Sprache realisiert – es war vom Feedback her eine der damals erfolreichsten Sendungen. 1987 folgte zu John Cages 75. Geburtstag die 24-Stunden-Livesendung *NachtCageTag*.

NALEPA-SOUND

In den 1970er-Jahren boten sich dem DDR-Hörspiel neue Möglichkeiten. »Das Hörspiel in der DDR nahm seit dem Ende der Sechziger einen [...] deutlichen Aufschwung« (GUGISCH 1985: 167). Etwa 280 Sendetermine standen jährlich zur Verfügung, rund 90 ›große‹ Hörspiele konnten pro Jahr neu produziert werden. 30 von DDR-Schriftstellern, 30 von internationalen Autoren und 30 Adaptionen. Gestandene Hörspielautoren wie Günter Kunert oder Rolf Schneider schrieben weiter Hörspiele, neue konnten gewonnen werden. 1970 wurde Stephan Hermlins einziges Hörspiel *Scardanelli* (Rundfunk der DDR) gesendet, 1971 debütierte Joachim Walther mit *Kurskorrektur* als Hörspielautor, 1975 Erich Loest (*Dienstfahrt eines Lektors*) (KRUG 2002a: 148), und 1977 erhielt Wolfgang

Kohlhaase für *Die Grünstein-Variante* den Prix Italia und 20.000 Schweizer Franken (THALHEIM 2019). Der Austausch zwischen ost- und westdeutschem Hörspiel war minimal. »Im Laufe von Jahrzehnten«, so Peter Gugisch 1992, »hat der DDR-Rundfunk kaum ein halbes Dutzend westdeutscher Hörspielproduktionen übernommen. Wenn Eich oder Schöfer oder Wiedfeld ins Programm kommen sollten, dann mussten sie neu inszeniert werden. Und während Regisseure aus vieler Herren Länder in der Nalepastraße zu Gastinszenierungen waren, waren Gäste aus Hamburg oder Köln oder Frankfurt unwillkommen« (GUGISCH 1992). Das DDR-Hörspiel blieb so vom Neuen Hörspiel weitgehend unbeeinflusst.

Als Regisseure waren in der DDR dieser Jahre Peter Groeger, Horst Liepach, Barbara Plensat oder Joachim Staritz gefragt, als Sprecher Kurt Böwe, Jutta Hoffmann oder Dieter Mann – und irgendwann bürgerte sich für den besonderen Hörspielstil der Terminus ›Nalepa-Sound‹ ein. Dieser Sound war nicht zuletzt den Produktionsbedingungen in Ost-Berlin geschuldet. »Die Produktionssphäre des Hörspiels war zuweilen eine verlängerte Bühnensituation: Die Schauspieler, die oft nach der Vorstellung – Hörspiel wurde überwiegend zwischen 22.00 Uhr und 4.00 Uhr produziert – ins Studio gingen, standen immer noch unter dem Dampf der moralischen Anstalt, die das Theater in der DDR sein konnte« (THALHEIM 1991: 4).

HÖRSPIELPREIS DER KRIEGSBLINDEN 2

Nach der Etablierung des Neuen Hörspiels prämierte der Kriegsblindenpreis wieder plural und berücksichtigte die verschiedensten Stile. Mal wurde das literarische Hörspiel deutlich geschätzt (Urs Widmer, 1977; Christoph Buggert, 1978; Gert Hofmann, 1983), mal das politische Hörspiel bevorzugt (Reinhard Lettau, 1979) und dann wieder wurden Vertreter des Neuen Hörspiels wie Hans Noever (1973), Alfred Behrens (1974) oder (jetzt schon fast verspätet) Mauricio Kagel (1980), Gerhard Rühm (1984) und Ludwig Harig (1987) ausgezeichnet. George Tabori wurde 1978 mit dem Hörspiel *Weißmann und Rotgesicht* (NDR 1978) endgültig als Hörspielautor in Deutschland entdeckt, weitere Produktionen mit seinem Regisseur und »kongenialen Hörspielpartner« (KUNDLER 1994: 94) Jörg Jannings sollten folgen. Auch das in der ganz neuen Kunstkopfstereofonie produzierte, vor allem technisch innovative Science-Fiction-Hörspiel *Centropolis* von Walter Adler (WDR 1975) wurde prämiiert – und einmal wurde sogar ein Hörspiel ausgezeichnet, das quasi nebenbei, mehr durch Offenheit und glückliche Zufälle als durch Planung entstanden war. 1981 wurde Walter Kempowski, der überhaupt kein Hörspiel schreiben wollte, für sein ›Dialekthörspiel‹ *Moin Vaddr läbt* (HR 1980) prämiiert: »Ich hatte ein Abteil für mich«, so plauderte Kempowski bei der Verleihung des ›Hörspielpreises der Kriegsblinden‹ vor einem hochkarätigen Publikum im Bundestag, »fühlte mich wohl und geborgen in der Wärme des geheizten Zuges und gleichzeitig etwas an die Untergangsstimmung erinnert von: ›Wir sind noch einmal davongekommen‹. Draußen schwärzeste Nacht und Eiseskälte, drinnen wohlige Wärme: Die Freude, dass man lebt, und der Gedanke daran, dass auch andere noch leben könnten, wenn jenes Unglück nicht über uns hereingebrochen wäre. Andere? Mein Vater also, der im April 1945 auf der Frischen Nehrung durch eine Fliegerbombe zerrissen wurde, er, den ich eigentlich kaum gekannt habe. Dessen Liebe ich nicht empfangen, und dem ich nicht meine Liebe zeigen konnte. Ich nahm Papier heraus, Briefumschläge und die Rückseite von Rechnungen und schrieb praktisch in einem einzigen Zug das ganze Hörspiel herunter, wie unter einem Diktat: mich an meinen Vater erinnernd und an einen Traum, in dem ich ihn in einem Keller stehen sah, und mich ganz unwillkürlich der Sprache bedienend, die allein zu taugen schien, die verbotene Klage über den frühen Tod dieses Menschen zu transportieren, die Trauer aufnehmend und die Klage: Die Geheimsprache jener Zeit, des Gettos, in dem auch ich mich befunden hatte [...] Was ist ein solcher Text ohne eine entsprechende Realisierung? Ohne die Einfühlung in jene seelische Eruption? – Daran war nicht zu denken, als ich Herrn Buggert vom Hessischen Rundfunk begegnete. Er besuchte mich in Nartum, und ich las ihm den Text vor, wie anderen vor ihm, von vorn bis hinten, an einem dämmrigen Nachmittag, und er sagte nicht: ›Was soll das‹? Er verstand ihn sofort. Ihm ist es zu danken, dass er diesen Text in die richtigen Hände legte, Herrn Vollmer nämlich, der sogleich ganz hinter ihm stand, sich in ihn einfühlte und all jene sensiblen Dispositionen traf, die ihn dann zu Herzen gehen ließen. Die Auswahl und die sicher schwierige Instruierung der Sprecher, die, wie ich hörte, für diesen Text erst gewonnen, ja geradezu zu ihm überredet werden mussten. – Hier war die Wahl unter anderem auf Ernst Jacobi gefallen, dem ich auf besondere Weise verbunden bin. Ernst Jacobi spielt in dem Film *Tadellöser & Wolff*, wie Sie wissen, den Autor Walter Kempowski« (HDK: 123).

WAS IST EIN HÖRSPIEL?

1977 richtete die (damals in Frankfurt ansässige) Deutsche Akademie der Darstellenden Künste den (von Ulrich Lauterbach initiierten) Wettbewerb ›Hörspiel des Monats‹ und dann auch ›Hörspiel des Jahres‹ ein. Das Hörspiel erhielt eine neue Form von dauerhafter externer und vor allem ästhetischer Qualitätskontrolle (DADK 2017). Theoretisch hatte sich die Hörspielszene derweil schon auf einen sehr breiten Hörspielbegriff verständigt, den Klaus Schöning, einer der führenden Neuen Hörspieler, so formulierte: »Hörspiel kann vieles sein. In dem Begriff Hörspiel geht vieles auf. Hörspiel verschmilzt die traditionellen Gattungen. In ihm gehen auf: Literatur, Musik, die Schauspielkunst. Hörspiel kann sein: die akustische Realisation von Text und Partitur. Aber auch: die Montage akustischer Originalton-Materialien: Tonbandliteratur. In ihm gehen auf: Lyrisches, Episches, Dramatisches. In ihm gehen auf: Sprache, Geräusch, Musik. Hörspiel als autonomes künstlerisches Produkt ist auch ablösbar vom Massenmedium, in dem es entstand. Und doch sind in ihn eingegangen die Konditionen eines Massen-Mediums. Hörspiel auch als nicht-autonomes künstlerisches Produkt, als akustische Spielform des massenmedialen Programms, als Mischung aus Information und Entertainment: Hörspiel als verfügbare Sendeform. Hörspiel: ein Reservoir akustischer Darstellungsmuster, aus dem das Radio sich permanent bedient. Verwischung des Künstlerischen. The Medium is the Message? Dies alles kann hier nur angedeutet werden. Kunst und Radio: ein Experiment« (SCHÖNING 1982: 292f.).

ZWISCHEN HÖRERN UND KÜNSTLERISCHEM FORTSCHRITT

Doch in der Praxis wurde diese breite Definition gar nicht so eindeutig geteilt. Christoph Buggert, der 1978 als erster und einziger amtierender Hörspielchef den Kriegsblindenpreis (*Vor dem Ersticken ein Schrei*, WDR 1977) erhielt, benannte in seiner Hörspielpreisrede die Fronten so: »Uns und vor allem: unseren Hörern – ist wenig geholfen mit einer Kritik, die sich lediglich an der abstrakten Instanz ›literarischer Fortschritt‹ orientiert, der also Gesichtspunkte wie ›Programmauftrag‹ oder ›Rezeptionsverhalten des Publikums‹ eher lästig sind. Auch eine verantwortungsbewusste Medienkritik kann an folgender Tatsache nicht vorbei: Der vom Autor geschriebene, von Darstellern gesprochene, vom Regisseur inszenierte, vom technischen Team auf Tonband aufgezeichnete Text ist immer nur die eine Hälfte eines Werkes: die andere Hälfte bildet das Mitfühlen-Miterleben-Mitdenken-Mitfantasieren im Bewusstsein der Hörer. Autoren und Dramaturgen, Darsteller und Regisseure müssen hinarbeiten auf den einen Zeitpunkt, zu dem das Hörspiel gesendet wird und sich in den Köpfen der Hörer neu ereignet. Nur was die Hörer verstehend aufnehmen, ihre Betroffenheit, ihr konkretisierender Nachvollzug der gesendeten Signale ist für ein Qualitätsurteil über das Hörspiel relevant; eine vom Hörereignis losgelöste, quasi ideelle Qualität des Hörspiels ist ein Hirngespinst. Ein Hörwerk also, das in wohlgemeinter Brillanz, in didaktischer Überfrachtung oder aus welchem anderen Mangel immer am Ohr der Hörer vorbeirauscht, ist praktisch inexistent. Es verschwindet – im ganz buchstäblichen Sinn: ungehört – in den Archiven« (HDK: 106). Wenige Jahre später notierte die Kritikerin Eva-Maria Lenz: »Sichtlich schwere Zeiten sind für die Neuerer der Endsechzigerjahre gekommen. Nicht etwa, weil ihre Sprach- und Schallspiele untergegangen wären, sondern weil ihre Experimente inzwischen selbst schon dem einst parodierten Bildungsgut zugeschlagen werden [...] Kein Wunder also, dass Hörspielredaktionen 1981 Stücke experimenteller Autoren mehr oder weniger systematisch zu Retrospektiven gruppierten« (LENZ 1982: 6). Und kurz darauf analysierte Kamps: »Von den beginnenden Achtzigerjahren her erscheint die Zeit des Neuen Hörspiels als eine relativ kurze Phase der intensiven Besinnung auf rundfunkspezifische Möglichkeiten, der vorausschauenden Entwürfe für eine radikal akustische Kunst und der ebenso heftigen wie naiven Zukunftserwartungen. Sie leitete keine Befreiung von rundfunkpolitischer Abhängigkeit und literaturästhetischer Bevormundung ein, wie manche in der Kumulationsperiode von etwa 1968 bis 1971 glauben mochten, sondern schuf nur vorübergehend eine Art Tabula rasa« (KAMPS 1984: 26).

So blieb wieder einmal das Lob des Offenen. Das Fehlen verbindlicher Dramaturgien wurde wieder, wie einst bei Flesch, Schirokauer oder Eich, der gemeinsame Nenner vieler Hörspieler. 1983 war es der Literaturwissenschaftler, Schriftsteller und seit 1968 ungemein fleißige Hörspielautor Gert Hofmann, der erneut das Unfestgelegte betonte: »So weiß ich beispielsweise auch nicht, was ein Hörspiel ist, obwohl auch über diesen Gegenstand viel geschrieben wird, sogar Bücher, die ich bis jetzt aber noch nicht gelesen habe, weil ich es so genau eigentlich wieder nicht wissen möchte [...] Da ich keine besondere Richtung vertrete und keinen neuen Typus kreieren will, bin ich frei, mich umzutun, dies und das zu probieren. Das heißt, ich hänge ganz von meinen einzelnen Einfällen ab. So entsteht Vielerlei. Ich versuche, die Schweißspuren daran wegzuwischen, ihm einen Anschein von Leichtigkeit zu geben, meinen Ernst und die Profondeurs der Sache, die auf eine undeutliche Art meist unser aller Sache ist, gut zu verstecken an einem hierzulande ungewöhnlichen Ort: an der Oberfläche. Auch sehe ich davon ab, Theorien beizumischen, die Sache soll für sich selber sprechen« (HDK: 129f.).

DIE NEUENTDECKUNG DES MUSIKHÖRSPIELS

Entgegen einer weitverbreiteten Meinung gab es im Hörspiel immer wieder Musik. Als Christiane Timper 1990 – und damit lange vor den inzwischen verbesserten bibliografischen Bestandslisten – ihre Hitliste der Hörspielmusiker (1946-1983) vorlegte, gab es zwei sehr erfolgreiche Hörspielmusikkomponisten: Enno Dugend, der die Kompositionen etwa für Dieter Wellershoffs *Der Minotaurus*, Günter Eichs *Träume* (BR 1964), Ludwig Harigs *Das Fußballspiel*, Paul Wührs *Preislied* oder Tolkiens *Der kleine Hobbit* (WDR 1980) schrieb, kam auf 252 Produktionen; Peter Zwetkoff, der beim SWF angestellt war, kam auf 239. Es folgten Siegfried Franz (153), Friedrich Scholz (134), Rolf Unkel (123), Winfried Zillig (118), Johannes Aschenbrenner (111) und Werner Haentjes (108). Mehr als 300 Komponisten schrieben Hörspielmusiken.

Die wohl folgenreichste Neuerung der 1980er-Jahre waren die Hörspiele des Frankfurter Musikers (u. a. ›Sogenanntes Linksradikales Blasorchester‹) und Komponisten Heiner Goebbels, der weder der literarischen noch der akustischen Fraktion zugerechnet werden konnte. Goebbels kam nicht vom Hörspiel, sondern versuchte, »das Genre Hörspiel möglichst schnell zu verlassen. Gerade die Abwesenheit vertrauter Radiophonie war es wohl dann auch, was meine Hörspiele besonders machte« (ABARBANELL 1991: 17). Und so verband er ganz eigenwillig Radiokunst und Rockmusik, Literatur und Musik, Ernst und Unterhaltung, ›Einstürzende Neubauten‹ und Heiner Müller. Lange sah Goebbels gerade in der »Kombination von Hörspiel und Rockmusik« eine Zukunft für das »gefährdete und sich immer wieder auch selbst gefährdende Genre Hörspiel«. Vor allem die Texte des DDR-Autors Heiner Müller fanden seine Aufmerksamkeit. Goebbels nahm Textfragmente des populären (und seit 1957 dem Rundfunk der DDR verbundenen) Autors und setzte sie – unter starker Integration von Rock-, Jazz- und Avantgardeelementen – musikalisch um. *Verkommenes Ufer* (1984) ging beim Radiopublikum noch weitgehend unter, doch schon für seine Realisation von Heiner Müllers *Die Befreiung des Prometheus* (HR 1985) erhielt er den Kriegsblindenpreis. Müllers Texte waren hermetisch und dicht, doch sie passten politisch in die Zeit: *Prometheus* etwa kam fast zeitgleich mit dem Gau in Tschernobyl. »Meine Hörstückarbeit«, erklärte Goebbels bei der Preisverleihung 1986, »richtet sich gegen ein geradliniges Textverständnis; richtet sich auf ein Hören, das sich aus vielen Informationen zusammensetzt: aus den Geräuschen, aus Textpartikeln, aus Musik, aus Stimmen, aus dem Eindruck, der sich aus der Summe der sprachlichen und außersprachlichen, musikalischen Elemente ergibt« (HDK: 144). *Die Befreiung* (1 Seite Text = 45' Hörspiel) gilt heute als »das erfolgreichste deutsche Hörspiel der 1980er-Jahre« (ANONYM 1996: 10).

Goebbels gehörte zu einer ganz neuen Hörspielergeneration: Er besaß früh sein eigenes Studio (in einem umgebauten Heizungskeller), er produzierte große Teile des Hörspiels selbst, war für die Realisation selbst verantwortlich, arbeitete und arbeitete am eigenen Computer bis das Produkt stimmte – und nutze das öffentlich-rechtliche Hörspielstudio nur noch für die Arbeiten, die im heimischen Studio nicht gemacht werden konnten. Später konzentrierte er sich sogar auf private Studios.

Heiner Müller sollte Goebbels noch lange begleiten: Nach den rockigen Stücken (*Wolokolamsker Chaussee*; SWF, BR, HR 1989) folgten *MAeLSTROMSÜDPOL* (EIG 1987), *Der Mann im Fahrstuhl* (HR 1989), *Roman Dogs* (SWF, HR, WDR 1994) oder *Schwarz auf Weiß* (SWF, TAT 1996). Das im Frankfurter Theater am Turm (TAT) aufgezeichnete Spiel *Schwarz auf Weiß* wurde vom SWF damals sogar zweimal gesendet: einmal als Hörspiel und einmal als Abendkonzert der neuen Musik. Fern der »neuen Musik in ihren geschützten Reservaten« ging Goebbels später zu leiseren, klassischeren Kompositionen über. Zuletzt prägten die Texte von Gertrude Stein die Hörspiele *Hashirigaki* (SWR, HR 2004) oder *Landschaft mit entfernten Verwandten* (SWR, EMO 2006). Bereits 1991 hatte der Münchner Plattenverlag ECM alle Goebbels-Hörstücke auch als CD veröffentlicht. 1999 (längst hatten die Soundstudios der Filmproduzenten die Hörspielstudios technisch überholt) erschienen Goebbels die Tonspuren der Kinofilme doch »die besseren Hörspiele«. 2002 – Goebbels war inzwischen der deutsche Hörspielmacher mit den meisten nationalen und internationalen Auszeichnungen – sendete der SWR in seiner Reihe ›Heiner-Goebbels-Material‹ den *Prometheus* als Live-Hörstück aus dem ZKM Karlsruhe. Goebbels-Hörspiele blieben in der Regel nicht nur Hörspiele. Goebbels ließ sich eben nicht aufs Radio festlegen.

5. KULTUR UND UNTERHALTUNG (1985-2000)

Die Einführung des dualen Rundfunks 1985/86 veränderte die Radiolandschaft in Deutschland total. Eine Vielzahl neuer Privatsender wurde gegründet, die Zahl der öffentlich-rechtlichen Wellen und Zielgruppenprogramme stieg auf vier, fünf und mehr – und fast alle etablierten Wellen wurden (früher oder später) neu positioniert und formatiert. Das entscheidende Kriterium dieser Neupositionierungen wurde zunehmend die Musikfarbe. Wie dramatisch die neuen Entwicklungen waren, zeigte sich deutlich am Hamburger Hörfunkmarkt. Dort gab es in den Zwanzigerjahren nur einen Sender mit einem Kästchenprogramm, nach 1956 gab es drei (oder eher zweieinhalb) NDR-Wellen, nach 1985 waren bald mehr als 30 (in der Regel durchformatierte) Programme zu hören.

DUALES HÖRFUNKSYSTEM

Das Programmumfeld des Hörspiels veränderte sich (von außen) radikal, wirkte auf die Hörgewohnheiten und erzwang dann auch vom Hörspiel schmerzhafte Neuorientierungen. Das dem Schönen, Wahren oder Experimentellen verschriebene Hörspiel war plötzlich (indirekt) dem Markt ausgesetzt und reagierte verstört. Die bereits in den 1970er-Jahren von den öffentlich-rechtlichen Sendern eingeleitete (1983 etwa von Gert Hofmann heftig kritisierte) Einschaltquotenorientierung wurde nach der Etablierung des dualen Systems in den Sendern deutlich forciert.

»Aus der Perspektive der Einschaltquoten gesehen, ist das Hörspiel in der Bundesrepublik vom Virus der Auszehrung befallen. Immer wenn in den Rundfunkhäusern von einer ›Verschlankung‹ der Programme die Rede ist, kommt automatisch das Hörspiel ins Visier. Die Medienzukunft ohne Hörspiel, zumindest eine Zukunft mit wesentlich eingeschränktem Hörspielangebot ist zurzeit durchaus denkbar«, unkte Buggert 1985 (1985a: 221). Doch noch machte die Quotenorientierung (aus zwei Gründen) vor den Hörspielen halt. Durch die Etablierung von ›Instant-Hörspielen‹ auf den populären Wellen hatte das Hörspiel quantitativ seine Position gestärkt. Der Hessische Rundfunk etwa erhöhte die Zahl der Kurzhörspiele nach 1978 um 50 Prozent (KURSAWE 2004: 285), freilich ohne dass diese Hörerfolge auch bei den ambitionierten, kunstinteressierten Hörern und Kritikern wirklich angenommen worden wären. Das Denken in Quoten aber machte – trotz aller Befürchtungen – in der Realität vor den Kulturwellen auch 1985 (bis etwa 2003) noch weitgehend Halt. Das Hörspielangebot verdoppelte sich seit den 1970er-Jahren fast. 1995 gab es 2.783 Sendestunden Hörspiel.

DAS HÖRSPIEL ALS ÖFFENTLICH-RECHTLICHE RADIOKUNST

Das Hörspiel blieb auch im dualen System eine »›öffentlich-rechtliche Kunst‹, eine Kunst, die aus ›öffentlichen‹ Mitteln für ›öffentliche‹ Distributionsapparate zur Ausstrahlung an die Öffentlichkeit produziert wird« (KARST 1981: 79). Die Privatradios verzichteten fast durchgängig auf Hörspiele und beschränkten sich auf (Kurz-)Comedy. Hörspielversuche außerhalb des ARD-Radios im nordrhein-westfälischen Bürgerfunk oder auf offenen Kanälen blieben unergiebig.

Der Zuwachs an Radiowellen machte die Hörspiele der ARD-Wellen nach 1986 immer weniger erkennbar. Die Kurzhörspiele waren im Programmfluss der populären Wellen nur schwer auffindbar, die großen Stücke waren auf den Kulturwellen platziert, aber die Hörer hörten nicht die Dritten (oder je nach Region Zweiten) Programme. 1987 bestanden etwa 0,7 Prozent (oder 364.815 Minuten) des ARD-Gesamtprogramms aus Hörspielen, doch bereits Anfang der 1990er-Jahre wurde über das Hörspiel als »vergessene Gattung« (HAAS 1991: 13) diskutiert; vergessen bei den Hörern und bei der künstlerischen Intelligenz. »Es wäre reiner Selbstbetrug, wollte man behaupten, das akustische Spiel werde im Chor der zeitgenössischen Künste als gleichberechtigt oder nur als unentbehrlich eingestuft« (BUGGERT 1985a: 211).

Jede Diskussion um gattungstheoretische Fragen war Ende der 1980er-Jahre verschwunden. Es gab keine Formdebatten mehr, und die Hörspielkritik war versandet. »Spielte vor Jahren noch die Hörspielrezension der Zeitungen eine wichtige Rolle als aktive Einmischung in Kultur-, Literatur- und Radiokunstdebatten, so ist sie heute mit ihrem Rückzug in Raten beschäftigt. Sie zieht sich und ihre Rezensenten aus dem Geschäft der Programmkritik zurück. Während zum Beispiel eine Tiroler Bühneninszenierung des Jelinek-Stücks Präsident Abendwind massenhaft und druckspaltenbreit besprochen wird, verschweigt die Kritik die Rundfunkinszenierung, an der sich die Autorin als Darstellerin beteiligt« (LINDENMEYER 1994: 3).

Die wissenschaftliche Analyse fand nicht mehr statt; Hörspielbücher wurden kaum mehr publiziert – ihre Zeit war vorbei. Das Interesse der Schulen war erloschen, »die heutige Schüler- und Studentengeneration weiß zum größten Teil gar nicht mehr, dass es das Hörspiel im Programmangebot der Sender überhaupt noch gibt«, bemängelte Buggert. Der noch sehr ungewohnte und von den öffentlich-rechtlichen Anstalten nur äußerst dezent akzeptierte Kassettenverkauf rentierte sich noch nicht. Die Hörspielszene schwankte zwischen Publikum und Elite, Avantgarde und Unterhaltung, Linearität und Archiv.

HERAUSFORDERUNG MEDIALER WANDEL

Es war eine wirkliche Krise. Sie war höchstens mit jener Krise vergleichbar, die Anfang der 1960er-Jahre das Fernsehen dem Hörspiel zugefügt hatte – aber sie begann nicht nur erst 1985. »Das Hörspiel ist eine Gattung ohne Echo«, klagte der Kriegsblindenpreisträger, Hörspieltheoretiker und Hörspielchef Buggert 1985, »eine Gattung im Abseits geworden [...] Der Kontakt mit dem Publikum ging verloren, den auch das experimentelle Hörspiel sich bis zu diesem Zeitpunkt bewahrt hatte [...] Das Neue Hörspiel entwickelte sich in der zweiten Hälfte der Siebzigerjahre zu einer Gattung ohne Antwort, ohne Leben also [...] Das Neue Hörspiel ist alt und zahnlos geworden, Abgenutztes und Ausgeleiertes ist an der Tagesordnung. Ich werde mich hüten, im augenblicklichen Orientierungsdesaster Richtungsprognosen zu wagen« (BUGGERT 1985a: 219f.). Peter Christian Hall, damals Redaktionsleiter von *medium*, prognostizierte: »Die Sendegattung Hörspiel gerät in eine medienökologische Krise [...] Die Zahl der Radioprogramme wird wachsen, ganz ohne Frage. Aber dieses Wachstum bedeutet für das Hörspiel eher Verlust als Gewinn [...] Das Muster hörspielfreier Radioprogramme haben unsere öffentlich-rechtlichen Sender längst vorgemacht: mit ihren erfolgreichen und wirtschaftlich effektiven Service- oder Autofahrerwellen [...] In solchem Programmumfeld finden Hörspiele keinen Lebensraum, weil sie langen Atem, Geduld, Aufmerksamkeit, Konzentration verlangen [...] Die Chancen fürs Hörspiel verschlechtern sich. Die 0,8 Prozent Hörspielanteil an der Gesamtsendezeit des öffentlich-rechtlichen Radios werden in der Fülle der künftigen Radioprogramme noch marginaler« (HALL 1988: 6).

Friedrich W. Hymmen, der große und kenntnisreiche Begleiter des Hörspiels, sehnte sich nach alten Zeiten zurück: »Die Zeit, da die Hörspielmacher neue Ufer zu gewinnen trachteten, scheint vorbei zu sein, vielleicht sind alle Möglichkeiten ausgeschöpft und man kann wieder von vorn anfangen. Das wäre ja nicht schlimm, aber leider ist nirgends ein Günter Eich zu sehen, nirgends ein Stück vom Range seines Hörspiels ›Die Andere und ich‹« (HYMMEN 1986: 4). Und Jörg Jannings konstatierte das Fehlen originärer Hörspielautoren: »Es gibt Hörspielmacher, die nur Originalhörspiele wollen, aber da gibt es nicht mehr so viele, weil immer weniger bezahlt wird. Die Marge reicht von vier- bis siebentausend, bearbeiten liegt darunter« (MERSCHMEIER 1989: 21). Bei so viel Irritation und Resignation war dann erstmals die Zeit zur Bestandsaufnahme da: Zum 40-jährigen ARD-Jubiläum sendeten der Hessische Rundfunk und RIAS Berlin Karl Karsts Montage *Das Hör-Spiel-Spiel* (12.12.1990) – die erste nur akustische Darstellung der vom Hörspiel seit 1923 entwickelten Stile. Und ungefähr zur gleichen Zeit brachte Franz Hiesel im Selbstverlag die zweibändige Sammlung *Repertoire 999. Literaturdenkmal-Hörspiel* heraus; eine Auflistung der wichtigsten Hörspiele.

Dabei hatte sich die Zahl der Produktionen und der Sendeplätze im dualen System offenbar gar nicht reduziert: 1968, so berichtete HR-Hörspielchef Ulrich Lauterbach im ARD-*Jahrbuch 1969* unter dem bemerkenswerten Titel *Zwischen Bühne und Computer*, gab es »etwa 400 Ur- und Erstsendungen [...] bei rund 1.000 Hörspielterminen« (LAUTERBACH 1969: 91). 1984 konnten die Hörspielabteilungen rund 450 Hörspiele im weitesten Sinne produzieren und 1.650 Sendeplätze füllen (ANONYM 1985: 119). Zehn Jahre später waren es – zählt man die Kürzestproduktionen mit – gar »etwa 700« (LINDENMEYER 1995: 34) Neuproduktionen. Nach Lauterbachs Angaben gab es 1968 »über hundert Autoren, die zur Zeit regelmäßig Hörspiele schreiben« (LAUTERBACH 1969: 91). Die Selbstkosten pro Sendeminute waren den öffentlich-rechtlichen Anstalten einiges wert. Die ARD investierte Anfang der 1990er-Jahre in ihr Hörspiel immer noch »mehr als 62 Mio. DM« und damit fast soviel wie in die Unterhaltung (77 Mio. DM) und mehr als in den Sport (44 Mio. DM) (HILF 1993: 9); obwohl die Programmkosten – etwa durch kostenlose Wiederholungen oder durch »Pool-Bildung« (ANONYM 1991: 13) – von 577 DM (1987), 549 DM (1992), 447 (1994) auf 480 DM (1996) pro Sendeminute reduziert wurden, blieb das Hörspiel das mit Abstand teuerste Radiogenre (1987 kostete die Durchschnittsminute 102 DM, 1996 85 DM). Und doch: »Wir senden in Frankfurt pro Jahr circa 220 Hörspiele«, so HR-Intendant Hartwig Kelm 1986. »Diese 220 Sendungen kommen mit Etatmitteln zustande, die nicht höher sind als die Produktionskosten eines einzigen Fernsehfilms« (KELM 1986: 9). Der NDR brachte 1993 für die gesendeten 140 Hörspiele rund 1,5 Mio. DM (an direkten Kosten) auf, für die Orchester 38 Mio. DM. Das Hörspiel, die ›verwaltete Kunst‹ des öffentlich-rechtlichen Systems, blieb also eine gesicherte öffentlich-rechtliche Kunst. SWF-Hörfunkdirektor Hubert Locher gab der Gattung sogar »von meiner Seite aus eine Bestands- und Entwicklungsgarantie« (LOCHER 1986: 11). Auch als das ARD-*Jahrbuch 1993* (ARD 1993: 148) »knapper werdende Etatmittel« vermeldete, hatte die »Geisel Hörspiel« (BUGGERT 1985: 99) im Radio noch immer eine privilegierte Stellung. Doch nun wurden plötzlich Kosten und Hörerschaft verglichen. »Die

Kulturprogramme, in denen die Hörspiele ihren Platz haben, erreichen nur 10 Prozent der Hörer, verursachen aber einen Kostenanteil von bis zu 40 Prozent« hielt SWF-Intendant Willibald Hilf (HILF 1993: 9) 1992 die spezifische Situation im Südwesten fest. Der Vergleich sollte später immer wieder gezogen werden.

NEUPOSITIONIERUNGEN

Das Hörspiel musste sich im dualen Hörfunksystem neu profilieren und neu positionieren, neue Hörerschichten erreichen und wieder erkennbar werden. Doch wie sollte das gemacht werden, zumal die Einsicht in die Notwendigkeit keineswegs allgegenwärtig war. »Man hätte ganz sicher reagieren müssen«, so etwa SWF-Hörspielchef Naber, »wenn die Privatfunkgesellschaften ihrerseits Hörspiele gemacht hätten. Das haben sie aber nicht. Oder jedenfalls nicht in der Weise, die tatsächlich für die Kunstform Hörspiel ein völlig neues Betätigungsfeld eröffnet hätte oder eine wirkliche Konkurrenz geworden wäre« (KRUG 2003). Auch beim NDR sah man das ähnlich. Hans Rosenhauer, der 1983 für seine Regie von Gert Hofmanns *Die Brautschau des Dichters Robert Walser* (NDR, HR 1982) den Kriegsblindenpreis erhalten hatte und zeitweise das NDR-Hörspiel leitete: »Das hat uns nicht interessiert. Ich glaube auch aus gutem Grund, weil die gar keine Hörspiele machten oder jedenfalls nicht in dem Sinne, wie wir das immer verstanden haben. Dafür fehlte denen auch das Geld« (KRUG 2006).

Der wirkliche Impuls zu einer Neupositionierung kam 1986 aus München, wo sich die Hörspiel- und die Unterhaltungsredaktion zusammentaten, um Umberto Ecos Weltbestseller *Der Name der Rose* (BR, NDR, SWF 1986) als Hörspiel einzurichten (Bearbeitung: Richard Hey). Das Buch sprengte eingeübtes Leseverhalten, es war der Roman eines hochintellektuellen Semiotikers sowie ein ganz aktueller Bestseller. »Wir hatten vorgeschlagen«, so der damals zuständige Redakteur Karl Karst, »Umberto Eco in sechs Folgen à eine Stunde, also insgesamt 360 Minuten zu produzieren. Dann haben wir uns auf eine etwas andere Variante verständigt, und ich erinnere mich an ein Gespräch mit dem damaligen Hörfunkdirektor, das ich nie vergessen habe. Mir wurde dann die Frage gestellt, ob wir anstatt 6 mal 60 nicht 60 mal 6 Minuten produzieren könnten. Und diese Anekdote macht deutlich, in welcher Situation wir uns damals, zu Beginn des dualen Systems, befanden« (KRUG 2003). Das Hörspiel wurde fast parallel zum Kinofilm *Der Name der Rose* erstgesendet und im Radio vielfach wiederholt. 1995 erschien es erstmals auch als Audiokassette und Audio-CD beim neu gegründeten ›Hörverlag‹ – und dürfte ARD-weit einen neuen und langlebigen Trend zu großen Adaptionen ausgelöst haben.

HÖRSPIELKASSETTEN

Bereits in den 1970er-Jahren wurde erstmals über die ›Emanzipation des Hörspiels‹ vom öffentlich-rechtlichen Radio, dem Medium, dem es seine Entstehung, Verbreitung und Pflege verdankte, diskutiert: Statt Teil eines ›verwalteten‹ und flüchtigen Radioprogramms zu sein, faszinierte einige Hörspieler der unabhängige, nicht-entfremdete Kassettenversand. Das neue Medium ›Kassette‹ versprach erstmals Dauerhaftigkeit – ähnlich wie die Gutenberg-Galaxis. Der flüchtige Rundfunk aber sollte zu einem ›ergänzenden Verbreitungsmittel‹ werden.

Der Wunsch nach einem Hörspiel außerhalb des traditionellen Radios wurde seit den Siebzigern ein stetiges und ständig wichtigeres Thema. Doch die Anfänge waren ernüchternd. Zwar gab es seit 1986 die äußerst verdienstvolle Hörkassetten-Edition ›Cotta's Hörbühne‹ (Herausgeber war SWF-Hörspielchef Hermann Naber), doch das Angebot blieb mit rund 80 Titeln vergleichsweise klein, und gerade die populären, schon im Radio viel gespielten Hörspiele wurden gut verkauft. »Mit insgesamt zehntausend verkauften Exemplaren«, so Naber, »sei Borcherts Nachkriegsstück *Draußen vor der Tür* bislang der Spitzenreiter. Danach folgen Max Ophüls' Funkversion von Goethes *Novelle*, Alfred Anderschs *Fahrerflucht*, die Sciencefiction-Reihe *Per Anhalter ins All* und Tolkiens *Der kleine Hobbit*« (LENZ 1991: 27). Weiter in Angebot waren 1989 Heinrich Böll, Friedrich Dürrenmatt, Günter Eich, Graham Greene, Ludwig Harig, Wolfgang Kohlhaase, Siegfried Lenz, George Tabori, Ror Wolf und Peter Weiss. Doch diese Hörbühne, die die Hörspiele auch in öffentlichen Bibliotheken dauerhaft verfügbar machte, war und blieb ein Ausnahmeprojekt. »Außerhalb des Radioprogramms hat das Hörspiel keinen Ort«, schrieb der Kritiker Peter Christian Hall 1988. »Ein Kassettenvertrieb, wie es ihn jetzt in Verlags-Kooperationen gibt, kann zwar die verborgenen Archivschätze der Sendeanstalten zugänglicher machen, verspricht aber keine Amortisation der Produktion« (HALL 1988: 6) – 1993 wurde ›Cotta's Hörbühne‹ eingestellt.

1991 gelang es dem Bayerischen Rundfunk erstmals, das avantgardistische Hörspiel *Ubu Roi* (von Alfred Jarry) ins Programm der – vertriebssystemlosen – TR-Verlagsunion zu bringen. Dann machte es die Plattenfirma ›Rough Trade‹ möglich, auch Hörspiele (wie Maria Volks *Goldberg – ein Dutzend Täuschungen* oder Andreas Ammers *Radio Inferno*) in Phonoläden anzubieten. »Ein wenig wie Fremdkörper muteten wohl die in den frühen 90ern bei Faruk Musik, Rough Trade oder enja records auf CD veröffentlichten Hörstücke [...] an, die nun – zeitgleich zur Ursendung – in den Independent- und Avantgarderegalen der Plattenläden angeboten wurden« (KAPFER 2008a).

Der entscheidende Impuls für einen starken Hörbuchmarkt kam Ende 1995: »Im Herbst 1995 trat ›Der Hörverlag‹ auf den Plan, viele Titel von ›Cotta's Hörbühne‹ wie Novelle, Draußen vor der Tür oder Herr der Ringe gingen in das Start-Repertoire ein und viele Verlage sind bald dazugekommen. Im Frühjahr 1999 gründeten schließlich der Aufbau-Verlag und die Marketingtochter des SWR den ›Der Audio Verlag‹. Am Ende des Jahres 1999 boten annähernd 150 Label etwa 6.500 Hörbuchtitel an« (THALHEIM 2007: 129).

FESSELNDE STOFFE – DAS HÖRSPIEL ALS DIGITALE BUCHADAPTION

In den 1990er-Jahren waren alle relevanten Autoren wieder im Hörspiel präsent. Doch welch ein Unterschied zu den 1950er-Jahren. Damals schrieben populäre und unbekanntere Autoren Originalhörspiele nur fürs Radio – und druckten sie später in Hörspielbüchern ab oder erweiteren den Stoff zu Romanen. Seit Ecos *Der Name der Rose* (1986) richtete das Hörspiel verstärkt fertige Erzählungen, Romane, Theaterstücke und vor allem schon erfolgreiche Bücher fürs Radio ein. Um 1987 stieg die

Zahl der Übernahmen erheblich, 1988 waren schon 20 Prozent – oder jede fünfte Produktion – Adaptionen.

Es waren gerade Stoffe, die breit unterhalten konnten und eventfähig waren, die nun etwa in Baden-Baden besonderes gepflegt wurden. 1992 realisierte – von der Szene zunächst als »Sündenfall« (STURM 2017: 177) argwöhnisch beäugt – Bernd Lau J.R.R. Tolkiens Kultbuch, Bestseller und Fantasy-Opus *Der Herr der Ringe* (SWF, WDR 1992, 30 Folgen) zu einem Hörspiel der Superlative: 60 Hauptrollen gab es in dem ersten digital produzierten Hörspiel, sieben Stunden Hörspielmusik. Es war »das erste Hörspiel, das sich richtig gut verkaufte« (STURM 2017: 177) – und auch sonst vielfach multimedial platziert wurde. Zum Programmstart der *Herr der Ringe*-Trilogie 2001 in den Kinos etwa wurde das Hörspiel zeitgleich auf SWR2 und der Jugendwelle ›DasDing‹ wiederholt. 1995 inszenierte Hartmut Kirste Jostein Gaarders *Sofies Welt* (SWF, MDR 1995). Als die Hörspielabteilungen von SWF und MDR die Radiofassung vorbereiteten, war das Buch noch nahezu unbekannt, doch dann wurde Gaarders 600-Seiten-Epos rasch eines der erfolgreichsten Jugend- und Philosophiebücher. Es wurde millionenfach verkauft, und auch diese Hörspielfassung war durch Superlative geprägt. Das Hörspiel war beinahe sechs Stunden lang, hatte insgesamt fünfzehn Folgen und erzählte Philosophiegeschichte aus der Perspektive einer Vierzehnjährigen. Dem Hörspielbearbeiter Richard Hey gelang es, Alltag und Philosophie zu einem spannenden und lehrreichen Radiospiel zu verbinden. *Sofies Welt* richtete sich – so Regisseur Hartmut Kirste – an »alle, die noch nie von Philosophie gehört haben. Sowie die, die sich auf Neues tiefer einlassen wollen«. Die Ursendung fand im März 1995 statt, beim SWF ab 14.05 Uhr, beim MDR bereits um 11.05 Uhr, und am Wochenende wurden vom SWF jeweils drei Folgen wiederholt. Als S2 Kultur die fünfzehn Folgen von *Sofies Welt* später am Stück in einer ›Radionacht‹ ausstrahlte, standen die Telefone nicht still. Das Radioereignis sprach neue Hörspielhörer an und entwickelte sich auch in anderen Hörspielprogrammen zu einem Renner. Der ›Bestseller des Hörspiels‹ (SWF) wurde wohl deutschlandweit gesendet. Und auch das Gaarder-Hörspiel wurde vom ›Hörverlag‹ in sein Programm genommen (98 DM) – und ein Hörbuchbestseller. Nach vier Jahren waren über 100.000 Exemplare der Produktion des öffentlich-rechtlichen Hörspiels verkauft.

Dabei wurden nicht nur ältere Bestseller adaptiert. »Ich bin so weit gegangen«, berichtete Naber über eine 1995er-SWF-Produktion, »Hörspielbearbeitungen von interessanten Neuerscheinungen parallel mit den Büchern auf den Markt zu bringen. Dazu musste man allerdings erst mal unter den Verlegern Partner finden. Das war unter anderem der Hanser Verlag und es war ein Stoff, der dann als Film Erfolg hatte, nämlich *Fräulein Smillas Gespür für Schnee*. Das ist der erste erfolgreiche Roman, der gleichzeitig als Hörspiel auf den Markt kam« – und dann auch als Audio Book erschien. Das waren in der Tat ganz neue, mehrmediale Hörspielperspektiven, die in Zukunft noch sehr viel relevanter werden sollten.

KURZHÖRSPIELE

Seit den Anfängen in der Weimarer Republik war das Hörspiel ein vielfältiges, facettenreiches Genre – und es wurde in den 1980er- und 1990er-Jahren noch vielschichtiger, ausdifferenzierter. Die Tradition der Kurzhörspiele beispielsweise wurde wiederbelebt und – in einigen Regionen waren die Kurzformen aus den 1. Programmen verschwunden – erstmals (wieder) auf breiterer Ebene intensiv in die (hörerreicheren) Nachmittagsstunden eingebaut. Die 1991 von SWF und SDR neu gegründete Kulturwelle S2 Kultur richtete eigens eine Spielzeit ein und sendete täglich 25 bis 55 Minuten Hörspiel. Der Hessische Rundfunk platzierte ins Nachmittagsprogramm seiner Informationswelle HR1 etwa die Kurzhörspielreihe *Viererpack* von Christian Bieniek (1994), stellte sich bewusst in die Nachfolge der legendären Hörspielserie *Papa, Charly hat gesagt* und wurde als Hörspiel des Monats ausgezeichnet.

Um die Jugend anzusprechen, produzierten die Anfang der 1990er-Jahre neu gegründeten jungen Popwellen »Splitter- und Splatter-Hörspiele« zwischen 1.20 und 3.30 Minuten oder richteten – wie das Potsdamer Jugendradio Fritz – *Ohrenzeuge* ein, ein »Mithörspiel für Jugendliche zwischen 14 und 25 Jahren« und natürlich mit »Hörerbeteiligung« (LEHNERT 1994). Sogar das traditionelle Hörspiel öffnete sich dem Comic-Hörspiel. Die WDR-Hörspielabteilung wandte 1994 die laute und grelle Ästhetik des Comicstrips auf das Hörspiel an und griff dabei erstmals auf ein neues digitales Hörfunkstudio zurück. Insgesamt 360 Musiken, Sprachtakes und Geräusche wurden für die drei Kurzhörspiele *Phil Perfect erzählt* (von Serge Clerc und François Gorin) integriert, »ein Aufwand, der nach analoger Produktionsweise undenkbar gewesen wäre«, lobte eine WDR-Pressemitteilung damals. Vom Genre ›Literatur und Rock‹ waren diese Comicgeschichten ebenso weit entfernt wie vom konventionellen Hörspiel. Diese Hörspielfolge, im Programm vieler anderer traditioneller Kultur- und Klassikwellen kaum zu platzieren, öffnete sich mit dieser Produktion ganz weit den mit Rockmusik sozialisierten Hörern.

FREIBURGER REGIONALHÖRSPIELE

Eine andere Anregung kam Anfang der 1990er-Jahre aus der Regionalhörspielszene. Mit Mundartstücken für das populäre Programm SWF 1 ging das SWF-Landesstudio Freiburg (Thomas Lehner) neue Wege. Das Freiburger Hörspiel orientierte sich nicht an der volkstümlichen Mundartkunst in der Tradition der *Familie Hesselbach* oder an den kritischen Volksstücken von Marieluise Fleißer (*Pioniere in Ingelstadt*, BR, SFB 1970) oder Franz Xaver Kroetz, sondern versuchte einen eigenen Spagat zwischen Region und Kunst, Dialekt und Hochsprache und bekam dafür viel Anerkennung. 1994 wurde der vierteilige, vierstündige und mit einem Live-Hörspiel abgeschlossene Krimi *Gold-Dreck* von Hansjörg Schneider und Jürg Weibel als ›Hörspiel des Monats‹ ausgezeichnet. Populäre Schauspieler wie Ulrike Folkerts oder Hannelore Hoger konnten für die regionale Radiokunst gewonnen, großangelegte Hörspiele wie Thomas Jean Lehners *Der Königssohn vom Schwarzwald. Am Tag X, wenn das Mittelmeer in den Oberrhein fließt* (1996) realisiert werden. Und mit regionalen Hörspieltagen und CD-Produktionen wurden neue Wege zum Hörer versucht. »Wir haben uns entschlossen«, teilte SWF-Intendant Peter Voß im Booklet der *Königssohn*-CD mit, »diese Geschichte einer ›alemannischen Waterworld nach der nächsten Sintflut‹ auf CD anzubieten, damit sie jetzt als radiophones Dokument jederzeit wiederholbar wird, nicht nur für die Menschen in der Euregio am Oberrhein, sondern auch bundesweit auf dem Markt der Audio Books«. Das Freiburger Hörspiel war in der Region ein Ereignis und es war unkonventionell, innovativ, kritisch und kunstvoll. 1998 endete die erfolgreiche Ära auf SWF 1. Doch das Regionalhörspiel blieb. »Der SWR betreibt die umfangreichste Produktion von Mundarthörspielen innerhalb der ARD«, vermeldete 2001 SWR-Hörspiel.

SCHWERPUNKTBILDUNGEN

Beim Süddeutschen Rundfunk in Stuttgart setzte man seit Ende der 1980er-Jahre auf Schwerpunktbildung. Bereits 1985 hatte man einen umfangreichen Eich-Schwerpunkt eingerichtet, 1989/90 wurden dort etwa ›sämtliche Originalhörspiele‹ von Elfriede Jelinek gesendet. Beim SWF in Baden-Baden hatte man bis in die 1990er-Jahre die *SWF 2 – Hörspielsoiree* im Programm und sendete dort 150-minütige Stücke über Radio und Hörspiel in Indien und Großbritannien, *Die Platane am Ilissos* oder Ophüls legendäre Arthur-Schnitzler-Adaption *Berta Garlan*. Dann setze man bei S2 Kultur – von 1991 bis 1998 die gemeinsame Kulturwelle von SDR und SWF – auf den Schwerpunkt ›Retrospektive‹ und ›etablierte Autoren‹: zunächst Iván Mándy (1991), dann Peter O. Chotjewitz (1992). Chotjewitz gehörte zu jenen Hörspielautoren, die in den 1960er-Jahren zur Radiokunst stießen und auf politische Themen setzten. 1968 erregte er heftige Debatten mit seinem APO-Hörstück *Die Falle oder die Studenten sind nicht an allem schuld*; »der Erfolg der übrigen war eher mäßig« (CHOTJEWITZ 1992: 29). »Ich glaube«, so äußerte der 1934 geborene Autor dennoch ganz düster, »es gibt kein anderes literarisches Genre, das der Fantasie des Autors, dem Umgang mit Stimme, Sprache, Geräusch und Musik, dem dramaturgischen Spieltrieb und der Freude am Ausprobieren der technischen Möglichkeiten eines Hörspielstudios so viele Freiräume bietet wie dieses, und deshalb werde ich Hörspiele schreiben, solange die Herren der Funkhäuser dies gestatten. Ich werde selbst dann noch welche schreiben, wenn keiner mehr Hörspiele hören wird, denn ich schreibe ja auch Bücher, ohne zu wissen, ob sie jemals gelesen werden« (ebd.). Später folgten dann lange SDR-Retrospektiven zu Alfred Andersch (1992), Claude Ollier (1992), Inger Christensen (1993), Jürgen Becker (1993), Paavo Haavikkos (1993), Benno Meyer-Wehlack (1994), Heinrich Böll (1994), Hubert Fichte (1995), Friedrich Dürrenmatt (1996),

Heiner Müller (1997), das ›Programmereignis im Medienverbund‹ *alles was Brecht ist …* (1998) oder schließlich die *HörSpielPositionen*. Auch der NDR setzte auf Schwerpunkte und hob dem eigenen Haus besonders verbundene Regisseure heraus: Nach Helmut Käutner, Fritz Schröder-Jahn und Heinz Hostnig wurden Jörg Jannings (1990) und – er hatte an die 500 Hörspiele und Features realisiert – Hans Rosenhauer (1993) mit Retrospektiven gewürdigt; Radio Bremen ehrte 1994 Christa Reinig. Auch in den späten 1990er-Jahren wurde die Schwerpunktbildung nach Autoren fortgesetzt. »Immer wieder erreichen uns Hörerwünsche nach den legendären ›Maigret‹-Fällen«, stand Ende 1997 in den HR-Hörspielinformationen. Neun Crimetime-Termine am Samstag wurden deshalb für Georges Simenon und seinen *Kommissar Maigret* frei gemacht: Für den alten, 1961 vom Bayerischen Rundfunk mit Paul Dahlke produzierten (Hörspielbearbeitung: Gert Westphal) und für den 1996 neu adaptierten Klassiker. Der Renner dieser Jahre aber war wohl Orson Welles. Welles hatte 1938 als Regisseur Howard Kochs Hörspiel *War of the Worlds* (nach dem Roman von H.G. Wells) inszeniert – und mit seiner Radiofassung vermeintlich eine kurze Massenpanik ausgelöst (HAGEN 2005: 240ff.). Der Regisseur wurde über Nacht berühmt, wandte sich anderen Arbeiten wie der Produktion politischer Geschichten fürs Radio zu und schuf in den 1950er-Jahren dann *The Adventures of Harry Lime*. 1996 richtete der Bayerische Rundfunk erstmals eine Welles-Reihe ein, 1997 sendete der Hessische Rundfunk einen weiteren Schwerpunkt. Und nach dem rasanten Publikumserfolg folgte in Bayern sogar noch eine Fortsetzung.

KRIMI UND SCIENCE-FICTION

Neuorientierungen gab es auch bei den nicht-hochliterarischen Hörspielformen, die seit der Etablierung des hörerorientierteren dualen Systems immer wichtiger wurden. Kriminalspiele, die ja schon seit Durbridge traditionell Publikumsmagneten waren, gewannen einen neuen Stellenwert. Beim SDR etwa setzte man auf prominente Autoren, spannende und unterhaltende Stoffe, auf prominente Sprecher, große Kooperationen, abgestimmte Sendetermine, Hörspielreihen und die Weitervermarktung als Kassette oder CD. 1997 startete das SDR Hörspiel die sechsteilige Donna Leon-Reihe *Venezianisches Finale* (SDR, DLR, WDR 1997). »Wichtiger als alles andere war am Anfang des Hörspiels die Frage: Eignen sich die stark vom Erzählton geprägten, mehr als 300-seitigen Bücher tatsächlich als Hörspielvorlagen? Die Antwort fiel nicht schwer: Die Geschichten sind nicht nur spannend und spielen in reizvoller Umgebung, die sind auch überschaubar und haben gut gezeichnete Figuren« (ANONYM 1998: 6). Sprecher waren Hannelore Hoger und Michael König, SDR, DeutschlandRadio Berlin, S2 Kultur und WDR Radio 5 sendeten fast zeitgleich. Die Geräusche und Atmos hatte Regisseur Hans Gerd Krogmann eigens in Venedig aufgenommen. *Venezianisches Finale*, das erste Donna-Leon-Kriminalhörspiel erschien 1993 (in deutscher Übersetzung) als Buch, 1997 wurde die Geschichte als Hörspiel realisiert, dann als Hörbuch (2 Kassetten) publiziert und 2003 auch als Fernsehspiel ausgestrahlt. Frühe Vielmedialität.

Veränderungen auch andernorts. Bei den Science-Fiction-Stücken wagte man 1992 bei Radio Bremen einen großen Wurf. Fünfzehn Folgen lang, von Oktober bis Januar war wöchentlich eine neue Folge (mit einmaliger Wiederholung) von Friedrich Bestenreiners insgesamt vierstündigem philosophischen Hörspiel *Big Bang* (RB 1992) zu hören – in kleinen, 15 bis 30 Minuten langen Kurzspielen und nachmittags um 16.15 Uhr. Superlativ waren auch die anderen Daten der Produktion: eine der größten Produktionen in der Geschichte von Radio Bremen, 85 Mitwirkende und sogar eine neunzigminütige Fassung der Highlights wurde produziert. *Big Bang* erzählte eine ganz eigene Geschichte der Schöpfung und der Menschheit und übersprang alle Räume, Zeiten, Wahrscheinlichkeiten und Traditionen. Es war ernsthaft, sakral, literarisch und historisch, vor allem aber war es ironisch, profan, seriell und postmodern. Ein Spiel im Geist der Neunzigerjahre, und dennoch ein gelungener Versuch zur Belebung des Hörspiels. *Big Bang* bewältigte die Anpassung des Hörspiels an das fließende Programm und bewahrte den Ereignischarakter dieser akustischen Kunstform.

Gelegentlich wurden die Grenzen der tradierten Funkabteilungen Unterhaltung und Hörspiel bewusst überschritten. Harald Brandts Hörspiel *Worte des Meeres in den Wind geschrieben* (HR, DLF 1994) hatte die Unterhaltungsabteilung des HR initiiert und produziert. Erst durch die Beteiligung des Deutschlandfunks wurde das orientalisch fremde, hochtechnische und doch archaische Hörspiel über einen französischen Tauchrekord zum richtigen, aber doch schönen Hörspiel. Radio Bremen integrierte 1992 einen Teil seines Hörspielangebots in das vierstündige Sonntagsmagazin *Kranich 15/19*. Das Hörspiel wurde eng mit der kulturellen Berichterstattung, mit Lesung, Radioessay und Literaturjournal verbunden.

HÖRSPIELPREIS DER KRIEGSBLINDEN 3

Der ›Hörspielpreis der Kriegsblinden‹ oszillierte in den dualen Anfangsjahren zwischen Gegenwart und Vergangenheit, Unterhaltung und Kunst. Frühe Neue Hörspieler wurden spät geehrt (Gerhard Rühm 1984; Ludwig Harig 1987). 1988 errang eine ›Radio-Ballade‹, das Jazz-Hörspiel von Ror Wolf *Leben und Tod des Kornettisten Bix Beiderbecke aus Nordamerika* (SWF, HR, NDR, WDR 1987), den Preis – und knüpfte wieder an alte, nicht-normative Traditionen an. »Ich habe«, so Wolf, »über das Hörspiel nachgedacht und bin zu ganz merkwürdigen Ergebnissen gekommen: ich weiß wenig vom Hörspiel; fast nichts. Die Entwicklung der Gattung, die Hörspielgeschichte, ist mir nahezu unbekannt. Ich habe in meinem Leben allenfalls – und das ist eher zu hoch gegriffen – 30 Hörspiele gehört. Dennoch halte ich mich für eine Art Radio-Manen; für einen leidenschaftlichen Liebhaber des Radios. Und so unklar meine Kenntnisse vom Hörspiel auch sein mögen; meine Vorstellungen vom Radio sind sehr genau, sehr konkret, sehr differenziert [...] Ich versuche nichts anderes, als Radio-Sendungen herzustellen; Radio-Sendungen, wie ich sie mir vorstelle: Nächtliche Ereignisse, Radio-Collagen oder Radio-Balladen. Ich nehme meine Art zu schreiben, meine Art, mit Worten umzugehen, und verkopple sie mit meinen Vorstellungen vom Radio. Mehr nicht. Und in dieser Lage können mich Trends, Moden, neueste oder allerneueste Tendenzen überhaupt nicht beeindrucken. In seiner Rede zum ›Hörspielpreis der Kriegsblinden‹ sagt Günter Eich 1953: ›Ich bin froh, dass es für das Hörspiel noch keine Hamburgische Dramaturgie gibt, ich fühle mich in diesem archaischen Zustand, der Experimente weder fordert noch verbietet, recht wohl.‹ – Diese Feststellung, meine ich, gilt heute, 35 Jahre danach, noch immer. Ich fühle mich auch noch recht wohl. Ob dieses Gefühl vorhält, wird nicht allein von mir abhängen« (HDK: 155).

WENDEPUNKT 1989

Nach 1989 vergrößerte sich das ARD-Sendegebiet und die Zahl der ARD-Sender erhöhte sich. In Ostdeutschland wurden neue Sender und Hörspielredaktionen gegründet und die Tradition des realistisch-erzählenden parteilichen DDR-Hörspiels sowie des Nalepa-Sounds beendet. In Leipzig entstand der neue Sender Sachsenradio – und der würdigte zunächst gezielt den Leipziger Schriftsteller Erich Loest als Hörspielautor mit einer neunteiligen Retrospektive. Einige Sprecher, die seit den 1970er-Jahren in DDR-Hörspielen gesprochen hatten, traten spätestens nun bundesweit sehr deutlich hervor: Kurt Böwe, Angelika Domröse, Corinna Harfouch, Jutta Hoffmann, Jürgen Holtz, Dieter Mann und Hilmar Tate. Sachsenradio, später der Mitteldeutsche Rundfunk (MDR) und der Ostdeutsche Rundfunk (ORB) suchten einen eigenen, eher literaturnahen Weg zwischen ostdeutschem Nalepa-Sound und westlicher Acoustic-Art. Aufnahmen, die Karl-Heinz Schmidt-Lauzemis und Ralph Oehme vom Vereinigungsprozess gemacht hatten, belebten nochmals das O-Ton-Genre und brachten *Stille Helden siegen selten* (HR, Sachsenradio, SFB 1991) den Kriegsblindenpreis. Die Jury lobte das kunstvolle und groß angelegte Oral-History-Unternehmen, weil es die Sicht der unbekannten Zeitzeugen festhielt und deutend so montierte, dass diese Audioerzählung »weit über konventionelle Dokumentationen hinausging«. Und auch RIAS Berlin gewann (zum letztem Mal) einen Hörspielpreis mit dem Hörspiel *Die sehr merkwürdigen Jazzabenteuer des Herrn Lehmann*, das der Berliner Schauspieler, Stimmenimitator, Regieassistent und DEFA-Mitarbeiter Horst Giese bereits 1979 auf zwei Heimtonbandgeräten in Potsdam produziert hatte. Sämtliche 26 Rollen hatte Giese selbst übernommen. Doch schon nach der Preisentscheidung wurde der Realisator als IM geoutet, der ›Fall Giese‹ beschäftigte die Medien. Wenig später, Ende 1993, wurden die Hörspielabteilungen von DS Kultur und RIAS aufgelöst und zu DeutschlandRadio Berlin (DLRB) fusioniert. »Ein tägliches Hörspiel oder ein künstlerisches Feature« bot der neue Sender seinen Hörern. »Darüber hinaus« erhielten »Künstler in der Sendung ›DeutschlandRadio Werkstatt‹ die Möglichkeit für experimentelle Musik- und Hörspielproduktionen« (KUJAS 2000: 88).

Deutsch-deutsches sollte nach 1989 für einige Jahre im Programmalltag fast aller Sender ein wichtiges Thema werden. F. C. Delius beschäftigte sich kritisch mit dem neuen großen Deutschland (*Die Birnen von Ribbeck*, NDR, MDR 1992), MDR und BR kooperierten miteinander, es gab intensiven Programmaustausch und viele Deutschland-Reihen. Rainer Kunze oder Erich Loest schufen Hörspiele über Stasi-Verstrickungen. Fritz Rudolf Fries wurde 1996 für sein ›Hörspiel aus dem Geist der Musik‹ *Frauentags Ende oder Die Rückkehr nach Ubliaduh* (MDR 1995) mit dem Kriegsblindenpreis geehrt – und dann als IM Pedro Hagen enttarnt. Zur Hörspielgeschichte gehört (neben den akustischen und literarischen Strängen) auch die Geschichte der Musikhörspiele: Von Kästner über Eich, die Pophörspiele, H. Goebbels, R. Wolf bis zu Fries. Und die Bedeutung der Musik sollte – durchaus parallel zur nach 1985 zunehmend musikformatierten Radiolandschaft – vielfältig zunehmen (KRUG 2019a).

REFLEXIONSSTILLSTAND – ENTGRENZUNGEN

»Zu Beginn der Neunzigerjahre erweist sich die Gattung Hörspiel als höchst unübersichtliches Feld«, notierte Herbert Kapfer 1991 (S. 6). SFB-Hörspielchef Manfred Mixner registrierte ein »Schweigen übers Hörspiel« und beklagte, dass es noch nicht einmal mehr einen »Wettbewerb der dramaturgischen Trendsetter« (MIXNER 1991: 3) gebe.

Die Erforschung des eigenen Genres, die im Neuen Hörspiel (gerade auch in den akustischen Arbeiten Reinhard Döhls) eine große Bedeutung hatte, erlahmte im Verlauf der Neunzigerjahre; bis auf Monika Klostermeyers Reflexionen über das Hörspiel (HR 1998) blieb es selbst im Programm still; Hörspiele wurden gespielt, sie wurden aber nicht mehr diskutiert oder analysiert. Und in der Dramaturgie fast aller Sender achtete man auf Vielfalt: »Nach wie vor bemüht das HR-Hörspiel sich, alle Hörspielgenres anzubieten: vom abendfüllenden Dialog-Hörspiel bis zum radiophonen Experiment, vom Krimi am Sonntagabend bis zum

Kurzhörspiel am Nachmittag, vom Kinderhörspiel bis zu Funkadaptionen von Bühnenklassikern«, hieß es etwa 1997 in der Hörspielbroschüre.

Und dennoch hatte sich die Situation im Hörspiel vielerorts völlig verändert. »Aller Unkenrufe und aller voreiligen Todesmeldungen zum Trotz: Das Hörspiel ist auf dem Weg«, schrieb Karl Karst 1990. »Sein Feld der spielerischen Möglichkeiten mit Klängen und Geräuschen und Wörtern weitet sich aus, während sich seine finanziellen Kapazitäten verringern. ›Hörspiel ist eine offene Form‹, hieß es in Helmut Heißenbüttels ›Horoskop des Hörspiels‹, vorgetragen anlässlich der Internationalen Hörspieltagung in Frankfurt 1968: ›Alles ist möglich. Alles ist erlaubt. Das gilt auch für das Hörspiel‹. Heute, so scheint es, fragt niemand mehr danach, was ästhetisch erlaubt, was der Norm entsprechend ist. Erlaubt ist, im Sinne Heißenbüttels, was möglich ist. Das hörspielinterne Gespräch dieser Jahre handelt von anderen Fragen als von jenen der Ästhetik. Nicht mehr die Wahrung von Normen, von ideologischen Statuten, sondern die Überwindung von Barrieren scheint bedeutsam. Damit befindet sich das Hörspiel in Gesellschaft nahezu aller künstlerischen und selbst der politischen Bewegungen des ausgehenden 20. Jahrhunderts« (KARST 1990: 12f.).

Der Stellenwert des Hörspiels wurde vollständig umgedeutet und entgrenzt; es war nicht mehr primär literarisch orientiert, es war kein »Nachzügler« (Heißenbüttel), es war nicht mehr für Sprachkritik zuständig, sondern es war einfach innovativ, radioinnovativ: »Das Hörspiel ist das Labor des Rundfunks. Seine Produkte sind in allen Bereichen des Unternehmens wirksam: Werbespots leben von der Dramaturgie des Minihörspiels, Jingles beruhen auf akustischen Experimenten erfahrener Toningenieure, Trailer praktizieren härteste Schnitt-Techniken, und so weiter [...] Ein wenig beachtetes, aber wirkungsreiches Produkt des Hörspiellabors ist vergleichbar mit den Antikörpern innerhalb des menschlichen Organismus« (KARST 1993: 4).

DIE HERAUSLÖSUNG DER AKUSTISCHEN KUNST

Die strukturellen und konzeptionellen Veränderungen im Hörspiel spielten sich seit 1985 regional sehr unterschiedlich und eher im Stillen ab. 1991 wurde das neue Hörfunkprogramm WDR 5 gegründet und sämtliche Programme wurden neu strukturiert. Das Hörspiel erhielt einen neuen Sendeplatz. Hörspiele wurden nun am Tag nach der Erstausstrahlung regulär und kostenlos wiederholt. Die Hörer konnten ›weitaus flexibler‹ entscheiden. Ansonsten verpflichtete sich der WDR »der in Jahren erprobten Kontinuität eines pluralen, in Genres, Themen und Formen breit gefächerten Angebots der einzelnen originären Kunstformen, die das Radio hervorgebracht hat« (WDR 1992: 12). 1991 wurde in Köln die seit 1963 etablierte ›Akustische Kunst‹ aus der Hörspielabteilung herausgelöst und eigens ein ›Studio für Akustische Kunst‹ begründet, das sich ausschließlich dem eigenen Genre ›Ars Acustica‹ widmete: Von Kagel, der seine Hörspiele mit dem ›Ensemble Modern‹ auch live und vor Publikum aufführte (*Mare Nostrum* [1975] etwa beim Hamburger Musikfest 1992), über Goebbels bis Cage. Das ›Studio Akustische Kunst‹, gegründet von Klaus Schöning und seit 2001 von Markus Heuger geleitet, verfügt nach 30 Jahren über ein Repertoire von 1.000 Stücken und ist »die einzige im Radio in den letzten drei Jahrzehnten neu entstandene künstlerische Form mit eigener Redaktion und einem festen Sendeplan« (SCHÖNING 2001: 257).

DAS ORIGINALHÖRSPIEL

Während die Klang- und Audiokunst gerade auf Originäres zurückgreifen konnte und musste, war bei den Literaturhörspielen, Krimis oder Science-Fiction-Spielen die Zahl der originären Radiohörspiele seit geraumer Zeit schon im Abnehmen. Wenn populäre Hochliteraturautoren in den 1990er-Jahren noch Hörspiele präsentierten, dann waren das keine reinen und eigens für das Medium geschriebenen Radiogeschichten mehr, sondern zunehmend, ja fast ausschließlich, adaptierte Romane oder Theaterstücke. Das Hörspiel entwickelte sich ganz deutlich zu einem Element (und manchmal auch nur Etikett) einer abgestimmten multimedialen Verwertung: Buch, Film, Bühne, Hörspiel, CD – auch wenn die Verwertungskette nicht immer alle Medien einbezog. (Fast) reine Hörspielautoren wurden rar, vor allem (mit mehr als siebzig Hörspielen) Karl-Heinz Bölling, Adolf Schröder und Hubert Wiedfeld konzentrierten sich darauf, Hörspiele zu schreiben.

INNOVATIONSPOOL BAYERISCHER RUNDFUNK

Die profiliertesten Hörspiele kamen seit Ende der 1980er-Jahre aus dem Bayerischen Rundfunk. 1988 war das Münchner Hörspielprogramm neu gestaltet worden und deshalb waren hier auch die Stimmung und die Zuversicht über die Zukunft des Genres deutlich größer als in der Restrepublik. 1991 schrieb Hörspielchef Christoph Lindenmeyer von einer »Wiederentdeckung des Hörspiels« (LINDENMEYER 1991: 2), etablierte mit *Hörspielnotizen* das erste reine Hörspielmagazin und forcierte die Öffnung des Programms für neue Präsentationsformen. Unter Lindenmeyer und Herbert Kapfer (seit 1996 dann selbst BR-Hörspielchef) wurde wohl am ambitioniertesten und risikofreudigsten nach neuen Wegen gesucht, und in der Annäherung von Rock (Pop) und Literatur, Dadaismus und moderner Rock-Avantgarde, Radio und öffentlicher Präsentation wurden neue Perspektiven gefunden. ›Hörspiel in die Hitparade!‹ – das war Anfang der 1990er-Jahre die neue Münchner Strategie.

HÖRSPIELPOP

»Neue Impulse für eine alte Gattung, wo sind sie auszumachen?«, fragte Kapfer 1991 – und entwickelte fürs BR-Hörspiel eine neue Traditionslinie: »Ich halte mich an die Faustregel, wonach das Hörspiel, ohnehin ein ›literarischer Nachzügler‹ (Heißenbüttel) – schon immer neue Kraft aus der Musik schöpfte. Steps Across the border [...] Mit der CD steht dem Hörspiel endlich ein Tonträger zur Verfügung, der in optimaler Klangqualität das Anhören einer auch mehr als siebzig Minuten langen Produktion ohne Unterbrechung ermöglicht [...] An den Rändern der Pop-Kultur beziehungsweise in den Bereichen Avantgarde und Avantgarde-Pop sind seit den Achtzigerjahren verstärkt Produktionen entstanden, die dem öffentlich-rechtlichen Gegenwartshörspiel neue Impulse geben könnten: Fred Frith, John Cale, Lou Reed, Steve Reich, Allen Ginsberg, William S. Burroughs, Robert Ashley neben vielen anderen Gruppen in den akustischen Sparten Audioart, Grenzmusik, Soundpoetry« (KAPFER 1991: 7). Trotz der Pophörspielvorarbeiten in den 1970er-Jahren war die Neuaufnahme gerade im Kollegenumfeld schwierig: »Das war am Anfang schon so, dass das mit großer Skepsis aufgenommen wurde, auch von Kollegen. Ich kann mich noch an Sätze erinnern wie ›Ah, Pop, von einem Ohr rein, zum anderen Ohr raus‹, und Ähnliches. Aber als so Produktionen, gerade wie Ammer/Einheit große Erfolge hatten, da war das doch eher eine neue Marginalie, die wir da hörspielhistorisch dazugefügt hatten und war jetzt plötzlich Kanon« (KRUG 2003).

POP, LIVE, EVENT – DIE AMMER-HÖRSPIELE

Nach verschiedenen Anläufen mit *Orbis auditus* (BR 1990) oder *Radio Inferno* (BR, HR 1993) war es 1995 so weit: Andreas Ammer und FM Einheit erhielten für ihre live aufgeführte Radiooper *Apocalypse Live* (BR, Bayerisches Staatsschauspiel, MARSTALL 1994) den Kriegsblindenpreis (Juryvorsitzender 1996-2001: Uwe Kammann). Damit war ein gar nicht originär hörspielnaher Kunstansatz nun auch als Hörspiel anerkannt. »Ich habe nie versucht, mich mit irgendwelchen Hörspielaktivitäten der letzten vierzig Jahre zu vergleichen«, blickte Andreas Ammer zurück. »Sondern mir einfach nur die Frage gestellt, was ich selbst aus diesen beiden Lautsprechern hören möchte. Und dann gab es hier in München ja eine Hörspielabteilung, die sich ähnliche Gedanken gemacht hat, so dass man sich gemeinsam auf den Weg machte, das Hörspiel neu zu erfinden. Was auch funktioniert hat« (HÖRWELTEN 2001: 212) – und Folgen hatte: »›Inzwischen macht jede Hörspielredaktion in der ARD so etwas‹«, so Kapfer 2003. »›Der BR war damals stilbildend – sein Image profitiert davon bis heute‹« (FISCHER 2003).

Auch BR-Hörfunkdirektor Thomas Gruber war von den Innovationen aus seinem Haus begeistert: »Nie zuvor in der Rundfunkgeschichte hat die ARD so viel ins Hörspiel investiert, nie zuvor so viele Ursendungen pro Jahr ausgestrahlt [...] Wer die Arbeit von Hörspielabteilungen abtut als letzte Aufwallungen eines vor sich hindümpelnden Genres, hat die Entwicklungen heutiger Radio- und Medienkunst schlichtweg nicht zur Kenntnis genommen, kurz: dümpelt selbst in seinem bequemen Vorurteil vor sich hin. Wer den neuen Aufbruch des Gegenwartshörspiels ignoriert, den bestraft das Leben [...] Apocalypse live ist eine Produktion im multimedialen Sinn: Wer die Synergie potenter Partner sucht und pflegt, öffnet die künstlerische Produktion des Hörfunks auch für jene Kreativität, die außerhalb des Rundfunks anzutreffen ist.«

EIN HÖRSPIEL IST NICHT AUFS RADIO BESCHRÄNKT

In den 1990er-Jahren wurde die Entgrenzung des Hörspiels real, und die Unterschiede zwischen Ammers Hörspielen und früheren Hörspielkonzeptionen sind in der Tat evident: Damals ging es vor allem um ganze Texte und eine untergeordnete Akustik, Anfang der 1990er-Jahre ging es um Musik, nebengeordnete Texte und Multimedialität. Ammer erläuterte diese Umkehrung 1995 in seiner Dankesrede: »So, wie früher einmal Theaterstücke für das Hörspiel adaptiert wurden, gilt es heute, Hörspiele zu schreiben, die aus dem Medium heraus in der Welt ihren Platz finden, vielleicht auch auf Bühnen funktionieren können – und es gilt, Wege zu finden, die in der Produktion so aufwendigen Kunstgebilde ›Hörspiel‹ auch anders als nur in dem flüchtigen Medium der Ätherwellen und in den unzugänglichen Archiven der Rundfunkanstalten zu bewahren. Der Versuch, Apocalypse Live auf offener Bühne und ohne doppelten Boden zu produzieren, war auch so ein Versuch. Andere wären denkbar« (HDK: 199).

Doch der Erfolg von *Apocalypse Live* war überwältigend: Neben dem Kriegsblindenpreis gab es auch noch den Prix Futura, das Hörspiel wurde als CD bei Hörsturz Booksound aufgelegt und später auch in Leipzig, Salzburg, Bochum und Düsseldorf konzertant aufgeführt.

HÖRSPIEL – SCHAUSPIEL – FERNSEHSPIEL – NEUE MUSIK

Andreas Ammer und FM Einheit gestalteten Ende 1994 *Apocalypse Live* mit ernster sowie populärer Musik und interpretierten so die biblische Apokalypse nicht nur ganz modern. Sie gewannen den TV-Anchorstar Hanns-Joachim Friedrichs als Mitwirkenden, gingen erst gar nicht ins Funkhaus, sondern ins Münchner Marstall-Theater, und führten ihr Stück dort live auf. Ihr Hörspiel war ein nicht-radiogebundenes Ereignis. In der Folgezeit wurden auch andernorts neue Formen der Zusammenarbeit mit der (örtlichen) Kulturszene gesucht. Unter dem Motto ›Hörspiel wie vor 70 Jahren‹ lud der WDR 1994 das Publikum ins WDR-Funkhaus, um dort bei der Produktion und Ausstrahlung von Konrad Hansens Krimi *Mord zu vier Händen* dabei zu sein. Zwischen dem ›Theater am Turm‹ (TAT) in Frankfurt und dem Hessischen Rundfunk gab es eine literarische Zusammenarbeit (John Berger: *Ist es, ist es nicht?* HR 1996). Die Grenzen zwischen Radiokunst und Medienkunst, Theater und Hörfunk, Hörspiel und Neuer Musik sprengte 1996/97 der SWF: Im ›Theater am Turm‹ wurde im März 1996 Heiner Goebbels' Musiktheaterstück und Hommage auf Heiner Müller *Schwarz auf Weiß* uraufgeführt. Die Kritik schrieb von einem der wichtigsten Bühnenereignisse des Jahres – dann folgte das eigenständige Radiostück. Die ›Parabel über das Schreiben‹ (Goebbels) wurde gleich zwei Mal gesendet – einmal als Hörspiel und einmal als Abendkonzert (13. und 18.2.1997) – und passte doch jedes Mal. Denn *Schwarz auf Weiß* war kein traditionelles Hörspiel mehr. Goebbels berühmtestes Spiel *Die Befreiung des Prometheus* (1985) war noch eine musikalische Interpretation eines Müller-Stücks, in der ›Hommage‹ hingegen spielte das Wort kaum noch eine Rolle. Die Texte waren auf ein Minimum reduziert und doch war das Stück mehr als nur eine äußerst stilreiche neue Musik. Denn Goebbels hatte Worte und Geräusche zu integralen Teilen der Komposition gemacht und sogar den Pegelton für ein Müller-Interview rhythmisiert. Alles war Musik, nur Müller las. Das Ensemble Modern interpretierte die ›szenische Komposition‹; die kurzen Texte waren von Maurice Blanchot, Edgar Allan Poe und T.S. Eliot, und der 1995 verstorbene Heiner Müller war als Stimme (vom Tonband) vertreten. Basis des Radiostücks waren Aufzeichnungen aus dem ›Theater am Turm‹. Und nach dem Hörspiel folgten dann, die multimediale Verwertungskette war damit geschlossen, auch noch eine CD und eine Fernsehfassung auf ARTE (4.6., 21.40 Uhr).

DAS HÖRSPIEL IM FERNSEHEN

Auch andernorts wurde die Zusammenarbeit mit dem Fernsehen gesucht. Am 2. November 1996 konnte in der Retrospektive *play Dürrenmatt* erstmals eine Hörspielnacht im Fernsehen (auf dem Kultursender

3sat) gestaltet werden. Das Hörspiel, dem das Fernsehen einst die Hörer genommen hatte, trat nun erstmals im Fernsehen auf – als reines Hörspiel. Gespielt wurde ausschließlich Dürrenmatt: Während der Hörspielnacht lief auf dem Bildschirm lediglich ein altes, irgendwo im Dunkeln stehendes Tonbandgerät. Das Fernsehbild blieb starr, nur gelegentlich veränderte die Kamera ihre Einstellung. Bloß die Spulen waren beleuchtet – und sie drehten sich langsam und stetig. Das Fernsehen vermittelte die Illusion, Dürrenmatts Hörspiele aus den Fünfzigerjahren würden live in der eigenen Wohnung abgespielt, und es erinnerte so an frühe Hörsituationen. Alte und neue Technik, Ton und Bild wurden zusammengeführt und ermöglichten ein anderes Hörerlebnis: Hörspiel im Fernsehen. Das innovative TV-Hörspielspektakel mit gestandenen Geschichten endete am Samstagmorgen gegen 7 Uhr.

DAS HÖRSPIEL ALS PROGRAMM-EVENT

Daneben versuchte das Hörspiel selbst zum Event zu werden. Seit den 1990er-Jahren verzichtete man zunehmend darauf, Romane auf eine Hörspielsendung einzukürzen, die Radioproduktionen wurden länger und länger und näherten sich so zunehmend dem Umfang der Originaltexte. Drei-, vier-, sechsstündige Hörspiele wurden (ganz wie in den ersten Tagen des Rundfunks) produziert, doch zeitgemäß meist auf mehrere Sendetermine verteilt und mit großem Aufwand produziert. Nicht nur populäre literarische Romane wie Siegfried Lenz' *Deutschstunde* (WDR 1995, drei Folgen) oder *Bram Stokers Dracula* (WDR 1997, drei Folgen) wurden gesendet und erstmals in der Geschichte des Hörspiels auch mit großem PR-Aufwand unterstützt. Man setzte auf populäranspruchsvolle Inhalte und gelegentlich auch auf neue Sprechweisen. Es waren nun alltägliche oder am Film orientierte, aber nicht mehr theaternahe Sprechweisen. Der harte, künstlerisch-expressionistische Sprechsound der Hörspiele der 1950er-, 1960er- und noch der 1980er-Jahre verschwand nun endgültig. Keiner der Akteure von *Dracula* wollte noch Theater spielen. Lutz Herkenrath, Martin Reinke, Tommi Piper und Gottfried John sprachen oder besser lasen wie im Film. Als sei Rudolf Arnheims alte Beobachtung nun beim Hörspiel angekommen:

»Die Filmschauspielerstimme wird schon in viel höherem Grade als die Bühnenstimme auf intime Nahwirkung abgestimmt.« Die Helden sprachen unpathetisch – die (vollkommen unaufgearbeitete) Stimmenpolitik des Hörspiels veränderte sich. Es dürfte nicht zuletzt die Anpassung des Hörspiels an die ›Wellenfarbe‹ gewesen sein, die solch verdeckte, nur der akustischen Analyse zugänglichen Veränderungen hervorgerufen hat.

RADIOTAGE

Der erste große ›Radiotag‹ wurde vom Hessischen Rundfunk zum 50. Jahrestag von Stalingrad 1993 gestaltet. Drei Stunden lang wurde Material gesendet, das Walter Kempowski für sein Projekt *Echolot* gesammelt hatte und das zwischen dem 1. und dem 3. Februar 1943, den Tagen unmittelbar nach der Niederlage der Wehrmacht in Stalingrad, handelte. 106 Schauspieler (darunter Ulrich Wildgruber, Hannelore Hoger, Gert Hauke, Ernst Jacobi, Otto Sander und Hildegard Schmahl) sprachen die Texte in der opulenten, von Walter Adler realisierten Dokumentation. MDR, BR, HR und S2 Kultur strahlten das Ereignis aus und machten *Stalingrad* zu einem fast deutschlandweiten Event. 1994 gab es das akustische Porträt *Frankfurt – eine Stadt erinnert sich* (HR; Realisation: Florian Schwinn). Doch das waren nur Vorstufen: Zum 50. Jahrestag des Kriegsendes sendeten am 7. Mai 1995 HR, BR, NDR und SWF Kempowskis 16-stündige Ton-Collage *Der Krieg geht zu Ende*. »Es erforderte ein zehnminütiges Gespräch, und die Entscheidung war gefallen: Wir senden einen ganzen Tag, wir machen sechzehn Stunden Hörspiel!«, so berichtete Initiator Buggert später. »Die Reaktion des Publikums gab allen an der Entscheidung Beteiligten Recht. Von Stunde zu Stunde wuchs die Betroffenheit. Man gratulierte dem Radio dazu, dass es einen Tag lang anders war, als das Radio üblicherweise ist« (KRUG 2003). Natürlich gab es die 766 Minuten noch 1995 als Hörbuch (98 DM), eine Neuauflage 2005 und dann etwa eine Wiederholung des Radiotages in Episoden (SWR-Fassung) 2020 auf SWR2.

Doch die Radiotage setzten nicht nur auf Erzählendes, Inhaltliches. Akustisch angelegt war die erste Sounddreamnight (1997), die der Klangkünstler Andres Bosshard sowie seine Mitarbeiter Peter Szely und Christof Cargnelli gestalteten. Von 23 Uhr am Samstagabend bis 7 Uhr am Sonntagmorgen dauerte die achtstündige Live-Übertragung aus dem Kasseler Kellertheater ›Burma‹ und wurde vom Hessischen Rundfunk, DeutschlandRadio Berlin und Radio Bremen live übertragen. Was die 27 Besucher vor Ort erlebten, konnten Radiohörer also in ganz Deutschland zeitgleich mitverfolgen. Die ambitionierte Sendung bestand ausschließlich aus einer künstlerisch anspruchsvollen Sound-Mischung und wollte eine akustische Begleitung des Schlafes leisten. Nebenbeihören ohne Nachrichten und ganz anders: »Betten Sie sich im Klang mit eingeschaltetem Radio« (23 Uhr) oder »Schlafen Sie gut bei leise eingeschaltetem Radio« (5 Uhr) lauteten die Anweisungen an die Hörer. Meeresrauschen, Musikphrasen, Hundegebell, Zuggeräusche, Stimmen, Schritte oder (bis zum Enervieren) Vogelgezwitscher wechselten einander ab und begannen immer wieder neu. Es gab eine komponierte Umwelt mit stetig veränderten Lautkombinationen als nächtlichen Klangteppich; akustische Kunst, traumnah, traumhaft. Laut um Mitternacht und morgens, gedämpfter in den Nachtstunden. Später folgten (nur) im Hessischen Rundfunk, der solche Tagesprojekte zu seinem Markenzeichen machte, weitere aufwendige Radiotage. Die 16-stündige – schon damals weitgehend im Privatstudio produzierte – ›Klangskulptur‹ *Ein Tag in Europa* (28.2.1999) von Helmut Kopetzky wollte »den gesamten europäischen Kontinent hörbar machen«. 2000 erhielt ein Radiotag hohe Hörspielweihen: Geers und Kurtz erhielten für ihre knapp 16-stündige Collage aus Originaltönen und Alltagserzählungen *Unter dem Gras darüber. Erinnerungen an 100 Jahre Deutschland* (HR 1999) den – Mitte der 1990er-Jahre von der ARD mit jährlich 30.000 DM unterstützten (LINDENMEYER 1995: 32) – ›Hörspielpreis der Kriegsblinden‹. »Ein uferloses Thema verlangt einen uferlosen Sendeprozess«, so Buggert. Er nahm Hörschwierigkeiten nicht nur in Kauf. »Der Radiotag muss an die Grenze der Überforderung gehen« – und die Hörer schrieben: »Wir wollen überfordert werden.« Das Spiel löste einen erheblichen ›Erzähldruck‹ aus, aufgefangen durch eine eigens eingerichtete E-Mail-Adresse und ein vierköpfiges Hörertelefon. Und nach der Sendung gab es die 100 Jahre gleich auch als Buch und CD im

Buchhandel. Dann dokumentierte man die Klänge der hessischen Stadt Fulda (*Ein Tag in der Stadt*, 25.3.2001). Erst Jahre später, am 8. Januar 2012, richtete SWR2 wieder einen Radiotag ein. Diesmal galt er *Ulysses*, dem Roman von James Joyce (SWR, DLF). Die CD-Ausgabe wurde beim Deutschen Hörbuchpreis in Köln zum ›Hörspiel des Jahres‹ 2013 und in Frankfurt am Main zum ›Hörbuch des Jahres‹ gekürt.

HÖRSPIELBOOM

Diese hervorgehobenen Produktionen waren mit dafür verantwortlich, dass seit Mitte der 1990er-Jahre wieder von einer ›neuen Aufbruchstimmung‹ im Hörspiel gesprochen wurde. »Neue Konzepte in der Hörspiellandschaft, mehr Öffentlichkeit, die Suche nach offenen, unorthodoxen Spielformen und ungewohnten Sendeplätzen brachte dem Hörspiel im Berichtsjahr größere Akzeptanz und neue, vor allem jüngere Hörer«, vermeldete das *ARD-Jahrbuch 1995* (ARD 1995: 232). »Das Hörspiel lebt«, verkündete S2 Kultur im ›Editorial‹ seines Hörspielheftes, »ist gesund, voller Ideen und Tatendrang. Und es wird wahrgenommen von den Adressaten« (ANONYM 1995: 3). »Das Hörspiel erlebt eine Renaissance« oder »Das Hörspiel boomt« meldete dann im Mai 1999 die WDR-Hauszeitschrift *WDR print*. Beim Bayerischen Rundfunk entdeckte man just einen neuen, ganz besonderen, hochinteressierten Zuhörertyp. »Was das Publikum betrifft, nützt es nichts, den angeblich goldenen Radiotagen knapp hinter der Jahrhundertmitte nachzuweinen und die historischen noch nicht quotenunterfütterten Straßenfegergeschichten aufzuwärmen: das Hörspiel erreicht Publikumsgruppen, die nicht nur als Hörer oder als Zuhörer, sondern als Intensiv-Zuhörer (›Intensivnutzer‹) bezeichnet werden können. Der Nutzungsgrad dieser Publikumsgruppen hat immerhin eine Dimension erreicht, die in den Neunzigerjahren kommerzielle Interessen berührt und einen neuen Markt hervorgebracht hat: das Audio Book oder die Hörspiel-CD erreichen Verkaufszahlen, die sich gerade in Zeiten blockierten Wachstums sehen lassen können« (KAPFER 1997: 2). Und im Hessischen Rundfunk ortete man eine »wachsende Hörspielcommunity« (HESS 2003: 12).

Alle ARD-Anstalten hatten auch in den 1990er-Jahren eigene Hörspielredaktionen von unterschiedlicher Größe, kein ARD-Sender verzichtete auf das Hörspiel.

Die Hörspielabteilung des Bayerischen Rundfunks wurde 1996 in ›Hörspiel und Medienkunst‹ umbenannt. Pro Halbjahr wurden 150 Hörspiele ausgestrahlt. Die bereits in den 1990er-Jahren begonnene (Wieder-)Entdeckung radiogemäßer Autoren wurde fortgesetzt. Carl Einstein, Richard Huelsenbeck, Ernst Kreuder, Cees Nooteboom, W.G. Sebald und andere wurden als Hörspiel eingerichtet, dann setzte man auf die große literarische Form. 1998 wurde Arno Schmidt, der seit den 1950er-Jahren zwar viel fürs Radio geschrieben hatte, aber kein Hörspielautor war, in München fürs Hörspiel entdeckt. Klaus Buhlert richtete den Kurzroman *Nobodaddy's Kinder* (BR 1998) aus den 1950er-Jahren ein, Ulrich Wildgruber übernahm die Rolle des Erzählers – und zeitgleich mit der Ursendung erschien auch eine vierteilige CD-Edition. Dann wurden die literarischen Großprojekte (gemeinsam mit dem Hörverlag) noch umfangreicher: 69 Gigabyte oder zehn Stunden Hörzeit umfasste »die größte literarische Hörspielproduktion in der Geschichte des Bayerischen Rundfunks« (Pressetext), das Thomas-Mann-Hörspiel *Der Zauberberg* (2000; Regie: Ulrich Lampen). Die Poptradition wurde fortgeführt, 1996 wurde mit Hartmut Geerkens *no point* (BR, 25./26.10.) das erste interaktive Live-Hörspiel gesendet. Das Spiel über den Musiker und Poeten Sun Ra (1914-1993) wurde live im Marstall-Theater aufgeführt, von Bayern2Radio (20.30 Uhr) urgesendet und parallel dazu auch noch im Internet verbreitet. Alles passierte (fast) gleichzeitig in mehreren Medien. Auch die Reaktionen der Welthörer, die über E-Mail und ›Internet Relay Chat‹ mit der Bühne in München Kontakt aufnehmen konnten, wurden umgehend ins Hörspiel eingebaut. »Erstmals«, so kündigte der BR das ›Kommunikationsereignis‹ an, »schließt sich ein weltweiter interaktiver Kreislauf zwischen Bühne, Radio und Internet«.

Das umfangreichste Hörspielangebot produzierte seit Jahren der Westdeutsche Rundfunk (1998: 30.040 Minuten, 1,2 Prozent des Gesamtprogramms; Leitung: Paul Schultes [bis 1990], Johann M. Kamps

[1991] und Wolfgang Schiffer [1992-2011]). Anfang der 1980er-Jahre gingen Kriegsblindenpreise an WDR-Produktionen aus dem Umfeld des Neuen Hörspiels (Rühm, 1984; Harig, 1987), dann folgten Jacobi (1989) und Eberhard Petschinka mit dem Hörwestern *Rafael Sanchez erzählt: Spiel mir das Lied vom Tod*, 1998). Eine besondere Bedeutung gewannen unterhaltsam-anspruchsvolle und vor allem erzählende Großproduktionen in den 1990er-Jahren. *Mein wunderbares Schattenspiel* etwa von Peter Steinbach und Peter Busch (WDR 1995; Regie: Holger Rink) – eine sechsteilige Kinogeschichte (in der Tradition von Edgar Reitz' TV-Serie *Heimat*), eigens für den Funk geschrieben und von Laien, Schulklassen, Mundartschauspielern und Darstellern aus der Offszene gesprochen. Die Akustische Kunst hatte – eine Kölner Besonderheit – ausgeprägte Sendeplätze im Programm. Als erste Jugendwelle sendete 1Live abends Hörspiele – etwa das Pop-Brecht-Hörspiel *Talking exile* (WDR 1998) von Edgar Lipski.

DeutschlandRadio Berlin (Hörspielleitung: Götz Naleppa [1994-1996]; Stefanie Hoster [seit 1997]) entstand 1994 durch den Zusammenschluss von RIAS und DS Kultur als nationaler Sender. Die alte RIAS-Hörspieltradition endete quasi mit dem Kriegsblindenpreis für Horst Giese und *Die sehr merkwürdigen Jazzabenteuer des Herrn Lehmann* (RIAS, Autorenproduktion 1991), auch die junge deutsch-deutsche Neuorientierung des Hörspiels bei DS Kultur (Leitung 1991-1994: Hans Bräunlich) konnte sich nicht weiterentwickeln. Dafür etablierte sich DeutschlandRadio Berlin als einer der (quantitativ) wichtigsten Hörspielanbieter (1998: 15.300 Min., 2,8 Prozent des Gesamtprogramms). »Gerda Hollunder hat als Gründungsprogrammdirektorin dafür gesorgt, dass DLRB ein Hörspiel- und Feature-betontes Programm geworden ist. Diese radiophone Vielfalt« schrieb Hoster 2004, »sucht man bei anderen Sendern mit Kulturanspruch inzwischen leider oft vergebens«. Nach einer Programmreform 1995 setzte man auf Nachmittagssoaps und Vorabendhörspiele. Das »Hörspiel im ›Vorabend-Programm‹ und die Orientierung auf erzählende Stücke« führten, so Hollunder, zu »überraschend guten Marktanteilen«. Sogar am Nachmittag sendete man zeitweilig eine Radiosoap. »Großes Aufsehen haben wir erregt mit zwei mehrwöchigen Folgen einer täglichen ›Livesoap‹ zum Mitspielen. Das war pfiffig, aber auch teuer und auch aus anderen Gründen nicht als ständige Programmbeigabe sinnvoll. Damit haben wir ebenfalls Jüngere ›erwischt‹ und solche, die nicht schon ›Kultur-Radio-Hörer‹ waren. Wie viele von ihnen bei unserem Programm geblieben sind, wissen wir leider nicht« (HOLLUNDER 2003: 6).

Der Deutschlandfunk beschränkte sich vor allem auf das Senden von Hörspielen – obwohl mit Jürgen Becker (1974-1993) ein profilierter Neuer Hörspieler die Abteilung leitete. 1994 wurde der Deutschlandfunk Teil von DeutschlandRadio, Elisabeth Panknin übernahm dann die Leitung. Ein wesentlicher Programmbestandteil (1998: 8.854 Min., 1,6 Prozent) waren die von einer unabhängigen Jury im Namen der Frankfurter Akademie der Darstellenden Künste prämierten ›Hörspiele des Monats‹ und dann des ›Hörspiele des Jahres‹. 1996 machte der DLF mit einer Ursendung von Heiner Müllers *Germania 3* Furore; 1998 wurden Brechts zwischen 1926 und 1927 geschriebene Gedichte *Aus dem Lesebuch für Städtebewohner* erstmals als unorthodoxes musikalisch-lyrisches Radiospiel eingerichtet.

Radio Bremen 2 wurde 1992 aus einem Vollprogramm in ein Kulturprogramm umgewandelt – eine Besonderheit war das geballte, vierstündige Literatur-, Essay- und Hörspielangebot *Kranich 15/19* am Sonntagnachmittag. Der Hörspielanteil lag 1998 bei 0,5 Prozent (11.417 Min.). Mitte der 1990er-Jahre versuchte Radio Bremen (Hörspielleiter war Rüdiger Kremer) Hörspielevents für den Nachmittag zu produzieren, *Big Bang* von Friedrich Bestenreiner oder *Singapore Sling* (von Angela Gerrits; RB, MDR, SWR 1996; Regie: Hans Helge Ott), ein 13-teiliges, beinahe pikareskes ›Hörspielabenteuer‹ über die verwegenen und amourösen Erlebnisse einer jungen Bremer Kaufmannstochter um 1910.

Der NDR war in der Hörspielszene seit Borchert, Eich und Schwitzke legendär. Von 1971 bis 1988 leitete mit Heinz Hostnig ein Neuer Hörspieler das Hamburger Hörspiel, es folgten Monika Klostermeyer (1988-1994) – ihr verdanke ich eine Hospitation bei Jörg Jannings (KRUG 1991a: 23) sowie die risikobereite Ermöglichung der Sendung *Bloß mal wieder arbeiten. Werkstatt zur Geschichte des Weimarer Arbeitslosenhörspiels* (NDR 1992) – und dann Marion Fiedler (1994-2000) in einer Zeit, in der erstmals versucht wurde, die wortorientierte Kulturwelle NDR 3 zur formatierten Klassikwelle umzubauen. Während 1988 noch 12.095 Minuten Hörspiel gesendet wurden (0,9 Prozent des Gesamtprogramms), waren es 1998 nur noch 8.840 Minuten (0,1 Prozent). Der große NDR, 1988 unter den drei größten Hörspielanbietern, wurde auf dem Gebiet ›Hörspiel‹ beinahe Schlusslicht – und ließ sich sein Hörspiel dennoch immer noch rund 1,5 Millionen DM kosten. Aufsehen konnte man etwa durch Jan Philipp Reemtsmas Stück *Im Keller* (1998) erringen.

Der SDR pflegte auch in den dualen Radiozeiten in ungebrochener Form das literarische Hörspiel zwischen Martin Walser und Ingomar von Kieseritzky (*Compagnons und Concurrenten oder Die wahren Künste*; SDR, DLRB 1996). 1998 wurden SDR und SWF zum Südwestrundfunk (SWR) fusioniert, die Stuttgarter Hörspiellinie endete. 1998 gab es im SDR-Programm noch 0,6 Prozent oder 26.817 Minuten Hörspiel.

Beim SWF (Leitung seit 1965: Hermann Naber) lag ein besonderer Schwerpunkt bei den Gegenwartsautoren – und hier erreichte man einige Erfolge. Ror Wolf (*Bix Beiderbecke*, 1987; Regie: Heinz Hostnig), Werner Fritsch (*Sense*, 1992), Christian Geissler (*Unser Boot nach Bir Ould Brini*, 1993; Regie: Hermann Naber) gewannen den Kriegsblindenpreis. Der SWF spezialisierte sich auf unterhaltende Adaptionen (Tolkien, Gaarder, Hoeg) und hatte die große Reihe ›Retrospektive‹ im Programm. Dort wurde (an etwa zehn Sendeterminen) das Hörspielwerk bedeutender Autoren vorgestellt. Daneben widmeten der SWF und Naber der akustischen Kunst rund um den Karl-Sczuka-Preis ihre besondere Aufmerksamkeit

1990 nahm Sachsenradio den Sendebetrieb auf; 1992 folgte der neugegründete Mitteldeutsche Rundfunk (MDR) – und beinahe wäre es ein Sender ohne Hörspiele geworden. Das Hörspiel (1998: 36.012 Min. 0,9 Prozent; Leitung seit 1992: Matthias Thalheim) setzte vor allem auf Literatur und deutsche Autoren wie Bertolt Brecht (mit einem großen Schwerpunkt zum 100. Geburtstag 1998), Erich Loest, Einar Schleef, Rolf Schneider und Franz Fühmann. Loest hatte 1975 als fast Fünfzigjähriger sein erstes ›Hörspiel‹ (*Dienstfahrt eines Lektors*; Regie: Horst Liepach) für den Rundfunk der DDR geschrieben und war dann für bundesdeutsche Sender (HR, WDR) als Hörspielautor mit nun auch bundesdeutschen Themen tätig. Nach 1989 ging Loest nach Leipzig zurück, schrieb für Sachsenradio und den MDR und kehrte mit den Hörspielen *Ein Freund weniger* oder *Sondern erlöse uns von dem Bösen* zu den alten und neuen Stasizeiten zurück. 1995 richtete man in Leipzig 14 Hörspielabende mit Günter-Eich-Spielen ein.

Der Hessische Rundfunk (1998: 14.051 Minuten Hörspiel, 0,7 Prozent) überraschte immer wieder durch unorthodoxe und herausragende Projekte (Hörspielleiter seit 1976: Christoph Buggert). Autoren wie Peter Kurzeck oder Wilhelm Genazino, Essayisten wie John Berger wurden fürs Hörspiel entdeckt. Karl Karst erzählte in einer eindrucksvollen Schule des Hörens spielerisch und lehrreich, ambitioniert und populär alles über *Das Ohr* (18.6.1997) und das Hören, Jürgen Geers realisierte O-Ton-Collagen, und sogar eine 15-stündige Neufassung von Homers *Odyssee* entstand in Frankfurt (Autor und Regisseur: Christoph Martin). 1984 hatte das HR-Hörspiel 222 Sendetermine, 1992 waren es 247. »Gut 170 Hörspielsendungen sind von Juli bis Dezember 1997 vorgesehen – mit ungefähr gleichem Anteil auf den Programmwellen HR1 und HR2 verteilt«, hielt die Hörspielbroschüre fest. 1999 wurde – nach nahezu 50 Jahren – das Hörspiel von der Welle HR1, die zum informationsdominierten Spartenprogramm formatiert wurde, genommen und alle Hörspieltermine auf die hörerärmere Kulturwelle HR2 verlagert. Der Originalton wurde in Frankfurt besonders gepflegt, 1992 etwa gab es einen ganzen Radiokultursommer mit O-Ton-Hörspielen. Der Radiotag *Der Krieg geht zu Ende* (1995) wurde zu einem fast deutschlandweiten Event.

Beim Saarländischen Rundfunk (1998: 4.320 Minuten, 0,3 Prozent; Leitung: Robert Karge [1986-2003]) setzte man auf französische und moderne Literatur. Swetlana Alexijewitschs *Gespräche mit Lebenden und Toten* (SR, NDR, SFB-ORB, WDR 1999 und ›Hörspiel des Jahres‹) war so eine Saarbrücker Entdeckung und handelte vom Leben und Sterben nach Tschernobyl.

Beim 1991 neu gegründeten Ostdeutschen Rundfunk Brandenburg setzte man gern auf Gesellschaftskritisches, seit 1997 gab es die gemeinsame Kulturwelle ›Radiokultur‹ von ORB und SFB. Der Hörspielanteil im ORB-Programm lag 1998 bei 11.865 Minuten (0,3 Prozent). Der SFB-Hörspielchef war von 1987 bis 2002 Manfred Mixner, er richtete 1995 die Audioartreihe ›Internationale Radiokunst‹ ein. »Unser Begriff von Radiokunst«, so Mixner, »ist ein ganz pragmatischer: was immer sich als akustische Zeitkunst oder Raumkunst, als Klangkunst oder telematische Kunst im Radio vermitteln lässt, das ist Gegenstand unserer Sendereihe Internationale Radiokunst. Wir verstehen uns nicht als hehren Musentempel für die hohe Kunst, wir wollen schlicht informieren: die akustische Kunst, die in dieser Zeit in den verschiedenen Regionen dieser Welt entsteht, wollen wir in Beispielen unseren Hörern vorstellen, in Anthologie-Sendungen oder als Einzelwerke«. Doch den Kriegsblindenpreis erhielt der SFB 1998 (es gab 4.320 Minuten oder 0,3 Prozent Hörspiel) für das Musik-Wort-Spiel *Die graue staubige Straße: Der Komponist Dimitrij Schostakowitsch* von Jlona Jeismann und Peter Avar.

KINDERHÖRSPIEL

Das Kinderhörspiel wurde in den 1990er-Jahren ein (eigenständiger) Teil des Hörspiels – und gelangte nun auch in die Hörspielbroschüren der Sender. Die Geschichte des Verhältnisses von Kinderhörspiel und Hörspiel ist noch unaufgearbeitet. Der HR hatte das Kinderhörspiel (Kaleidoskop) früh integriert, 1991 nahm der WDR – nach zahlreichen Höreranfragen und von der Redaktionsgruppe ›Kinder und Jugend‹ betreut – den monatlichen Hörspieltermin für Kinder (Lilipuz) ins Programm und ins Heft. Die Hörspiele dauerten 30 bis 55 Minuten, waren kindgerecht mit den Möglichkeiten der Radiofonie und stammten von Autoren wie Janosch, Henning Venske oder Michael Ende. 1993 folgte ›Bonbon‹ (WDR 4) für ›Kinder im Vor- und frühen Grundschulalter‹. 1997 teilte die NDR-Hörspielbroschüre den »lieben Hörspielfreunden« erstmals mit, dass man fortan »einen kompletten Überblick über alle Kinderhörspiele im NDR« ins Heft nehmen werde. Das Angebot für Kinder wurde in die Hörspielbroschüren der Sender integriert, und auch die Kinderredaktionen versuchten nun intensiv, durch aufwendigere Experimente und neue Kooperationen die Kinder wieder ans Radio zu binden. Beim NDR etwa sprachen Heidi Kabel, Ernst H. Hilbich und Ilja Richter im Jahre 2000 Jörgpeter Ahlers' Hörspiel *Zwei Ameisen reisen nach Australien*, und nach der Sendung gab es das Hörspiel auch als Musikkassette der ›Deutschen Grammophon‹. Der Olympiakrimi *Der letzte Schneeball trifft* aus den Kinderhörspielredaktionen von NDR, WDR und Radio Bremen wurde 2002 sogar zuerst in großer Auflage der Kinderzeitschrift *GEOlino* beigelegt und erst dann urgesendet. Das Kinderhörspiel, die anspruchsvolle Kinderkunst aus dem öffentlich-rechtlichen Radio, emanzipierte sich doppelt von seiner Herkunft. Deutschlandfunk Kultur sendet im Jahr 2020 Kinderhörspiele in der Reihe ›Kakadu‹ (So., 8.05 Uhr), bei NDR Info heißt der Sendeplatz ›Mikado‹ (So., 14.05 Uhr). Eine neuere Produktion ist etwa Thilo Refferts *Der Fußballgott* (DLR 2019), aber auch *Der Sängerkrieg der Heidehasen* (BR 1952), das legendäre Hörspiel von James Krüss, wird weiterhin wiederholt.

REGISSEURE UND SPRECHER DES DUALEN ZEITALTERS

»Häufig erfüllen die Text-Vorlagen zwar literarische Kriterien, nicht jedoch akustische. Erst die Umwandlung ins Akustische [...] macht aus dem Libretto ein Hörspiel [...] Ein Skript braucht Leser, keine Hörer [...] Hörspieltexte sind ebenso autonom wie ihre akustischen Realisationen«, beschrieb 2013 der Regisseur Götz Fritsch (FRITSCH 2013: 57). Als Regisseure profilierten sich spätestens im ›dualen Hörspiel‹ Walter Adler, Andreas Ammer, Klaus Buhlert (er erhielt u. a. für die Produktion des Hörspiels *Hotels* [mit Raoul Schrott] 1995 die Auszeichnung ›Hörspiel des Jahres‹), Ulrich Gerhardt (er realisierte mit Jan Philipp Reemtsmas *Im Keller* [NDR 1995] das ›Hörspiel des Jahres‹), Ulrich Lampen, Wolfgang Rindfleisch, Holger Rink und Norbert Schaeffer. Bei den Sprechern – ihre Beteiligung an den Hörspielen und ihre Bedeutung für den Sound sind noch immer Desiderata – waren die jüngeren, nicht mehr nur am Theater spielenden Schauspieler auf dem Vormarsch: Corinna Harfouch, Donata Höffer, Leslie Malton, Dieter Mann, Sunnyi Melles, Ulrich Mühe, Udo Samel u. v. a. Aber auch Will Quadflieg oder Marianne Hoppe sprachen noch im Hörspiel.

COMPUTER UND ERSTE DIGITALISIERUNGEN

Mitte der Achtzigerjahre hielt der Computer Einzug in die Studios. Digitale Produktionsmethoden wurden die bisher letzte technologische Innovation und setzten (auf Dauer) »eine Zäsur ohnegleichen« (BURCKHARDT 1994: 238). Eines der frühesten Hörspiele, das in einem digitalen Audio-Computer-Studio mit den für die Popmusikproduktion üblichen technischen Möglichkeiten erstellt wurde, dürfte Ronald Steckels *Das China-Projekt* (SFB, SWF, WDR 1985) gewesen sein. Als erstes digitales Hörspiel kann die Großproduktion *Herr der Ringe* gelten: »Für den Herrn der Ringe wurde erstmals ein Aufnahmeverfahren verwendet, mit dem die Technik direkt per Computer (Direct-to-disc) speichern, schneiden und mischen konnte. Eine enorme Erleichterung für die Toningenieure und Cutter, die nun jederzeit auf alle Elemente der Produktion Zugriff hatten. Keine Schere, keine ›Senkel‹ (d. h. Tonbänder), keine Bandmaschinen, kein lästiges Spulen mehr! Stattdessen: Bildschirm und Keyboard im digitalen ›Tapeless-Studio‹! Zusätzlich zur vereinfachten Handhabung wurde auch die Aufnahmequalität im Vergleich zu den Hörspielen früherer Generationen auffällig verbessert« (WDR 5). Und auch die Zahl der Sprecher explodierte: 60 Haupt- und 35 Nebenrollen, 13 Stunden Sendezeit, vier Technikteams. Die Digitalisierung wurde innerhalb der ARD unterschiedlich schnell durchgeführt. 1996 erhielt der BR ein neues digitales Hörspielstudio, das HR-Hörspiel erhielt Mitte 2001 eine volldigitalisierte Studiotechnik – und versprach den Hörern eine noch bessere Tonqualität. Deutschlandradio folgte noch später.

Doch nicht nur ARD-Hörspielstudios produzierten digital. Die neue Technik machte erstmals auch Produktionsverlagerungen in private Studios oder gar auf den heimischen Computer möglich. Das Produktionsmittel ›Studio‹ wurde demokratisiert, weil jeder Interessent (in Teilen) die günstige Produktionstechnik bekommen und die Software auf seinen Computer laden konnte. Die Hörspiele konnten – wie von der O-Ton-Bewegung einst antizipiert – außerhalb der öffentlich-rechtlichen Sender in privaten Firmen produziert, im Radio gesendet und außerdem als CD vermarktet werden – prinzipiell wenigstens. Dieser Auslagerungslogik folgte bereits 1995 etwa Peter Steinbachs und Peter Buschs fünfteilige Serie *Mein wunderbares Schattenspiel* (WDR), die vollständig außerhalb des WDR realisiert wurde. Statt eines Manuskripts wurde dem Sender gleich die sendefertige Produktion übergeben. Auch meine akustische Hörspielgeschichte *Ätherdramen* wurde in einem Privatstudio produziert.

Einige Hörspielredaktionen versuchten Mitte der 1990er-Jahre, das Hörspiel auch in den neuen Medien, vor allem im Internet zu etablieren. Noch, freilich, waren die Internetleitungen langsam, störungsanfällig und vor allem teuer. Der Download einer fünfminütigen Audiodatei dauerte etwa eine halbe Stunde und kostete die entsprechenden Gebühren, Radiohören und Hörspielhören übers Internet waren also ökonomisch unsinnig. Ökonomisch zu teuer war auch das Digitale Satelliten Radio (DSR), das seit 1989 den Empfang von etwa 16 Kultur- und Newsprogrammen (und damit auch – ohne regionale Grenzen – von Hörspielen) ermöglichte, sich aber nie (Empfangsgeräte kosteten zwischen 3.500 und 5.500 DM) etablieren konnte. Ostern 1995 startete der SDR als absolutes Novum die Kurzkrimi- und Science-Fiction-Reihe *Codewort Larissa 42*, die übers Internet und das Computernetz ›RadioNet‹ von den Nutzern gestaltet wurde. »Das Themenspektrum, das Genre, wird nicht festgelegt [...] Vorgeschlagen werden können Story-Ideen, Szenen und Dialoge. Alle können alles lesen, diskutieren, redigieren, verändern und verbessern. Zusammen mit der Redaktion wird eine Schlussfassung der Texte erstellt. Produziert wird kurzfristig, nötigenfalls erst am Tag der Sendung. Über die Netze können neben Manuskripten auch Ton- und Musikdateien von Usern angeboten werden.« Gesendet wurden die interaktiven Hörspiele auf SDR 3, nicht auf der Kulturwelle, und zuständig für die einzelnen Sendungen waren Hörspiel, Regie, Schulfunk und EDV. Abgerundet wurde die Live-Interaktion durch diverse themenbezogene Internetlinks.

DAS ERSTE INTERAKTIVE LIVE-HÖRSPIEL IM INTERNET

1996 wurde mit Hartmut Geerkens *no point* das erste interaktive Live-Hörspiel gesendet. Das Spiel über den Musiker und Poeten Sun Ra (1914-1993) wurde live im Münchner Marstall-Theater aufgeführt, von Bayern2Radio (20.30 Uhr) urgesendet und parallel dazu auch noch im Internet verbreitet. Doch war das Produkt überhaupt noch ein Hörspiel? 1999 richtete der SWR die Daueradresse swr2.de/audiohyperspace – Hör-Spiele im Internet – ein, um einen Überblick über ›RadioArt online‹ zu bieten. »Mit dem Internet hat sich den Medien und der Medienkunst ein neuer elektroakustischer Raum eröffnet. Das Audio-Angebot dort ist gigantisch und kaum zu überblicken. Seit den frühen Audio-Übertragungsversuchen im Web, Mitte der 1990er-Jahre, sind nicht nur Softwares […] benutzerfreundlicher geworden. Auch die Klangqualität wird kontinuierlich verfeinert.«

GETRENNTE WELTEN: KLANGKUNST UND ERZÄHLHÖRSPIEL

»Der Problematik im Verhältnis zwischen dem traditionellen literarischen Hörspiel und dem neuen Schallspiel vor allem im Hinblick auf die sehr unterschiedlichen Hörerinteressen waren und sind sich die meisten Hörspieldramaturgien im deutschen Sprachraum bewusst, Konsequenzen aus der zunehmenden Distanz zwischen diesen beiden radiophonen Künsten haben außer dem WDR nur wenige gezogen«, schrieb der ehemalige SFB-Hörspielchef Manfred Mixner 2002. »Klaus Schöning schuf sich im WDR seine eigene, vom Hörspiel losgelöste Abteilung, einen eigenen Sendeplatz des ›Studios für Akustische Kunst‹.« 1995 richtete der SFB als erster Sender eine eigene Sendereihe für Internationale digitale Radiokunst, dann Internationale Radiokunst (2006 endgütig eingestellt) und eine Klanggalerie ein. Inzwischen hat auch der SWR innerhalb des Hörspiels seinen eigenen Klangkunstsendeplatz ›Ars Acustica‹ und sieht sich in einer breiten Tradition: »In den letzten Jahrzehnten hat sich im Zeichen der Ars Acustica eine international weitverzweigte Szene herangebildet, deren Wurzeln ebenso im Neuen Hörspiel liegen wie in der akustischen Ökologie, der intermedialen Performance oder der elektroakustischen, improvisatorischen und aus konkreten Geräuschen entwickelten Musik.« Deutschlandradio Kultur hat einen eigenen Sendeplatz ›Klangkunst‹. Audiokunst war also im Radio eine regionale, ja großstädtische Kunst.

Um Radiokunst und Acoustic-Art-Hörspiele war es allerdings schon in den 1990er-Jahren ziemlich leise geworden, der Nachwuchs fehlte. Akustische Kunst war zwar in einigen ARD-Programmen im Angebot – der renommierte Karl-Sczuka-Preis, der ›Prix Ars Acustica‹ (WDR) oder der neue ›Deutsche Klangkunstpreis‹ (seit 2002) führten noch immer zu einiger Aufmerksamkeit im Radioprogramm – und doch waren etwa beim Sczuka-Preis die alten Männer als Preisträger sehr stark vertreten: Pierre Henry (Jg. 1928), Barry Bermange (Jg. 1933), Franz Mon (Jg. 1926), Mauricio Kagel (Jg. 1931) und R. Murray Schafer (geb. 1933). Das akustische Genre schien ein Terrain der Vor-1968er-Generation geblieben zu sein. Ansonsten stand sehr Unterschiedliches nebeneinander. Interessant waren Projekte wie *Der Riese schläft*, ein Klangspaziergang durch die Völklinger Eisenhütte (SR 1996), oder die Komposition *Einmal Herne und zurück* über die Klanglandschaft Ruhrgebiet (WDR 1998). Einen Seitenstrang zwischen Hörspiel und Acoustic Art bildeten die Spiele von Ronald Steckel, die Religion und Hörspiel, Östliches und Westliches, O-Ton und Soundscape durchaus neu verbanden. 1997 startete Karl Karst beim Hessischen Rundfunk das aufregende Projekt *Das Ohr*, eine akustische und zeitgemäße Geschichte des Hörens und Zuhörens. Das Spektrum des Akustischen war also viel breiter als einige Preise erahnen ließen und es beinhaltete O-Töne, Musik, Geräusche und Klänge. Es reichte von Alfred Behrens Aufsehen erregendem Versuch, Geräusche aus dem Inneren des Körpers festzuhalten (*Der Körper. Der Schmerz*, HR 1994), über die Frankfurter Radiotage, Bill Fontanas ›Klanginstallationen‹ bis zu Mauricio Kagels (digitalem) Radiostück für Glocken (*Nah und fern*, WDR 1994) und gelegentlichen Internetexperimenten.

Der konzeptionelle Bedeutungsverlust der akustischen Künste in der Hörspielszene bewog viele Akustikkünstler, verstärkt auch außerhalb des Hörfunks tätig zu werden. »Die akustischen Kunstformen werden sich stärker vom Radio emanzipieren müssen«, prognostizierte Monika Klostermeyer schon 1998 – und hier tat sich in den letzten Jahren einiges. Die akustische Kunst wurde als ›Live Electronic Performance‹ oder ›Sound Performance‹ etwa im Hamburger ›Spritzenhaus‹ gepflegt, in der Regel fern von allen öffentlich-rechtlichen Hörspielsendeplätzen. Fragen des Hörens widmete sich die Kölner ›Schule des Hörens‹ – und sie versuchte mit Projekten wie ›HEARing‹ oder dem Soundfestival ›Blind Date‹, neue Anhänger für Klangkunst/Kunstklänge, Soundscapes, Radiospiele, Mediaart, Ars Acustica, Musique concrète zu finden. Der SFB richtete eine ›Klanggalerie‹ ein und die Berliner Akademie der Künste schmückte sich zu ihrer 300-Jahresfeier mit ›sonambiente‹, einem ›festival für hören und sehen‹ (1996). Theater wie das Frankfurter TAT – 1995 durfte ich in dem legänderen Theater den Bericht der Jury ›Hörspiel des Jahres‹ vortragen – oder das Münchner Marstall öffneten sich akustischen Projekten. Doch auch bei all diesen Nicht-Radio-Projekten blieb ein zentrales Problem: Wie kann man die Hörer erreichen? So war es kein Zufall, dass der NDR 1997 zwar eine DJ-Fassung einiger Hörspiele von Eich, Andersch oder Steckel im Hamburger Mojo Club auf der Reeperbahn in »entspannter« (NDR) und vor allem rauchgeschwängerter Atmosphäre aufführte, diese Produktion aber nie das NDR-Radioprogramm erreichte. 1997 zur ›Documenta X‹ öffnete der Hessische Rundfunk erstmals »das Medium Radio für Strukturüberlegungen und Wirklichkeitserfahrungen zeitgenössischer Künstler« – und bot Lilian Zaremba, Lothar Baumgarten, Carsten Nicolai oder Marko Peljhan die Möglichkeit »eine nach ihren Vorstellungen entwickelte Radiosendung [zu] gestalten« (ANONYM 1997: 11). Anders als die Worthörspiele sind die Klangkunstwerke in der Regel ohne Text und deshalb (prinzipiell) nicht mehr national gebunden, sondern international anschlussfähig.

GEMEINSAM HÖREN

Die öffentliche Präsentation von Hörspielen, die ja eigentlich für den intimen, privaten Gebrauch bestimmt waren und sich für Schwitzke noch jedem gemeinsamen Genuss entzogen, nahm in den 1990er-Jahren explosionsartig zu. Der *Tagesspiegel* berichtete 1999: »Gemeinsam Radio hören ist wieder groß in Mode« (BUSCHE 1999) – aber es war nicht das gemeinsame Hören in der Familie und im Wohnzimmer gemeint. Fast alle Hörspielabteilungen boten seit den 1980er-Jahren öffentliche Hörspielvorführungen als neue Form der Öffentlichkeitsarbeit an (KARST 1981). Der NDR etwa startete am 18. November 1984 im Hamburger ›Abaton‹-Kino mit Jürg Laederachs *Hotel der grauen Schmerzen* (STOLTENBERG 1988: 5) seine Hörspielmatinée. Am 20. Juni 1999 gab es die 65. Veranstaltung, im Februar 2004 wurde das 20-jährige Jubiläum mit Thomas Bernhards *Elisabeth II.* und Helmut Berger als Matinee-Gast gefeiert – dann lief das Projekt aus. Andere Sender gingen in das Berliner ›Hackesche HörTheater‹ (DLR) und dann in den ›frannz-Club/Kulturbrauerei‹, ins ›Planetarium am Insulaner‹ (›Hörspielkino unterm Sternenhimmel‹, ORB), ins Zeiss-Großplanetarium (›Hörspiel unterm Sternenzelt‹ oder ›Schräger Sternenklang‹ [DLR]), ins ›theater der keller‹ (DLF) oder kooperierten ›mit Institutionen Nordrhein-Westfalens‹

(WDR). Der Saarländische Rundfunk lud zur ›HÖRperspektive‹ in die Saarbrücker Bar ›central‹, der WDR war im Theater Oberhausen, in der Kulturfabrik ›Zikkurat‹ oder in der Buchhandlung im Kölner Hauptbahnhof. Sogar die Bonner ›Bundeszentrale für politische Bildung‹ richtete die Veranstaltungsreihe ›Denkmal Hörspiel‹ ein und spielte nicht nur im Berliner ›Haus des Rundfunks‹ Radiokunst. Auch der Friedrichstadtpalast, das Kreuzberger Rathaus und der Flughafen Tempelhof standen auf dem Programm. Seit 2004 veranstaltet die unabhängige Initiative ›Audiofunken‹ im Weimarer Park an der Ilm und direkt neben Goethe, Herder und Schiller Open-Air-Hörspielfestivals, 2005 zum Thema ›Revolutionen im Hörspiel & revolutionäre Hörspiele‹. Fertige Hörspiele wurden hier gespielt und diskutiert, aber nicht – wie in einigen Theatern oder Klubs – produziert. Sogar in der U-Bahn konnten Hörspiele gehört werden, und seit 2003 gibt es auch – Erinnerungen an Eichs Hamburger Träume-Sendung werden wach – das ›Hörspiel-Telefon 089-5900-4141‹. Hörer können hier ihre Meinungen, Wünsche und Ideen auf Band sprechen. Die schönsten Äußerungen werden in *hör!spiel!art.mix* (BR) vorgestellt.

HEINER MÜLLER

Mitte der 1990er-Jahre war der DDR- und BRD-Autor Heiner Müller einer der meistgespielten Hörspielautoren (ohne originäre Hörspiele). Der Rundfunk, so notierte Müller 1992 zurückblickend, »war mir freundlich gesinnt und half immer wieder mit Hörspielaufträgen (›Der schnellste Weg zu Geld zu kommen‹)«. Seit 1967 durfte Müller auch im bundesdeutschen Radio inszenieren, doch erst durch Heiner Goebbels rockmusikalische Einrichtungen der Texte *Die Befreiung des Prometheus* (1985) und *Wolokolamsker Chaussee* (1989) wurde Müller richtig populär. Nach 1989 gab es noch einmal eine kleine ostdeutsche und vor allem nachholende Hausse: Müllers (vom Radio) unentdeckte Werke *Die Hamletmaschine* (1990), *Mauser* (1992) und *Mommsens Block* (DS Kultur, HR 1993; Regie: Jörg Jannings) wurden vom Funkhaus Berlin und von DS Kultur inszeniert. Dann blieben neue Texte und Neuinszenierungen aus. Müller starb 1995, 1996 gelang es dem Deutschlandfunk, Müllers letztes Stück *Germania 3* noch vor den Theateruraufführungen im Schauspielhaus Bochum, dem Berliner Ensemble, dem Wiener Burgtheater und dem Hamburger Schauspielhaus (ur-)aufzuführen. Das Stück über Stalingrad und Vertreibung, ›weiße Flecken‹ der deutschen Geschichte und die frühe DDR ist eine Art Geistergeschichte mit Kriemhild und Hitler, Hölderlin, Kleist und Stalin. Doch das Hörspiel hat (Regie führte Ulrich Gerhardt) nur einen Sprecher. Ulrich Mühe ist Stalin und Hitler, Arbeiter und Soldat, Deutscher und Russe, Hinterbliebener und Funktionär, Mann und Frau. Es gibt kaum Musik (wie einst bei Goebbels), keine gespielten Szenen, keine Geräusche, keine Story, sondern eine ungewöhnliche und fast minimalistische Art von Lesung. Der HR sah in Müller den »international wohl renommiertesten deutschen Dramatiker seit Brecht« (ANONYM 1996: 10) und richtete deshalb den achtteiligen Schwerpunkt *Heiner Müller im Radio* ein; 1997 folgte der SWF mit *Hörvarianten Heiner Müller*.

DER MANGEL AN ORIGINÄREM

Eigenständig, originär für den Hörfunk geschriebene Hörspiele hingegen wurden rar, Autoren knapp und hörspieleigene Erzählungen kaum noch entwickelt. »Die Zeiten, wo eine Ingeborg Bachmann zunächst durch ihre Hörspiele berühmt wurde, sind leider vorbei«, formulierte Sibylle Becker-Grüll schon 1999 (STÄHR 1999). Im Jahre 2002 fasste Christoph Buggert, der dauerhaft, innovativ und leise das bundesdeutsche Hörspiel begleitet und geprägt hatte (acht Kriegsblindenpreis-Träger dankten ihm im Laufe der Jahrzehnte für seine ›Betreuung‹), ein kurzes Resümee: »Ich verlasse das Hörspiel zu einem Zeitpunkt, da vieles im Umbruch ist. Beklagenswert finde ich, dass es kaum noch Hörspielautoren gibt. Vorherrschend werden immer mehr die Literaturbearbeitungen, und es ist unzweifelhaft, dass viele sehr schön sind – vielleicht stellt es sich als eine der wesentlichen Funktionen des Hörspiels heraus, in einer Zeit, in der immer weniger gelesen wird, ein Publikum an Belletristik heranzuführen. Auf der anderen Seite bindet sich das Hörspiel stark intermedial ein, es arbeitet vor allem mit der Musik, aber auch mit bildenden Künsten zusammen« (BUGGERT 2002). Und Ekkehard

Skoruppa fand, dass »man den Eindruck haben (kann), dass für junge Autoren das Hörspiel nicht mehr die Relevanz hat, wie es vielleicht mal in den Fünfziger-, Sechzigerjahren gewesen ist. Da war es ja auch ein ganz großer ökonomischer Faktor für die Autoren. Ich habe mit vielen jüngeren Autoren zu tun und ich denke, die drängen wirklich mehr in die Verlage und auf den Buchmarkt. Das, was zwischen zwei Buchdeckeln steht, ist ihnen – glaube ich – wichtiger und bedeutender als das, was an zwei Ohren gerät« (SKORUPPA 2003).

Doch das Fehlen von Originalhörspielen, das Angewiesensein auf Verlagsprodukte hatte für die Hörspielproduzenten auch unmittelbare, vor allem finanzielle Nachteile. »Als Kostentreiber für Kulturprogramme im Radio«, so berichtete Ralf Mielke 2004 in der *Berliner Zeitung*, »erweisen sich laut Deutschlandradio Programmdirektor Günter Müchler zunehmend die Verlage. Lizenz- und andere Gebühren seien teilweise so hoch, dass etwa Hörspiele nur noch einmal ausgestrahlt werden könnten«. Es gab deshalb auch Versuche, das Hörspielschreiben zu popularisieren. Seit 2004 veranstaltet der NDR mit dem Deutschen Literaturfonds den Hörspielwettbewerb ›Ganz Ohr‹ für Nachwuchsautoren.

Seit Ende der 1990er-Jahre betrat schon wieder eine neue Generation von Regisseuren die Hörspielbühne: Andrea Getto, Walter Filz, Ulrike Haage, Leonhard Koppelmann, René Pollesch, Christoph Schlingensief, Alexander Schuhmann, Oliver Sturm – wobei die Grenzen zwischen Regisseur und Autor, Theater und Hörspiel schon fließend geworden waren. Und zu den bevorzugten – nicht immer neuen – Hörspielstimmen gehörten (es fehlt hier vollständig an empirischen Daten) nun etwa Rufus Beck, Christian Brückner, Peter Fricke, Rolf Hoppe, Nina Kronjäger, Ulrike Krumbiegel, Hermann Lause, Dieter Mann, Sophie Rois und Manfred Zapatka. Doch neben die Auswahl nach Aspekten der Stimmenqualität traten nun auch deutlich andere, stimmenfremde Gesichtspunkte. Bedingt durch die zusätzliche CD-Auswertung über den Hörspielmarkt deutete sich bei der Sprecherauswahl eine neue Tendenz an: »Der Markt für Kaufprodukte wird [...] mitbedacht – wofür wohl auch die Neigung steht, mehr und mehr die ohnehin bekannte TV-Prominenz mit Sprecheraufträgen zu bedenken. Rufus Beck ist derzeit dabei, Christian Brückner den Rang des Überbeschäftigten streitig zu machen« (LILIENTHAL 2004).

PARADIGMENWECHSEL 1999: CD VOR RADIO

Mehr als 70 Jahre wurden Hörspiele vom Radio produziert und vom Radio urgesendet, später gab es dann unter Umständen auch Kassetten- oder CD-Ausgaben, aber das blieb immer die Ausnahme. Ende der 1990er-Jahre war es damit vorbei, 1999 gab es einen Paradigmenwechsel. Mit dem Hörspiel *Mephisto* (BR, MDR 1999) nach Klaus Manns gleichnamigen Roman um den raschen Aufstieg des Schauspielers Hendrik Höfgen wurde das Verhältnis zwischen Radio und Markt erstmals umgedreht: Bereits mehr als einen Monat vor der Ursendung am 26. April 1999 war die BR-/MDR-Produktion als Audio Book im Hörverlag erschienen. Das Radio folgte dem Markt. Später sollten CDs vor allem ambitionierter Produktionen immer wieder bereits einen Monat bis vierzehn Tage vor der Ursendung im Buchhandel sein.

6. DIGITALE ENTGRENZUNGEN (1999-2020)

6.1 PARADIGMENWANDEL: HÖRBUCH FIRST

Die Digitalisierung des Radios und des Hörspiels begann bereits Anfang der 1990er-Jahre, sie begann eher im Stillen und betraf zunächst vor allem die Herstellung der Hörspiele. Erstmals konnte in der Hörspielproduktion auf Bänder, Schneidemaschinen und Klebebänder verzichtet werden. Das Hörspielmaterial lag nun auf zentralen Rechnern, es war als Waveform- oder Hüllkurvendarstellung sogar grafisch sichtbar, und konnte dort frei bearbeitet werden. »Für die Audiokünstler und Komponisten, die es gelernt hatten, mit dem analogen Aufzeichnungssystem der Mehrspurtechnik kompositorisch umzugehen, war der Schritt in die virtuelle Realität des digitalen Schriftsystems ebenso einfach wie folgenreich. Das eingeladene akustische Material ist jederzeit abrufbar und an jeder beliebigen Stelle kann es einzeln und gleichzeitig mit anderen Elementen kompositorisch verbunden werden. Sichtbar und entzifferbar wird der akustische Vorgang gleichzeitig auf dem Monitor. Audiovisuelle Korrespondenz von zwei Schriftsystemen, verfügbar für die kompositorische Arbeit im Studio. Dieses Speicher-System, verbunden mit einer Vielzahl von miteinander auf dem Mischpult vernetzten elektro-akustischen Instrumenten, Klangerzeugern und Klangumwandlern, stellt ein ebenso gigantisches wie in seiner Spielbreite flexibles Orchester dar« (SCHÖNING 2001: 255).

Eines der ersten digitalen Studios war das Studio 7 des Westdeutschen Rundfunks. »Die Revolution findet in den Technikräumen statt«, schrieb WDR-Toningenieur Benedict Bitzenhofer begeistert. »Hier kann man in gewohnter Weise Hörspiele produzieren und gleichzeitig seine ungeahnten technischen Möglichkeiten zu Experimenten geradezu herausfordern« (BITZENHOFER 1994: 5). Es war zunächst nur eine Insel in einer noch analogen Welt – und ein Festhalten an dem zentralen Produktionsmittel ›Studio‹. Die »gleiche Summe [hätte] ausgereicht, bis zu zweihundertfünfzig arbeitsfähige, volldigitale Workstations einzurichten« (BURCKHARDT 1994: 242).

Die Digitalisierung der Produktion veränderte auch die Hörspieldramaturgien und führte endgültig weg vom alten alleinigen Schwerpunkt ›Text‹. Heiner Goebbels hatte es schon vorgemacht. Die digitalen Techniken ermöglichten es erstmals, Musik, Geräusche, Klang, also traditionellen Hintergrund (außerhalb der Audioart), stärker in den Vordergrund zu setzen, zu samplen und dadurch die Geschichten schneller, opulenter und weniger traditionell erzählend zu realisieren. Nicht zufällig sind die ersten digital produzierten Hörspiele Fantasyhörspiele und (mehr oder weniger) Musikhörspiele. 1992 produzierte der SWF den Tolkien-Roman *Der Herr der Ringe* und ließ von Peter Zwetkoff die Musik schreiben. »Worte werden durch ihn mit Tönen so eingekleidet«, lobte ein Pressetext die neue Dramaturgie, »dass sie sogar deutlicher wahrgenommen werden als ohne [...] Regisseur Bernd Lau drückte es so aus, dass die Musik Stimmung und Bilder zugleich erzeugen muss«. 1994 realisierte der WDR im neuen Digitalhörfunkstudio 7 mit der *Phil-Perfect*-Reihe erste digitale Pop-Kurz-Hörstücke und baute Musik erzählend in die Strips ein. Das erste »komplett mit Digitaltechnik« (HU 1994: 5) produzierte Radiomusical war David Zane Mairowitz' *Diktatorweib* (WDR 1994), ein Hörspiel, dessen musikalische Bandbreite von der Oper über Pop, Schnulze, Rock 'n' Roll bis zum Rap reichte.

Aber das waren erst die Anfänge. Bald sollten die Hörspiele länger und länger werden und sich immer stärker auf Adaptionen konzentrieren. 1999 produzierte der WDR eine 560-Minuten-Hörspielfassung von Ken Folletts 1.150-Seiten-Schmöker *Die Säulen der Erde* (Bearbeitung und Regie: L. Koppelmann) und entführte ins England des 11. Jahrhunderts. Neben Günter Lamprecht und Elisabeth Volkmann, Gisela Trowe, Nina Hoger und Christian Redl sprachen 60 weitere Sprecher; Henrik Albrecht schuf eine eigene Hörspielmusik, das 120-köpfige WDR-Rundfunkorchester lieferte die Musik und für die digitale Produktion nutzte man 50 Spuren. Es war eine der teuersten Hörspielproduktionen – ein Event. Der Achtteiler war bereits präzise für den boomenden Hörbuchmarkt konzipiert, wurde bis 2007 42.000 Mal verkauft und setzte außergewöhnlich stark auf die Musik. »Meines Wissens ist es das erste Mal, dass bei einem Hörspiel ein so großer Aufwand für die Musik betrieben wurde«, erklärte Dirigent Andreas Hempel. »Den Vergleich mit großen filmischen Vorbildern«, so Koppelmann, brauche man »nicht [zu] scheuen«. Es waren die Jahre, in denen sich das Hörspiel als ›Kino im Kopf‹ neu labeln ließ – und sich selbst zu labeln begann (SCHNURR 2003). 2004 wurde Ludovico Ariostos 324-minütiges Hörspiel *Orlando Furioso* (Bearbeitung und Regie: L. Koppelmann) eingespielt – mit dem WDR-Rundfunkorchester Köln. »Eine Hörspielproduktion der Superlative« warb *WDR print*; 2005 folgte T.C. Boyles *Wassermusik* als NDR/Hörverlag-Produktion (Bearbeitung und Regie: L. Koppelmann), die Komposition stammte von Henrik Albrecht, die Musik lieferten die NDR-Radiophilharmonie und die NDR Big Band. Die Quantitäten stiegen und man begann, sich gar mit Hollywood zu vergleichen: »Die Messlatte«, erläuterte Bearbeiter und Regisseur Walter Adler seine »opulente« Orientzyklusrealisierung (WDR 2007), »hängt – seit Hollywood den Sound als dem Bild gleichwertig erkannt hat – sehr, sehr hoch« (KEIM 2007: 8). Das neue musikalische Konzept hieß Braaam (KRUG 2019a).

Dass die Digitalisierung mehr verändern würde als die technischen Produktionsbedingungen und die Ästhetiken, wurde so richtig erst um die Jahrtausendwende deutlich. »Die politischen, gesellschaftlichen, kulturellen und zivilisatorischen Konsequenzen der Digitalisierbarkeit sind mit dem Begriff einer Revolution zutreffend umschrieben«, befand Kapfer 2001 (KAPFER 2001: 315). Die Idee freilich, ein öffentlich-rechtliches Kunstmanagement einzurichten, das über multimediale

Kompetenz und über koordinierte Sendeplätze in den Medien ›Hörfunk‹, ›Fernsehen‹ und ›Internet‹ verfügen sollte, blieb noch utopisch. Und auch die – im digitalen Zeitalter technisch leicht mögliche – Einrichtung eines senderübergreifenden Hörspielkanals ist – außerhalb der ICEs – nur eine Anregung geblieben.

HÖRSPIEL UND HÖRBUCH

Das flüchtige Radioprodukt ›Hörspiel‹ konnte seit den 1980er-Jahren durch die neue Form ›Hörbuch‹ ›entflüchtigt‹ werden. Es war nun deutlich als Werk erkennbar und konnte käuflich erworben werden. Öffentlich-rechtliche Hörspiele bildeten von Anfang an einen erheblichen Teil der Hörbuchangebote, doch die Verlage begannen rasch, auch eigene Produktionen zu verkaufen. Lesungen von Romanen etwa. Einige lagen nun doppelt vor: als Lesung und als Hörspiel. Und zumindest die Zahlen scheinen eindeutig: Die Lesefassung von *Der Hundertjährige, der aus dem Fenster stieg und verschwand* mit Otto Sander als Vorleser wurde 420.000 Mal verkauft, die Hörspielfassung des Hessischen Rundfunks aus dem Jahre 2013 (Bearbeiter: Heinz Sommer; Regie: Koppelmann) kam auf 16.000 verkaufte Exemplare (KAMMANN 2018).

Aber Hörspiel und Hörbuch sind nicht identisch. BR-Hörspielchef Herbert Kapfer sah sich deshalb 2008 zu einer Klarstellung genötigt: »Hörbuch und Hörspiel [sind] in ihrer Ästhetik keinesfalls gleichzusetzen. Vielmehr zeigt sich der Formenreichtum der Radio- und Hörspielkunst in seiner Gänze immer noch und exklusiv in den öffentlich-rechtlichen Kulturprogrammen. Der Hörbuchmarkt kann die dort über Jahrzehnte gepflegte und geförderte Vielfalt ästhetischer Entwicklungen kaum in seiner Vielfalt widerspiegeln, allenfalls über Einzelveröffentlichungen exemplarisch Eindrücke von den Möglichkeiten historischer und aktueller audiokünstlerischer Möglichkeiten vermitteln. Zu aufwendig sind Herstellung und Rechteerwerb, als zu riskant, auch unökonomisch erscheint häufig die Veröffentlichung großer radiokünstlerischer Werke. So erklärt sich, weshalb beispielsweise nicht einmal alle mit dem ›Hörspielpreis der Kriegsblinden‹ ausgezeichneten Produktionen als Hörbuch vorliegen« (KAPFER 2008a: 4).

2003 wurde in Köln der ›Deutsche Hörbuchpreis‹ gegründet; prämiert wurden nun die zum Hörbuch gewordenen Radioproduktionen und die Produktionen der Verlage. »Mit dem ›Deutschen Hörbuchpreis‹«, so hielt der WDR-Geschäftsbericht 2007 fest, »etablierte der WDR gemeinsam mit seinen Partnern ein unabhängiges nationales Gütesiegel«. 2013 wurde dann auch die Kategorie ›Bestes Hörspiel‹ eingeführt. Das Preisgeld liegt bei 3.333 Euro. Ausgezeichnet wurden etwa Hörbücher mit Texten von James Joyce (*Ulysses*, 2013), Juli Zeh (*Unterleuten*, 2018) und Annie Ernaux (*Die Jahre*, 2020). Alles Adaptionen.

Das Hörbuch entflüchtigte also nicht nur das Hörspiel, es lieferte ihm auch neue, nicht mehr nur arteigene Standards.

HÖRSPIELDRAMATURGIE – DIGITAL

Traditionell hatten Hörspielleiter – so etwa Eugen Kurt Fischer 1964 in seinem Hörspielbuch – vor allem programmorientierte Aufgaben: »Da ist zunächst die Zahl der Hörspielsendungen, im Jahr, im Monat, in der Woche, dann ihre Platzierung im Tagesprogramm, die durchschnittliche Dauer einer Sendung und die Gewichtsverteilung zwischen den verschiedenen Hörspieltypen, die unterschiedlichen Hörerwartungen entsprechen und dennoch im Schnitt einen Planungswillen verraten sollen, auch wenn man sich in den Funkhäusern klar darüber ist, dass kein Hörer vom Gesamtangebot an Spielen Gebrauch machen kann. Der Planungswille ist vor allem gerichtet auf literarische Qualität quer durch die Schwierigkeitsgrade, auf Berücksichtigung der wichtigsten Erscheinungsformen der literarischen Entwicklung, ferner auf ein gewisses Maß von Aktualität der ausgewählten Stoffe oder Sujets« (FISCHER 1964: 231).

Spätestens seit den Jahren des Neuen Hörspiels erweiterte sich der zunächst vor allem literarische Aufgabenbereich, es kamen Komponisten, Musiker, bildende Künstler und Filmemacher hinzu. In den 1990er-Jahren lösten die digitalisierten Informationstechnologien weitere, bisherige Medien- und Genrestrukturen aufweichende Veränderungen aus. Jetzt ging es nicht mehr nur ums »Hörspiel«, jetzt ging es um »Sounds like Hörspiel« (KAPFER 2017). Aus der Hörspielabteilung wurde in München die Abteilung ›Hörspiel und Medienkunst‹ – und das »professionelle Selbstverständnis wandelte und veränderte sich von einer Hörspieldramaturgie hin zu einem interdisziplinären künstlerischen Produktionsmanagement [...] Die Weiterentwicklung ästhetischer Prozesse sollte Vorrang haben vor normativer Produktorientierung« (KAPFER 2006: 8). Fortan wurden in München gerade intermediale Konzeptionen vertreten. Das Hörspiel sollte nicht mehr nur Endpunkt der Produktion sein, es sollte ein Ausgangspunkt nicht mediengebundener Aktivitäten werden. Live-Hörspiele, Sounds-like-Hörspiele, Remakes und anderes begründeten zudem eine andere Radiodramaturgie, sehr frühe Kooperationen mit Musikverlagen taten ein Weiteres.

Welche vielfältigen Partner seit Anfang der 1990er-Jahre an Hörspielproduktionen beteiligt waren, machte das WDR-Programmheft 1/2003 am Beispiel von *Alzheimer 2000/Toter Trakt*, einer Produktion von Andreas Ammer und FM Einheit, öffentlich: »Die Originaltonoper wurde im Juni 2002 an der Oper Bonn uraufgeführt und vom WDR aufgezeichnet. Gefördert wurde die Produktion mit einem Stipendium der Filmstiftung Nordrhein-Westfalen.« Radio Bremen holte für Alfred Behrens Originaltonhörspiel zur Fußballweltmeisterschaft 2006 *You'll never walk alone – Europäische Stadiensounds* neben HR, NDR und RBB auch noch die Filmstiftung NRW und die DFB-Kulturstiftung ins Boot.

Über die dramaturgische Arbeit in den Sendern weiß man nur wenig. Doch das Berufsfeld dürfte sich in den letzten Jahrzehnten gravierend verändert haben und sich auch weiterhin verändern. »Spätestens [seit] Mitte der siebziger Jahre [entwickelten sich] zwei Richtungen, [sich] verdeckt widersprechende Dramaturgien heraus: die der Hör-Spiele und die der Nebenbeihörspiele« (SCHÖNING 1982: 54). Bereits zu öffentlich-rechtlichen Monopolzeiten wurden – stärker als in den 1950er-Jahren – Hörspiele zunehmend auf verschiedenen Wellen und zu verschiedenen Zeiten eingesetzt. Sie waren nicht mehr auf den Abend, die traditionelle Kultur- und Radiokulturzeit beschränkt. »Die Notwendigkeit, sich nach dem entsprechenden Sendeumfeld auszurichten, ist so zwingend, dass nicht jedes Hörspiel zu jeder Zeit in jedem Programm gesendet werden kann. Dies wird verschiedene Veränderungen im Selbstverständnis der Dramaturgie veranlassen und die

Ansprüche dem künstlerischen Produkt gegenüber weiter eingrenzen« (SCHÖNING 1982: 54).

Die neue Orientierung der Hörspielredaktionen nach 1985 auf die verstärkte Produktion von Buch- und Bestselleradaptionen, die »Verhörspielung« (Christoph Buggert) oder auch ›Verwurstung‹ anderer Gattungen, dürfte zu weiteren Ausdifferenzierungen geführt haben. 1997, das Wortprogramm von WDR 5 war gerade neu ausgerichtet worden, berichtete die WDR-Hauszeitschrift *WDR print* (9/1997): »Das Hörspiel-Programm des WDR [...] signalisiert, dass sich die Hörspiel-Dramaturgie auf das neue Profil von WDR Radio 5 eingelassen [!!! HJK] hat.« Hörspiele mussten nun nicht mehr nur platziert, sondern auch wellengerecht formatiert werden. »Die wohl größte Neuerung [...] ist die tägliche Radio Soap *Schräges Leben*.« 2007 prophezeite Koppelmann einen weiteren, jetzt ökonomisch motivierten Wandel: »Das Zusammenwirken mit der Wirtschaft«, d. h. mit Verlagen, »hat natürlich auch Folgen für die Produktionen in den Sendern, das Dramaturgenbild wird sich damit verändern. Der Dramaturg wird im Hörspiel am Ende wie ein Filmproduzent arbeiten müssen, er wird Koproduktionen mit Sendern und Verlagen realisieren« (KOPPELMANN 2007) – mit um 20 bis 30 Prozent reduzierten Etats. »Man kann«, sagte Koppelmann in dem Interview mit *epd medien*, »Hörspiele von einer Stunde für 10.000 bis 35.000 Euro produzieren. Für 35.000 Euro bekommt man ein sehr gut ausgestattetes Hörspiel«.

Zwölf Jahre später, Podcast first ist vielerorts zur Programmphilosophie geworden, scheint die Orientierung am linearen Radioprogramm – bei Fischer noch alleinige Aufgabe des Dramaturgen – noch unwichtiger geworden zu sein. »Ein Hörspiel-Dramaturg heute«, so erläuterte NDR-Dramaturg Michael Becker 2019, »muss sich total bewusst sein, was er in der ihm überantworteten linearen Sendezeit versuchen will und wie er es darüber hinaus präparieren möchte. Denn wir sind ja einfach nicht mehr nur Radio in Anführungsstrichen, sondern wir sind eben jetzt global abrufbares Audio und das heißt, er muss Distributions-Agent sein. Er muss in Plattformen denken wollen« (SMARZOCH 2019c).

SURROUND-TECHNIK 5.1

Wie sich die neue Surround-Technik auf die Hörspieldramaturgie auswirken wird, ist offen. Seit 2004 wurden beim WDR die ersten 5.1-Hörspiele ausgestrahlt. »Originäre Radiokunstformen wie das Hörspiel lassen sich in Mehrkanaltechnik lebendiger und bewegter gestalten, als dies in Stereo möglich ist. Nachdem bisher – nicht zuletzt durch den Siegeszug der DVD – Surround-Sound in erster Linie mit Kino und Video, also mit Bildern, verbunden ist, eröffnet sich mit Radio in Surround-Sound die Chance, die Möglichkeiten und Varianten des Raumklangs via Radioproduktion auf sich wirken zu lassen und Radio ganz anders zu erleben«, kündigte der WDR an. 2004 wurde *Genua 01* von Fausto Paravidino in 5.1.-Surround inszeniert. Die bürgerkriegsähnlichen Schlachtenszenen vom Weltwirtschaftsgipfel im italienischen Genua wurde über WDR 3 in Stereo, im Rahmen des WDR-Mehrkanal-Testbetriebs über DVB-S auch in 5.1 gesendet. Erste Experimente, die der Mitteldeutsche Rundfunk zwischen 2003 und 2005 mit 5.1-Adaptionen von Romanen Jules Vernes unternommen hatte (*20.000 Meilen unter den Meeren*) wurden als DVD im Hörverlag publiziert. Das war damals die einzige Möglichkeit Radioproduktionen auch in 5.1 zu hören. Koppelmann sah 5.1 auch 2007 noch vor allem als Herausforderung: »Ich glaube, dass wir in der Hörspieldramaturgie noch nicht einmal im Stereo angekommen sind. Böse gesagt arbeiten wir immer noch in einer Monodramaturgie. Die Mehrkanaltechnik gibt uns nun aber die Möglichkeit, Geschichten wie ein Feld auszuspannen und Ereignisse zu parallelisieren, was den Konzentrationsapparat des Zuhörens natürlich ungleich mehr fordert: Was man bisher in zeitlicher Abfolge erzählt hat, etwa: jemand beobachtet ein Ereignis, dann wird umgeschnitten und wir erleben das Ereignis. Das wird im Film so gemacht und auch im Hörspiel, so dass man immer entweder auf der einen Beobachtungsposition oder auf der anderen ist. Mehrkanaltechnik erlaubt die Parallelisierung, also letztendlich mehr Welthaltigkeit« (KOPPELMANN 2007).

Bis heute ist 5.1-Surround im Hörspiel über ein Experimentierstadium nicht hinausgekommen.

DIE NEUE ZIELGRUPPE ›KASSETTENKINDER‹

Anfang der 1980er-Jahre wuchs die erste Generation mit kommerziellen Kinderhörspielen, aber nicht mehr unbedingt mit den öffentlich-rechtlichen Produktionen heran. *Benjamin Blümchen*, *Die kleine Hexe*, TKKG und *Die drei ???* wurden die Helden der Kassettenkinder und der Kassettenrekorder für einige Jahre zum Begleiter im Alltag. Allein von *Die drei ???* wurden seit 1979 mehr als 202 Folgen (Regie: Heikedine Körting) produziert. Sie wurden zunächst auf Kassetten und seit 1995 auch auf CDs vertrieben und vor allem zu sehr günstigen Preisen (5 DM für die Kassette) in Kaufhäusern und Supermärkten verkauft. Doch nach 1997 waren es nicht mehr nur die Kinder, die diese Kinderhörspiele kauften, sondern durchschnittlich 24-jährige Erwachsene. »Mehr als die Hälfte der Käufer sind im Alter zwischen 22 und 35 Jahren. Bei jungen Erwachsenen genießt diese Kinderserie – wie einige andere Hörspielklassiker – seit mehreren Jahren Kultstatus. BMG Ariola Miller bedient Nostalgiebedürfnisse zielgerichtet mit spezifischen ›Fan-Editionen‹. Die ›Originalsprecher‹ der drei ??? gingen anlässlich der 100. Folge im Herbst 2001 auf eine ›Vollplayback-Theatertournee‹, davor traten sie bereits auf gemeinsamen ›Live Events‹ mit deutschsprachigen Hip-Hop-Gruppen auf die Bühne« (HEIDTMANN 2002: 5).

2001 gab es folgende Hitparade der meistverkauften Hörspielserien: 1.) *Harry Potter* (Hörverlag), 41,4 Mio. Euro Umsatz, 2.) *Die drei ???* (BMG Ariola Miller), 22,8 Mio. Euro und 3.) *Benjamin Blümchen* (Kiddinx), 19,8 Mio. Euro. Der riesige Erfolg von *Die drei ???* hält bis heute an. Es gibt neben den CDs DVDs, Bücher, Handy- und Computerspiele, Theateraufführungen (vor Tausenden Zuschauern) und sogar einen Kinofilm. Weihnachten 2004 sendete der auf die ›Megahits der 80er, 90er und das Beste von heute‹ abonnierte Hamburger Marktführer Radio Hamburg (ab 22 Uhr) zwei Folgen ›der erfolgreichsten Hörspielserie aller Zeiten‹. Und auch in den Hörspielseminaren saßen – so Friedrich Knilli – die Kassettenkinder: »Das Hörspiel ist sehr beweglich, weil man eine Generation vor sich hat, und das kann ich jetzt bei Studenten immer wieder beobachten, die offenbar ohne Großmütter aufgewachsen sind und immer mit Märchenplatten abgespeist wurden. Und die sind ganz närrisch und verrückt nach Hörspielen« (KRUG 2003). Bis 2014 waren von *Die drei ???* insgesamt 44 Millionen Tonträger verkauft worden (2019 sollen es schon über 50 Millionen gewesen sein), pro Folge gab es zuletzt rund 150.000 legale Downloads. Ob Kassette, CD oder Download: »Die ›???‹ überleben jede technische Innovation« (KREKELER 2014). Diese Kinderhörspiele setzten sich neben dem öffentlich-rechtlichen Kinderhörspiel und seinen Standards durch. Aber sie setzten neue ästhetische Standards, vermittelten früh standardisiertes serielles Erzählen und ermöglichten neue Hörgewohnheiten. 2016 nannte Wolfgang Schmitz, einst WDR-Hörfunkdirektor, Heikedine Körting, die rund 3.000 Hörspiele realisiert hatte, ›Königin des Hörspiels‹. Inzwischen planen und gestalten auch Kassettenkinder öffentlich-rechtliche Hörspiele.

FREIE HÖRSPIELE – NEUE ANSÄTZE

Die Digitalisierung der Hörspielproduktion machte Hörspielmacher von teuren Hörfunkstudios prinzipiell unabhängig. Einzelne Hörspieler wie Heiner Goebbels oder Helmut Kopetzky stellten Hörspiele (oder mindestens Teile) im heimischen Studio am Computer her und die Qualität war nicht unbedingt schlechter. Bereits 1994 produzierte Manfred Mixner die Sendung *Das andere Hörspiel (1)* (SFB), eine Präsentation nicht-öffentlich-rechtlicher Hörspiele im öffentlich-rechtlichen Radio. Im März 2001 richtete Radio Bremen 2 eine Reihe mit Autorenproduktionen ein. Die Stücke wurden als »originell«, »unkonventionell«, »komisch«, »witzig« und »höchst professionell« angepriesen; von einem Stück von Helga Pogatschar, Bernhard Herbordt und Melanie Mohren erwartete man sogar »wichtige Impulse für die Hörspielkunst«. »Es ist in den letzten Jahren – von der Öffentlichkeit kaum bemerkt – im Hörspiel manches in Bewegung geraten. Die Studios der ARD sind längst nicht mehr die einzigen Produktionsorte für Hörspiele. Dank der digitalen Technik, deren Hard- und Software ständig erschwinglicher wird, haben sich immer mehr Autoren oder Komponisten und freie Toningenieure eigene halbprofessionelle oder kleine professionelle Studios eingerichtet: Sie verkaufen dem Sender nun das fertige Hörstück auf DAT-Kassette oder CD, das nach eigener Zeiteinteilung am heimischen

Computer produziert wurde [...] Auf diesem Wege entstehen oft beeindruckende und innovative Hörstücke aus dem experimentellen Bereich der ›audioart‹ – die Studioarbeit mit Schauspielern wird zweifellos Domäne der ARD-Hörspielstudios mit ihren Produktionsteams bleiben« (NALEPPA 1997: 65). 2006 erschien mit der CD *pressplay* die erste ›Anthologie der freien Hörspielszene‹ (Mairisch Verlag Hamburg). 2011 hielt ein Positionsbuch des Hörspielsommers Leipzig fest: »Um die freie Szene hat sich außerhalb der öffentlich-rechtlichen Sendeanstalten ein eigener Markt gebildet, der durch das Verbreitungsmedium Internet, durch Hörspielfestivals, Verlagsgründungen und die Verleihung von Hörspielpreisen für freie Produktionen, vor allem aber durch die leicht verfügbare, digitale Produktionstechnik gestützt wird. Zur freien Hörspielszene werden (zumeist jüngere) Hörspielmacher gezählt, die ohne speziellen Auftrag bzw. unabhängig von institutionalisierten Produktionsstätten Hörspiele produzieren. Die Arbeits- bzw. Produktionsweise der Szene ist gekennzeichnet durch das Phänomen der Autorenproduktion: Der Autor ist gleichzeitig als Regisseur, Techniker und Komponist tätig« (SCHÜTZ 2011: 43).

PERSONELLE NEUBESETZUNGEN UM DIE JAHRTAUSENDWENDE

Um das Ende des 20. Jahrhunderts veränderte sich die personelle Situation des öffentlich-rechtlichen Hörspiels gravierend. In Baden-Baden endete (mit dem SWF) 1998 auch die Ära ›Hermann Naber‹ (1965-1998), das neue SWR-Hörspiel wurde fortan von Matthias Spranger (1998-2003) und Ekkehard Skoruppa (2003-2016) geleitet. Klaus Schöning, der Erfinder des Neuen Hörspiels, Produzent von über 1.000 Hörstücken, Klangkompositionen und Sendungen zur Geschichte des Hörspiels, ging 2001 in den Ruhestand, Robert Karge gab 2004 in Saarbrücken die langjährig übernommene Hörspielleitung ab (seither Anette Kührmeyer). Christoph Buggert, seit 1976 Hörspielchef in Frankfurt, hatte 2002 die Altersgrenze erreicht: »Buggert«, so verabschiedete ihn Uwe Kammann in *epd medien*, »das war, das ist eine Institution. Auch eine Legende. Nicht zuletzt im internationalen Kreis. Jeder Prix Italia bewies es mit Leichtigkeit. Christoph Buggert, das steht für eigene Hörspiele (inklusive preisgekrönten), das steht für Freiräume, für Experimente, fürs Finden und Ermöglichen, fürs Durchsetzen und Verteidigen. Radiokultur, ja, im besten Sinne, altmodisch und avantgardistisch, in jeder Form« (KAMMANN 2002). Die Leitung des Frankfurter Hörspiels übernahm Ursula Ruppel (2002-2018). SFB und ORB wurden 2003 zum RBB vereinigt, das neue Hörspiel fortan von Lutz Volke (2003) und Gabriele Bigott (2004-2009) geleitet. Das Nordwestradio (Hörspiel: Holger Rink) ersetzte 2001 für einige Jahre Radio Bremen 2. Beim NDR übernahm Andreas Wang die Hörspielabteilung (2000-2006), ihm folgte der Regisseur Norbert Schaeffer (2006-2017). Neue Hörspieler mussten sich in einer neuen Medienwelt und vor allem in nun weitgehend formatierten Kultur-, Klassik- und Infowellen (KRUG 2019: 141f.) neu positionieren und sie taten dies zunächst offenbar durch Annäherung. »Es gibt keine ästhetischen Grundmuster mehr, die von Redaktionen eifersüchtig bewacht werden«, so Koppelmann, gegenwärtig einer der meistengagierten Hörspielregisseure. »Es gibt keine bestimmende ›neue Dramaturgie‹, keine Linien, keine ›No-No's‹ und das hat durchaus etwas Positives. Kein Medium, nicht das Theater, nicht der Film ist derart beweglich wie das Hörspiel. Hier dürfen die verschiedenen Formen in enger Nachbarschaft existieren und können sich so gegenseitig befruchten. Die ursprüngliche scharfe Trennung zwischen Ars Acustica und unterhaltendem Hörspiel löst sich zusehends auf« (KOPPELMANN 2007). Und, oder besser, aber: »Ich glaube nicht, dass das ARD-Hörspiel im Moment die Rolle eines Innovationsträgers spielen kann.« Spielen will?

JUGENDWELLEN UND HÖRSPIEL

Am 1. April 1995 startete der WDR seinen ›echten Jugendsender‹ Eins Live für die Zielgruppe der 14- bis 29-jährigen Hörer und etablierte in den Abendstunden erstmals auch eine zielgruppenorientierte, d.h. jugendliche Hörspielstrecke. Das Nachtradio widmete sich dem ›Grenzbereich zwischen Kitsch und Kunst‹ und sendete etwa die digitale Comic-Musik-Reihe *Phil Perfect erzählt*. Seit 1996 firmierte der Termin unter dem Namen ›Lauschangriff‹ und nicht mehr unter dem alten Terminus ›Hörspiel‹. Hier wurden alte Pophörspiele wie Behrens *Nowhere Man* wiederholt, populäre Stoffe wie Bram Stokers *Dracula* (WDR 1995) urgesendet und neue Formen wie *2911 – Das TelefonHörerMassaker* (WDR 1997) entwickelt. Besondere Aufmerksamkeit erreichten aber Hörspiele von Christoph Schlingensief (*Rocky Dutschke '68*; WDR 1997) und Walter Filz, der mit seiner Originaltoncollage *Pitcher* (WDR 2000) den ›Hörspielpreis der Kriegsblinden‹ nach Köln holte. Das Hörspiel war eine erzählende Collage aus vorgefundenem Medienmaterial, aus Radiointerviews und Radio-O-Tönen; aus Medienrealitäten wurde eine neue fiktive Realität im Hörspiel. Mit Kultur und Kunst im alten Sinn wollte Filz – der seit 1997 sein eigenes Studio in Köln besaß – nichts mehr zu tun haben: »Ich glaube, dass das Hörspiel keinen sondersinnfördernden Turbokreativ-Vorstellungsprojektor in unseren Köpfen anwirft. Das ist ein simpler Glauben, aber er erlöst einen trotzdem. Wenn das Hörspiel nicht besser ist als andere mediale Formen, muss man es nicht länger zum Bollwerk besserer Kultur deklarieren – und gegen die vermeintlichen Fluten visueller Reize schieben. Wenn man das Hörspiel nicht an unsinnige Kulturverteidigungsfronten schieben muss, spart man Kondition und Energie. Wenn man Kondition spart, muss man nicht so ächzen.«

In den folgenden Jahren wurde die Jugendwelle Eins Live vielfach mit dem ›Hörspielpreis der Kriegsblinden‹ ausgezeichnet. 2002 folgten auf Filz – es war bereits ihre zweite Auszeichnung – Andreas Ammer und FM Einheit mit *Crashing Aeroplanes* (WDR, DLR 2001), eine Audioproduktion auf der Basis von Cockpit-Voicerecordern abgestürzter Flugzeuge und eine Auftragsarbeit für die European Broadcast Union (EBU), die in ganz Europa verständlich sein sollte. Auch dieses Hörspiel stammte aus dem Angebotssegment ›WDR open‹, das, so WDR-Hörspielchef Wolfgang Schiffer im Programmheft 2/2002 (S. 1), »nicht nur die Grenzziehung zwischen den Radiogenres und zu anderen Künsten, sondern auch die zwischen den Generationen bewusst zu überschreiten sucht und mit modernen Text- und Sound-Konzepten auf künstlerische ›Zeitgenossenschaft‹ setzt«.

Moderne, nicht-literarische Soundkonzeptionen: Das waren die Grundlagen der neuen – und in der Kriegsblindenfachszene für rund zehn Jahre fast konkurrenzlosen – Kölner Dramaturgie. 2003 erhielt das vom WDR beauftragte – und von der Filmstiftung NRW früh finanziell unterstützte – Christoph Schlingensief-Spiel *Rosebud* (Realisation: Schlingensief) den inzwischen umbenannten ›Hörspielpreis der Kriegsblinden/

Preis für Radiokunst‹ (Juryvorsitz 2002-2004: Jörg Drews). Schlingensief war zunächst als Theater- und Filmemacher populär geworden, hatte mit seinem (auf Improvisation setzenden) Hörspieldebüt *Rocky Dutschke '68* (WDR 1997) den Prix Europa in der Kategorie ›Hörspiel‹ und dann für sein – durch die Filmstiftung gefördertes – Stück *Lager ohne Grenzen* (WDR 1999) den Prix Europa in der Kategorie ›Marktplatz für junge Ohren‹ erhalten. *Rosebud* drehte sich noch um medial inszenierte Politik in der Berliner Republik. Dann dominierte Gutmenschpolitisches die Preisstücke: 2005 (Juryvorsitz 2005-2007: Michael Naumann) gewann die WDR-Produktion *Stripped – Ein Leben in Kontoauszügen* von Stefan Weigl (WDR 2004), 2007 (Juryvorsitz 2008 - 2016: Anna Dünnebier) folgte *Ein Menschenbild, das in seiner Summe null ergibt* des Goldene Zitronen-Musikers Schorsch Kamerun, 2008 *Karl Marx: Das Kapital, Erster Band* von Rimini Protokoll (DLF, WDR 2007), 2009 die von der Filmstiftung geförderte ursprüngliche Installation *Ruhe 1* von Paul Plamper. Hörspielästhetik und Standortpolitik waren sich sehr nahe gekommen. Vor allem aber: Fast alle Preiswerke waren von den Autoren selbst inszeniert worden.

Dem Trend zu langen Hörspielen wollte oder konnte sich auch 1Live nicht entziehen. 2014 und 2015 wurde etwa *The Cruise*, ein Krimi von Stuart Kummer und Edgar Linscheid ausgestrahlt, 400 Minuten in acht Folgen und in der damals neuen, auf laute, dröhnende Musik (Braaam) und Geräuschfülle setzenden Hörspielästhetik, die die Geschichte fast schon zum Hintergrund werden ließ. 2016 folgte das Hörbuch, 2020 etwa die Wiederholung.

FORMATÜBERSCHREITUNGEN: WDR 3 UND 1LIVE

Spätestens seit den 1970er-Jahren orientierte sich das Hörspiel – regional und historisch sehr unterschiedlich – auch an den Radio- und Wellenformaten. Das NDR-Angebot auf der Kulturwelle und das auf der (seit 1989) Infowelle unterschieden sich sehr, das Hörspiel musste zunehmend zielgruppenspezifisch produziert und platziert werden. Auch der WDR spezifizierte nach Wellen; doch nach einer grundlegenden Programmreform 2001 wurden die Formatgrenzen erstmals in der Bundesrepublik wieder bewusst überschritten – punktuell. Die Jugendwelle Eins Live und das Kulturradio WDR 3 gingen ein Joint Venture ein, kooperierten erstmals miteinander und sendeten (fast) gemeinsam Hörspiele für jüngere Zielgruppen. Montag- bzw. dienstagabends wurden WDR 3 und die populäre Jugendwelle Eins Live quasi verlinkt, beide Programme sendeten dann (mit zeitlichem Abstand) dasselbe Hörspiel. Bei Eins Live hieß der Termin ›Lauschangriff-Soundstories‹, bei WDR 3 ›pop drei‹ – und man wollte gerade eine »junge, musikorientierte Horästhetik«, »tanzbare Texte« (SCHIFFER 2001: 1) ermöglichen.

Trotz der Preiserfolge blieben Kooperationen von Hörspiel und Jugendwellen vor allem auf Köln beschränkt. Beim Hessischen Rundfunk begann man 1999 mit der Planung eines riesigen Hörspielevents mit Tad Williams' *Otherland*. Man strebte eine tägliche, fünfzehn- oder dreißigminütige Sendung (mit großem Internetauftritt) auf der damaligen Jugendwelle XXL an. Eine Art Daily-Fantasy sollte entstehen, jeden Tag eine neue Folge. Fünf Jahre und einige Programmreformen später aber waren weder ein *Otherland*-Radiotag noch ein Daily-Hörspiel umsetzbar – und so wurde das damals teuerste ARD-Hörspiel (es soll eine Million Euro verschlungen haben) in einige (fast) ganz normale Hörspieltermine aufgelöst und auch von der HR-Jugendwelle you fm wiederholt. Weitere Ansätze gab es auch beim SWR Jugendprogramm ›Das Ding‹ sowie bei NDR N-Joy.

Auf den beiden Sendeplätzen 1Live und WDR 3 wurden später etwa Christoph Schlingensief (geplant: *Bitte nicht berühren*, 2009), Andreas Ammer, Heinz Strunk (*Fleisch ist mein Gemüse*; WDR, NDR 2005) und Paul Plamper platziert. Oder auch mal – gefördert durch die Film- und Medienstiftung NRW – *Beeing Nico* (WDR 2018). Inzwischen haben sich die Label und die Termine geändert: Bei WDR 3 wird inzwischen (2020) sonntags um 19.04 Uhr kooperiert (›Hörspiel‹), bei 1Live montags (23.03 Uhr). Der Sendeplatz heißt jetzt ›Soundstories‹. Der aktuelle Werbeslogan lautet: »Die Hörspiel-Kooperation von 1Live und WDR 3. Pop trifft Politik, Doku trifft Drama, Herz trifft Schmerz.«

HÖRSPIEL: DER DREIFACHE IMPERATIV

Trotz aller Ausweitungen des Hörspielbegriffs und der Herkünfte der Hörspielautoren begriff sich das Hörspiel auch Ende des Jahrhunderts vor allem als Kunst, als Radiokunst, doch erstmals wurde (in München) plötzlich deutlich, dass die Folgen der Digitalisierung, »die Existenz einer isolierten oder autonomen Sparte, die Radiokunst, Akustische Kunst und akustische Medienkunst subsummiert«, infrage stellen oder gar obsolet werden lassen könnten. Das Hörspiel brauche nicht nur den doppelten Imperativ ›hör!spiel!‹, sondern einen dreifachen, der auch ›audiovisuelle Spiel- und Präsentationsformen‹ berücksichtige. 1999 versuchte der BR deshalb das Arbeitsfeld der Hörspieler erneut auszuweiten. ›Intermedium 1‹ wurde begründet. »Initiative und Organisation liegen beim Bayerischen Rundfunk/Hörspiel und Medienkunst. Mitveranstalter sind Kulturinstitute, Medienzentren, Bühnen, Labels, Verlage und öffentlich-rechtliche Sender. Live, Crossover, audiovisuell, interaktiv: intermedium soll künstlerische Produktionen sowie medienkritische und kulturpolitische Themen zur Diskussion stellen. Das übergreifende Thema heißt: Leben, Kunst und Technik in der so genannten Informationsgesellschaft« (KAPFER 2001: 312). Veranstaltungsort war die Berliner Akademie der Künste.

2002 fand in Karlsruhe ›Intermedium 2‹ statt. Der ›Radiokunstevent‹ begriff sich ausdrücklich als »Initiative aus dem Medium Hörfunk« (KAPFER 2002) und wollte ästhetische und mediale Mischformen aus Performance, Livesendung, musiktheaterinspirierter Aufführung, Remix-Projekt und interaktiven Versuchen ausdrücklich fördern. Das vom Bayerischen Rundfunk und dem ZKM Karlsruhe organisierte Festival wurde von zehn öffentlich-rechtlichen Hörfunksendern (Bayern2Radio, DAS DING, DeutschlandRadio, Eins Live, HR2, MDR Kultur, NordwestRadio, SR 2, SWR2 und WDR 3) übertragen, insgesamt mehr als 100 Stunden Programm mit Eran Schaerf (*Die Stimme des Hörers* wurde später zum ›Hörspiel des Jahres‹ 2002 gekürt), Benjamin Heisenberg, Klaus Buhlert, Thomas Meinecke, Walter Filz und Atau Tanaka, dazu gab es ein Programmbuch und eine Doppel-CD mit den Stücken der Beteiligten. »Die Verkoppelung der Medien und die Tendenz zur Medien-Konvergenz«, so analysierte Kapfer damals, »stellen akustische Kunstwerke in einen neuen Kontext. Das isolierte Genre wird zwar weiter existieren – nicht nur im Übertragungsmedium Hörfunk, dem es seine Existenz verdankt, sondern auch in der Form von Hörbüchern oder On-Demand-Programmen; rein quantitativ werden in der allernächsten

Zukunft linear erzählte Hörspiele, die in erster Linie für Rundfunksendungen geschrieben und produziert werden, dominieren. Qualitativ und für den medientheoretischen Diskurs von Interesse sind jedoch vor allem jene Projekte, die sich mit den medialen Formen der Vermischung auseinander setzen oder interaktive Möglichkeiten erproben« (KAPFER 2001: 316). Ein Höhepunkt dieser neuen Form von RadioArt war am 23. März 2002 ein Online-, Radio-, Installations- und Live-Hörspiel nach Aischylos sowie Mary Shelley: *Frankensteins Netz* des Japaners Atau Tanaka (SWR, ZMK Institut für Musik und Akustik, DLRB, Radio Canada Montréal, Goethe-Institut, Intermedium 2; 2002).

2002 produzierten der Hessische Rundfunk (HR2) und die Documenta 11 einige gemeinsame Projekte, darunter ›exklusiv für das Radio‹ und für einen Hörspieltermin *One Million Years* von On Kawara sowie *A Registered Patent* von Juan Muñoz. 2003 richteten DeutschlandRadio Berlin und MaerzMusik die ›Sonic Arts Lounge‹ ein, ein Festival für aktuelle Musik unter dem Dach der Berliner Festspiele sowie eine Verbindung von Klangkunst und Ambient-Music, von Klangkunst und Klubkultur. Eine Woche lang gab es in DeutschlandRadio Berlin nachts (0.05 Uhr) Liveübertragungen von dem Festival. »In nächtlichen Sessions«, so die Internetseite des DeutschlandRadios, »treffen sich Pioniere und Piraten der experimentellen elektronischen Musik und der Klangkunst im Rahmen der SONIC ARTS LOUNGE zu einem subversiven Tanz- und Hörvergnügen der besonderen Art. Barock goes Techno, Klangkunst & Tango = Klango, Remix, Loop and Sample sowie Maschinenmusik sind die Slogans, unter denen die Kassenhalle im Haus der Berliner Festspiele zum schweißtreibenden Dancefloor mutieren wird«. Mit dabei waren Frieder Butzmann, MOTUS, Frank Niehusmann, Nicolas Collin und Mario Verandi. Doch spätestens mit dem Ende des Medien- und Internetbooms um 2002 und den danach folgenden Verteilungskämpfen ließen sich derartige Projekte nicht mehr finanzieren, das Intermedium-Projekt wurde nicht mehr fortgesetzt. Zumal innerhalb der ARD die Orientierung auf mehr Zuhörer auch für die Kulturangebote dominanter wurde. 2004 – so Christoph Lindenmeyer – gab es »in Deutschland kein einziges öffentlich-rechtliches Hörfunkprogramm, das nicht unter Quotendruck stand« (LINDENMEYER 2004: 8).

GROSSE LITERATUR

Die unterschiedliche Größe der ARD-Sender hatte auch für die Hörspielproduktion erhebliche Folgen. 2005 endete der ARD-Finanzausgleich für die kleinen Sender. »Wir werden sicher den quantitativen Standard, den wir bisher hatten mit 17 bis 20 Produktionen großer Hörspiele im Jahr nicht aufrecht erhalten können«, analysierte Robert Karge die Situation. »Unser Interesse ist natürlich, dass wir eine produzierende Anstalt bleiben, die mit Autoren und Verlagen zusammenarbeiten kann. Wir wollen als Minimum 12 Produktionen im Jahr anbieten können« (KARGE 2003).

Hochliterarische Produktionen, hochliterarische Adaptionen gehörten schon immer zum Hörspiel. Doch Anfang der 1960er-Jahre verlor man das Interesse. Adaptionen waren – auch wenn einige schöne wie Rudolf Noeltes *Effi Briest* (SFB, BR, HR 1974) entstanden – nicht mehr wirklich diskussionswürdig. Dies änderte sich partiell erst in den 1990er-Jahren wieder, als der BR expressionistische Autoren wie Richard Huelsenbeck oder Carl Einstein fürs Hörspiel entdeckte. Doch erst um die Jahrtausendwende erhöhte sich das Interesse an literarischen Stoffen wieder entschieden. Und man stand dazu. »Beim Norddeutschen Rundfunk«, erklärte Andreas Wang noch gegen die Trends, »ist die Tradition des literarischen Hörspiels stark ausgeprägt. Das rührt noch aus den 1950er-Jahren her, den Zeiten des Autors Günter Eich und des Dramaturgen Heinz Schwitzke. Und eben diese Tradition pflegen wir auch: Wir pflegen das literarische Hörspiel« (WANG 2001).

Doch es war wohl wiederum der Bayerische Rundfunk, der im Jahre 2000 einen neuen Boom auslöste. Er produzierte eine Zehn-Stunden-Fassung (Regie: Ulrich Lampen) von Thomas Manns Roman *Der Zauberberg* und finanzierte sie als ›eine Hörspiel- und Hörbuchkooperation‹ von BR und Hörverlag. Es war eine Rückkehr zum literarischen Hörspiel – und eine Neubegründung des literarischen Hörspiels als Hörbuch. »Es hat etwas Erstaunen ausgelöst«, so Kapfer, »als wir den Zauberberg angekündigt hatten, weil das zu einem bestimmten Image nicht ganz gepasst hat, aber das Image stellt eine kleinere Fläche dar als das, was wir tatsächlich machen. Es ist für uns eine neue Dimension, eine Hörspielproduktion von zehn Stunden zu organisieren war einfach ein Lernschritt. Und zum Zweiten war es auch von der Veröffentlichungsstrategie her eine Initiative, die neu war. Wir sind auf den ›Hörverlag‹ zugegangen und haben ihm das Projekt auch angeboten und wir haben eine zeitgleiche Veröffentlichung verabredet. Die aus so Gründen wie Adventsgeschäft dazu geführt hat, dass das Hörbuch schon Wochen vor der Sendung auf dem Markt war. Was ich für richtig halte und auch offensiv vertrete, was eine Art von Ereignis hatte, als wir mit der Veröffentlichung kamen. Die Resonanz war überwältigend: Ich kann mich erinnern, dass es einen einzigen sehr großen starken Verriss gab, was auch legitim ist. Und die Produktion ist ein Jahr später von allen Hörspielanstalten der ARD übernommen worden. Also: Es war schon ein großer Hörspielerfolg« (KRUG 2003) – und eine Anregung für viele weitere Produktionen. Auch nach der Radioausstrahlung blieb das opulente Werk als Zehn-CD-Set dauerhaft in den Buchläden erhältlich.

Weitere BR-Großprodukionen folgten rasch: 2002 Herman Melvilles Zehnteiler *Moby Dick oder Der Wal* (Realisation: Klaus Buhlert), 2004 Robert Musils *Der Mann ohne Eigenschaften. Remix* (BR 2004; 20 Stunden), 2006 E.T.A. Hoffmanns *Die Serapions-Brüder* (BR 2006; zwölf Teile), 2007 Peter Weiss' schon als unverkäuflich geltendes Kultprojekt *Die Ästhetik des Widerstands* (BR, WDR 2007; zwölf Teile) aus den 1970er-Jahren sowie (zehnteilig) Thomas Manns *Doktor Faustus* (HR, BR 2007). Seit 2007 entstand (in Etappen) Hermann Brochs Roman *Der Schlafwandler* – und alle Hörspiele gibt es auch als Hörbuch.

Um die Jahrtausendwende begann eine Renaissance des literarischen Hörspiels. Immer mehr wichtige und auch anspruchsvolle Bücher wurden zu eigenständigen Audioprodukten. Die Hörspielbooks waren ambitionierter als Lesungen, mit eigener Musik, ausgefeilten Dramaturgien und gern mit populären Sprechern. Und doch waren diese und andere Klassiker auch – so HR-Dramaturg Manfred Hess – »streng genommen Reader's-Digest-Fassungen, welche die Komplexität dieser für den Platz zwischen zwei Buchdeckeln konzipierten Weltliteratur im Wesentlichen auf den Stoff reduzieren« (HESS 2003: 13).

HÖRBÜCHER

Seit den 1990er-Jahren wurde das Hörspiel (wenn immer möglich) multimedial geplant und verwertet (Radio, Buch, Bühne, CD). Es fand nicht mehr nur im öffentlich-rechtlichen Raum, sondern auch auf dem Hörbuchmarkt statt. Dabei war der Hörbuchmarkt entschieden breiter als das Hörspielangebot auf Kassetten oder später CDs, das Hörspiel – genauere Zahlen liegen nicht vor – stellte nur einen geringen Teil des Angebots und vor allem des Verkaufs dar. »Anders als auf dem Feld der Musik«, so Hans Burkhard Schlichting 2003, »steht die Vermarktung der riesigen Archivschätze, die der Rundfunk in den bald 80 Jahren seines Bestehens angesammelt hat, bis auf markante Ausnahmen erst noch bevor«. Außerdem lag »ein doppelter ökonomischer Filter vor allem, was das Publikum außerhalb der Rundfunkprogramme in Tonkonserven erreicht: der Marktwert einzelner Stoffe oder Darbietungsformen und die abgesteckten Claims der Konkurrenten am Markt, die das Lizenzrecht weniger zum Schutz der Autoren als zur Durchsetzung eigener Interessen nutzen« (SCHLICHTING 2003).

NEUE ÖFFENTLICHKEITEN

Der Hörverlag, eine Gründung des Verlags der Autoren und der Buchverlage Klett-Cotta, Suhrkamp, Hanser sowie Kiepenheuer & Witsch und bald einer der umsatzstärksten Verlage, setzte 2001 22 Millionen Euro um, 2006 waren es bereits 36 Millionen Euro. Die Käufer galten als »kaufkräftig, zwischen 25 und 45 und haben einen höheren Bildungsgrad« (NAGEL 2003: 29). Die ersten Hörbücher bestanden ausschließlich aus Kassetten, nach 1996 wurden auch Compact Discs angeboten. Zu den ersten gehörten Rainer Werner Fassbinders Hörspiele *Ganz in weiß* (BR, HR, SDR 1970) und *Keiner ist böse und keiner ist gut* (BR 1971). Um die Jahrtausendwende hatte der Verlag 700 Titel im Angebot (darunter *Harry Potter*, der weit über drei Millionen Mal verkauft wurde), ein Drittel davon war preisgekrönt. Neben den Kooperationen mit öffentlich-rechtlichen Sendern (darunter die großen Mann-, Musil- und Weiss-Produktionen des BR) produzierte der Hörverlag jährlich auch etwa 15 Hörspiele allein. Das öffentlich-rechtliche Hörspiel bekam einen neuen Konkurrenten, wie Herbert Kapfer sehr früh spürte und thematisierte: »Inzwischen [...] haben die Sendeanstalten ihr Monopol auf Hörspielproduktion und -ausstrahlung verloren. Die akustischen Künste sind nicht mehr an ihr erstes und bislang wichtigstes Medium, das Radio, gebunden« (HÖRWELTEN 2001: 205). Ein Versuch des Hörverlags, mit claudio.de nur Hörbücher per Download zu verkaufen, scheiterte (2005 - 2007). Der Hörbuchmarkt blieb weitgehend CD-fixiert. 2010 übernahm die Bertelsmann-Tochter Random House den Hörverlag und seine damals 800 Titel. »Der Verkauf von Hörbüchern«, so meldete *w&v* 2010, »stagnierte zuletzt nach einer stürmischen Einführungsphase und summierte sich in 2009 auf einen Umsatz von 200 Millionen Euro« (GEHL 2010). Die *Neue Zürcher Zeitung* registrierte einen »Verdrängungskampf auf einem schwindenden Markt«. 2018 übernahm Random House auch den Audio Verlag (DAV).

Neben dem großen Hörverlag bot seit den 1990er-Jahren eine Vielzahl kleiner Verlage die vom öffentlich-rechtlichen Hörspiel oder in eigenen Studios produzierten Audiostücke an, zielgruppengerecht und eher in kleinen Auflagen: ars vivendi etwa, ›Der Audio Verlag‹ (DAV; 1999 von Südwestrundfunk und Aufbau Verlag gegründet), Deutsche Grammophon, Edition Mnemosyne, Hoffmann und Campe, Hörbuch Hamburg (1999), Hörsturz, HR-Audio, Intermedium Records (2000), Kein & Aber, Leo Records Litraton, Lido, Noa Noa, Random House Audio (1999), Sans Soleil, Supposé (1996), Ullstein Hörverlag (2002), WortArt (1994) und Zweitausendeins (das 2004 *Das Hörwerk* Gottfried Benns, 11 Stunden Audio, veröffentlichte). Viele sprachen deshalb von einem Hörbuchboom. Herbert Kapfer etwa: »Ist eine vor anderthalb Jahrzehnten existentiell gefährdet erscheinende Sende- und Kunstform nach ihrer Ankunft im neuen Jahrhundert zu einer Art hedonistischem Faktor mit uneingeschränkter Zukunftsgarantie mutiert? Diese Frage, die von einem zweifellos faszinierenden Image-Wandel ausgeht, den der Begriff ›Hörspiel‹ im Laufe der 1990er-Jahre erlebte, ist nicht überspitzt; sie ist – wie sollte es anders sein – offen. Hinter dem Image-Wandel stehen im Übrigen harte Arbeit und zäher Widerstand: Einzelne öffentlich-rechtliche Kulturredaktionen und weitblickende Marktentwickler haben in punktuellen Allianzen einer bereits totgesagten Gattung zu neuer Öffentlichkeit verholfen. Das Hörbuch boomt und der Anteil der Radiokunst an diesem kommerziellen Erfolg ist unstrittig« (HÖRWELTEN 2001: 203).

1999 waren etwa 210 Titel aus der WDR-Hörspielarbeit auf dem Markt verfügbar (KAMPS 1999: 3), der SWR war 2003 mit mehr als 100 Titeln, der SR mit 15 eigenen Produktionen auf dem Audiomarkt. Und manche Verkaufszahlen konnten sich sehen lassen: Von Hermann Hesses *Der Steppenwolf* (HR 2002) und *Das Glasperlenspiel* (HR 2002) etwa verkaufte der Hörverlag in vier Monaten jeweils 6.000 Exemplare. *Der Herr der Ringe* ging bis 2002 gar 235.000 Mal über die Ladentheke – je nach Ausgabe zu Preisen zwischen 49,95 und 142 Euro (LILIENTHAL 2002); Paulo Coelhos *Der Alchimist* (SR 1997) wurde bis 2005 170.000 Mal verkauft, *Doktor Faustus* (HR, BR 2007) in kürzester Zeit 6.000 Mal. Aber das waren Erfolgstitel. Die meisten Hörbuchauflagen lagen zwischen 1.000 und 5.000 Exemplaren.

HÖRBUCHPREISE

Seit 1997 gibt die ›hr2-Hörbuchbestenliste‹ von Hessischem Rundfunk und *Börsenblatt für den Deutschen Buchhandel* (monatlich) eine Hitliste hörenswerter Produktionen heraus und wählte etwa 2007 Peter Weiss' *Die Ästhetik des Widerstands* (BR, WDR) zum ›Hörbuch des Jahres‹, fünf Jahre später James Joyces *Ulysses* (SWR, DLR). 2003 wurde vom WDR der erste ›Deutsche Hörbuchpreis‹ vergeben. »Aber noch immer ist es primär das Radio, das für die Produktion und Verbreitung der Medienkunst des Hörspiels sorgt und auf diesem Feld das breiteste Programmspektrum bietet. Denn nur eine Minderzahl des Produzierten findet sich auf dem Markt wieder« (SCHLICHTING 2003).

REGIE, KOMPOSITION, SPRECHEN

Leise, vor allem erzählende Hörspiele sind seit der Digitalisierung selten geworden, es dominiert ein lauter, hart geschnittener, Musik und Geräusche extensiv berücksichtigender Mainstream – und er wird gerade in Großproduktionen und »Prestigeobjekten« (KEIM 2007: 8) wie etwa Karl Mays *Orientzyklus* (WDR 2007) extrem gepflegt. »Die Theaterhasen«, so schrieb Friedrich Knilli Anfang der 1960er-Jahre kritisch über das zeitgenössiche Hörspiel, »bauen wie anno 1924 ihre naturalistischen Hör- und Radiobühnen mit akustischen Kulissen, Hintergrundgeräuschen, [...] und hetzen ihre Hörspieler oder deren Ton-Double über kostspielige Steinpflaster, Holzplanken, Sand- und Kieswege, teure Geräuschstiegen oder lassen sie recht oft groteske Quietschtüren öffnen und schließen« (KNILLI 1970: 44). Inzwischen ist der Hintergrund längst zum Vordergrund geworden, kaum ein Hörspiel kommt noch ohne wiehernde Pferde, zugeschlagene Autotüren oder handlungsbegleitenden Verkehrslärm aus, viele gesprochene Texte werden grundsätzlich auf opulente Geräusch- und Musikbetten montiert, abrupt geschnitten. Und nicht selten beschädigen die – schlecht gemischten – Hintergrundtöne die Texte und machen sie unverständlich. Spätestens 2010 wurde »Braaam« (DAUB 2016) zunächst in anglo-amerikanischen Spielfilmen und dann auch im bundesdeutschen Hörspiel als zeitgemäße Ästhetik unglaublich populär. Braaam, das war nicht mehr die orchestrierte Hörspielmusik voll minimalistischer Elemente. Es war ein musikalisiertes Dröhnen – und auf überraschende Weise dem Neuen Hörspiel der 1970er-Jahre verbunden. »Braaam itself sounds like noise music, like that of Mauricio Kagel« und (von Daub auf den Film bezogen): »These scores can flatter us into believing that what we're seeing requires careful attention, when in fact it's really just the music that reads as prestigious« (DAUB 2016). It sounds like Braaam. Ulrich Bassenge hat 2019 die Ästhetik dieser großen »›Kino-im-Kopf‹-Adaptionen« so beschrieben: »[G]epimpt mit Subbässen, sechskanaligem Sounddesign und saugeil angefetteten Synchronprofi-Stimmen, nicht zu vergessen als emotion lotion (Quincy Jones) das bewährte ›Herr-der-Ringe‹-Musikkonzentrat, für das gerne die öffentlich-rechtlichen Symphonieorchester bemüht werden« (BASSENGE 2019). Es wäre spannend, einmal darzustellen, auf welche Art und Weise neue Rezeptionshaltungen (Nebenbeihören), Rezeptionsorte (Auto, Küche, Natur, Kopfhörer), Hörspielästhetiken (›Innere Bühne‹, ›Kino im Kopf‹) und Trägermedien (Walkman, MP3-Player, Internet, Smartphone) die hörspieldramaturgischen Vorgaben verändert und neu geprägt haben.

Die meisten (auch auf den Audiomarkt zielenden) Großproduktionen bekamen seit der Jahrtausendwende – vor allem aus urheberrechtlichen Gründen – eigene Hörspielmusiken. »Das Hörspiel im Radio«, so HR-Dramaturg Hess 2003, »darf an Musik alles – von Callas bis Eminem – verwenden, nicht aber, wenn die Produktion auch auf dem Audiobuchmarkt zweitverwertet werden soll«. Und so wurden die Zeiten für Hörspielkomponisten, für Komponisten funktionaler Hörspielmusik, ausgesprochen gut. Fast alle ambitionierten und auch für den Hörbuchmarkt bestimmten (Lang-)Produktionen erhielten ihre Originalmusik: Peter Steinbachs *Mein wunderbares Schattenspiel* (WDR 1995, Vridolin Enxing [einst bei ›Floh de Cologne‹]), Jostein Gaarders *Sofies Welt* (SWF 1995, Peter Zwetkoff), Arno Schmidts *Nobadaddy's Kinder* (BR 1997, Klaus Buhlert), Raoul Schrotts *Die Erfindung der Poesie* (BR 1997, Klaus Buhlert), Thomas Manns *Der Zauberberg* (BR 2000, Michael Riessler), Marcel Prousts *Combray* (BR 2003, Peter Zwetkoff, Hans Platzgumer), Herman Melvilles *Moby Dick* (BR 2005, Klaus Buhlert), Tad Williams' *Otherland* (HR 2004, 24 Stunden, Pierre Oser), Karl Mays *Orientzyklus* (2006, 12 Stunden; Musik: Pierre Oser; Sounddesign: Peter Schilske) oder T.C. Boyles *Wassermusik* (NDR 2006, Henrik Albrecht). Albrecht komponierte in kurzer Zeit für – geschätzt – 80 Produktionen, Klaus Buhlert (seit den 1990er-Jahren) für über 70. Grandiose Produktionen mit rechtegebundener Musik wie Roland Schimmelpfennigs ›Hörspiel des Jahres‹ *Für eine bessere Welt* (HR 2004) hingegen werden wohl nie auf dem Markt erscheinen können. Ich durfte das Stück 2005 im Frankfurter Schauspielhaus noch einmal hören. Das erste Mal war ich Anfang der 1960er-Jahre mit der Schulklasse und mit dem Bus aus Biedenkopf hierher gekommen um den *Faust* zu sehen. Nun galt es, das von der Hamburger Jury ausgewählte ›Hörspiel des Jahres‹ zu würdigen.

Die Sprecher und ihr Sprechstil veränderten sich in den letzten Jahren sehr: Mancherorts wurde lange auf hochkulturelle, alltagsferne, expressive Sprechstile gesetzt, dann begann man vor allem in München auf entschieden entstilisiertere und modernere Sprechstile zu setzen. Heute wird nicht selten auf sprachliche Besonderheiten und Eigenwilligkeiten verzichtet, es dominiert ein entindividualisiertes, vor allem durch Technik unterscheidbar gemachtes Sprechen nahe am Vorlesen. Das Hörspiel sei eine gelesene Kunst – man hört es in der Szene (und auch an den

Produktionen) immer öfter. Heutzutage werden etwa »20 Prozent« der Produktionszeit »für die Wortaufnahme, dann etwa 70 Prozent für die Montage und Mischung und etwa zehn Prozent für die Postproduktion« aufgewandt (KOPPELMANN 2007). Nicht wenige Hörspiele sind nur noch technische Zusammensetzungen von zuvor im Studio (unabhängig voneinander) eingespielten Stimmen, Klängen, Musiken, Geräuschen. Dialoge etwa werden nicht mehr als Dialoge aufgenommen, zwei Monologe werden nacheinander und unabhängig voneinander gesprochen – und dann erst neu zusammengesetzt. Wie sehr sich die Sprechstile seit den 1950er-Jahren verändert haben, lässt sich sehr präzise (und nicht zum Nachteil der alten Fassung) an den beiden Hamburger Realisationen von Günter Eichs Hörspiel *Träume* (NWDR 1951 bzw. NDR 2007) nachhören. Oder an den beiden (auch als Hörbuch publizierten) Adaptionen von Elias Canettis Roman *Die Blendung* (NDR, DLR, BR, ORF 2002 bzw. BR, ORF 2013).

John Bergers Mahnung, auf das Sprechen verstärkt zu achten, wird immer weniger berücksichtigt: »Das Hörspiel«, so Berger bereits 1997, »ist keine Frage des Lesens von Wörtern, es ist vielmehr eine Sache, welche Körper hervorruft und die Energien, die zwischen ihnen bestehen. Das ist einer der Gründe, warum ein Hörspiel von den Schauspielern nie an einem Tisch gelesen werden sollte und warum Proben so wichtig sind – sonst bleibt jeder schlicht mit seinem Text zurück, und die Kraftfelder werden nicht aufgedeckt« (HÖRWELTEN 2001: 196).

DEUTSCHES UND INTERNATIONALES

Der Anteil zeitgenössischer deutscher Autoren schien in den letzten Jahren rückgängig – erzählende Entdeckungen waren eher selten. Um die Jahrtausendwende wurden immer wieder einmal die neuesten Romane verhörspielt. John von Düffel, Christoph Hein, Bodo Kirchhoff (*Schundroman*, SWR 2003), Heinz Strunk, später auch Daniel Kehlmann (*Tyll*, WDR 2018) oder Juli Zeh wurden rasch auch als Hörspiel eingerichtet. Aber das Interesse an 60- oder 90-minütigen Adaptionen deutscher Gegenwartsautoren ist deutlich erschöpft. Theaterstücke spielten nach 2000 weiterhin – wie in den Anfangstagen der Radiokunst – eine erhebliche Rolle. Die große Boomzeit der Berliner Volksbühnenproduktionen ging auch im Hörspiel vorbei, selbst René Pollesch (*Heidi Hoh 3*, NDR, DLRB 2003 und *Tod eines Praktikanten*, DLR 2007) verabschiedete sich. Dennoch erhielten auffällig viele Theaterstücke den Kriegsblindenpreis: so z.B. Stücke von Elfriede Jelinek (2004), Rimini Protokoll (2008), Gesine Schmidt (2013), Milo Rau (2014), Sibylle Berg (2016). Das auffälligste Theaterhörspiel der letzten Jahrzehnte freilich dürfte noch immer Roland Schimmelpfennigs *Für eine bessere Welt* (HR 2004) sein – ein rätselhaft-klares Spiel über die Kriege der Zeit.

Die Orientierung an alten und neuen internationalen sowie an populären Stoffen hat sehr eindeutig zugenommen. Nicht nur Eco wurde (trendbildend) als Hörspiel eingerichtet, die Reihe reicht von Richard Adams über – die Filmstiftung NRW ermöglichte O-Ton-Aufnahmen in New York – Paul Auster (*Stadt aus Glas*; WDR, BR 1997), Michail Bulgakow, Don DeLillo, Jon Fosse (*Morgen und Abend*, NDR 2003), Orhan Pamuk, Philip Roth (*Der menschliche Makel*, SWR 2003), Salman Rushdie bis zu Andrzej Stasiuk. Kaum ein populärer Text scheint nicht auch als Hörspiel verfügbar. Sogar William Gibsons ›Kultroman‹ *Neuromancer* wurde 20 Jahre nach der Buchveröffentlichung von Alfred Behrens als 3-teiliges Hörspiel (inkl. Hörbuchpublikation) eingerichtet. Die Zahl der vielteiligen Produktionen jüngerer englischer oder amerikanischer Bestseller ist inzwischen legendär. Ken Follett wurde 1999 mit *Die Säulen der Erde* (WDR) erstmals verhörspielt, dann folgten *Die Tore der Welt* (WDR 2009) und *Das Fundament der Ewigkeit* (WDR 2018). Hilary Mantels *Brüder* (WDR 2018) dauerte 29 Episoden, jede rund 30 Minuten lang, täglich zur gleichen Sendezeit. Das Hörspiel positionierte sich dann als Serie mit spezifischer Radioästhetik. Gelegentlich werden auch fremdsprachige Hörspiele gespielt, Antonin Artraud etwa.

Auffällig sind seit geraumer Zeit die Neuadaptionen etablierter deutschsprachiger Romane. Hermann Hesses Romane *Der Steppenwolf* (HR 2002), *Das Glasperlenspiel* (RB, NDR, BR 2002) und *Siddharta* (HR 2016), Elias Canettis *Die Blendung* (NDR, DLR, BR, ORF 2002 und dann BR, ORF 2013) oder auch Albert Vigoleis Thelens *Die Insel des zweiten Gesichts* (NDR, WDR 2003) wurden verhörspielt – und dann wurden auch von den großen Romanen Thomas Manns, Robert Musils oder Hermann Brochs ambitionierte Adaptionen vorgelegt. »Riesen-Hörspiele« (FISCHER 2018). SWR und MDR setzten 2006 auf ›Klassik: Jetzt!‹ – beide realisierten Lessing, Goethe und Schiller in ›heutiger Ästhetik‹ neu. Auffällig auch, dass bisher eher unter Verschluss gehaltene Texte wie Arnolt Bronnens Roman *Kampf im Äther* oder *Die Unsichtbaren* (HR, DLRK, SWR 2007) oder – erstmals als Hörspiel und sehr musikalisch – Ernst Jüngers *Strahlungen* (HR 2004) neu entdeckt wurden.

HÖRSPIELTHEORIE

Die hörspieltheoretische Auseinandersetzung ist – trotz einiger Initiierungsversuche etwa von *epd medien* oder *medienkorrespondenz* – weitgehend erschöpft. Es herrscht in der überschaubaren Hörspielszene heute ein business as usual, mit konzeptionellen Äußerungen über das eigene Programm wagt sich (außerhalb des Münchner Hörspiels) eigentlich niemand mehr hervor. Spätestens seit Heißenbüttel gilt das Hörspiel als offenes Kunstwerk in dem vermeintlich alles möglich und alles erlaubt ist – und auch alles Mögliche ins Programm genommen wird. Immerhin: Mehr als 40 Jahre nach der Erstveröffentlichung seines Schallspielkonzepts aktualisierte Friedrich Knilli seine Hörspieltheorie: »Der Gedanke, den ich jetzt hinzufügen würde, der also mit dem Wort Schallspiel noch nie diskutiert wurde, auch von mir damals nicht, wäre der Begriff der Gattung. Wenn ich Hörspiel oder Schallspiel als Gattung nehme, dann müsste es ein Schallspiel im Fernsehen geben, ein Schallspiel im Konzertsaal, im Theatersaal, aber ebenso gut im Internet. Wo immer. Und ich müsste nun definieren, was diese verschiedenen Medienorte am Schallspiel verhindern oder begünstigen. Zum Beispiel würde der Präsentationsort Rundfunk zur Folge haben, dass es ein Schallspiel live im wortwörtlichen Sinn ist. So wie es der Bertolt Brecht mit seinem *Lindberghflug* meinte. Das Schallspiel als ein Gattungsbegriff wäre das, was in Ergänzung und Fortführung des Gedankens aus den 1960er-Jahren heute von mir anzubieten wäre« (KRUG 2003).

GEMEINSCHAFTSPROJEKTE DER ARD-RADIOS

Bereits in den 1960er-Jahren hatten sich die einzelnen Sender der ARD einmalig zusammengeschlossen, um Peter Weiss' Oratorium *Die Ermitt-*

lung ARD-weit zu senden – es ging um Erinnerungskultur. Die ersten Radiotage der 1990er-Jahre wurden von einigen ARD-Programmen übernommen – auch hier ging es um Erinnerung. Seither wurden immer wieder mal solche Synergieproduktionen mit nationalem Publikum gesendet. Am 22. März 2001 starteten – von den Hörfunkdirektoren ins Leben gerufen (THALHEIM 2007: 129) – die Kulturwellen Bayern2-Radio, MDR Kultur, HR2, Radio 3, Radio Bremen 2, SR 2 KulturRadio, RADIOkultur, SWR2, WDR 3 und DeutschlandRadio die erste ARD-Radionacht der Hörbücher und stellten in einem gemeinsamen Programm von 20.00 Uhr bis 24.00 Uhr Audiobooks vor. 2011 lief die Kooperation aus. Am 1. Februar 2007 wurde ARD-weit ein vierstündiger ›Günter Eich 100‹-Abend ausgestrahlt – im Mittelpunkt der Sendung stand eine Neuinszenierung von Eichs *Träume*. Parallel zum 100. Geburtstag Eichs wurde 2007 in Leipzig ein neuer Preis eingerichtet: Der Günter-Eich-Preis (Juryvorsitz: Christoph Buggert [2007-2013], seit 2015 Wolfgang Schiffer) prämiert alle zwei Jahre das Lebenswerk herausragender Hörspieler. Die Preise gingen bisher etwa an Alfred Behrens (2007), der einst mit Pophörspielen (RINKE 2018: 17f.) begonnen hatte, Jürgen Becker (2013), Ror Wolf, Friederike Mayröcker und Andreas Ammer (2019).

ARD RADIO-TATORT

Anfang der 1980er-Jahre wurden in einigen Hörspielredaktionen die Radiokrimis neu ausgerichtet. »Keinesfalls zufällig sind in den letzten Jahren manche Fernsehfilme der *Tatort*-Serie zum Beispiel zunächst als Hörspiel produziert worden«, beschrieb Reinhard Döhl die Entwicklung beim WDR (DÖHL 1987). Für den SWF konzipierte Felix Huby den *Tatort*-Kommissar Bienzle (*Ein Toter hört nicht Radio*; SWF 1981 oder *Geh nie mit leeren Händen*; SWF, HR 1982), ehe Bienzle 1992 dann auch ins Fernsehen kam. Nach mehr als 35 Jahren Fernseh-*Tatort* kehrte die Idee 2008 ins Radio zurück: Angeregt durch die ARD-Hörfunkkommission wurde eine ARD-weite *Tatort*-Schiene (ausschließlich mit Originalhörspielen) auf einem traditionellen Hörspielsendeplatz eingerichtet und die Krimipräsenz (damals waren schon 25 Prozent der SWR-Produktionen Krimis) ausgeweitet und unter einem Label vereinheitlicht. Der erste Radio-*Tatort* wurde am 16. Januar 2008 (20.05 Uhr) ausgestrahlt: *Der Emir* (WDR) von Peter Meisenberg. Die Sendung war – nicht wenige Sender haben ihre Namen wieder verändert – einmalig zeitgleich bei Bayern 2 Radio, hr2 Kultur, MDR Figaro, NDR info, Nordwestradio, rbb-Kulturradio, SR 2, SWR2 und WDR 5 zu hören. Seither wurde – zunächst durch SWR-Hörspielchef Skoruppa koordiniert – monatlich ein *Tatort*-Krimi bundesweit von den Kulturwellen der ARD ausgestrahlt. Kultur traf auf Krimi; oder besser: Krimi auf Kulturwelle. Bis 2019 wurden 140 Radio-*Tatort*-Folgen produziert. Die ersten Folgen wurden als Hörbuch angeboten, inzwischen können sie auch nicht-linear als Podcast gehört werde. Die Hörerzahlen sind durch die bundesweite Verbreitung enorm: »Ende 2011 war [...] von einem Durchschnitt von einer Million Hörern plus 150.000 bis 200.000 Downloads je Folge die Rede. Aktuell werden für jede Folge mehr als eine Million Einschaltungen und rund 600.000 Online-Abrufe genannt« (MATZDORF 2018).

NEUBEGINN 2007 – HÖRSPIEL NICHT-ÖFFENTLICH-RECHTLICH: PETER KURZECK

Welches audiokulturelle Potenzial durch die Digitalisierung freigesetzt wurde, machte ein kleines CD- und Hörbuchprojekt fern aller modischen (auch öffentlich-rechtlichen) Markenprojekte deutlich. 2007 erzählte der Schriftsteller Peter Kurzeck dem Verleger Klaus Sander das Dorf seiner Kindheit. Es gab kein Manuskript, keinen fertigen Lesetext und keine professionellen Sprecher, es gab nur den Erzähler, das Mikrofon, den Zuhörer und die Lust am Erzählen. Es bedurfte nur einer Stimme, der modernen Technik – und des Mutes zum Risiko. Der akustische Roman *Ein Sommer, der bleibt* (Supposé, 34,80 Euro) entstand einfach beim Erzählen und bringt eine verschwundene Welt auf wunderbare Weise akustisch nahe. Sogar die Authentizität glaubt man ihm. So innovativ, anregend und überraschend kann Audio auch außerhalb der standardisierten und verwalteten öffentlich-rechtlichen Hörspielkulturen sein (KRUG 2017: 108). Das Hörspiel wurde 2008 zum ›Hörbuch des Jahres‹ gewählt.

Die Geschichte der eigenständigen Kunstform ›Hörbuch‹, des nicht öffentlich-rechtlichen Hörspiels dürfte 2007 mit Kurzecks fast fünfstündiger Erzählung *Ein Sommer, der bleibt* begonnen haben (VORMELKER 2016: 81). Und 2014 mit Dieter Wellershoffs *Ans Ende kommen* (Supposé, 18 Euro) fortgesetzt worden sein. Auch dieses Audiobook bestand aus freien Gesprächen mit Thomas Böhm und Klaus Sander. Es wurde wiederum von Supposé verlegt und als ›Bestes Hörbuch des Jahres 2014‹ ausgezeichnet. Doch dann geschah das Einzigartige: Die Produktion wurde von HR2 Kultur ins Programm genommen und als Hörspiel (1.11.2015) urgesendet. Sie war den umgekehrten Weg gegangen: vom privaten Hörbuch zum öffentlich-rechtlichen Hörspiel. Und dann wurde auch *Ein Sommer, der bleibt* noch zum Hörspiel. Das Schweizer Radio und Fernsehen (SRF) sendete auf seiner Kulturwelle SRF 2 Kultur 2017 das komplette Hörbuch. An seinen Hörspielterminen.

6.2 SPEICHERREVOLUTION: LITERARISCHE ADAPTIONEN IM PODCAST

Am 2. Juli 2007 stellte WDR 3 mit Schorsch Kameruns Hörspiel *Ein Menschenbild, das in seiner Summe null ergibt* (WDR 2006) das erste Hörspiel zum kostenlosen Download bereit. Kamerun hatte gerade den ›Hörspielpreis der Kriegsblinden‹ 2007 gewonnen. Fortan sollte – so der Plan – monatlich mindestens ein Hörspiel als Podcast angeboten werden. Und der Geschäftsbericht hielt fest: »Im Internet können seit 2007 unabhängig von der Sendezeit ausgewählte Hörspiel-Produktionen befristet heruntergeladen werden« (WDR 2007: 39). Ein Ereignis.

Im Februar 2008 begann auch beim Bayerischen Rundfunk eine neue Medienepoche, vergleichbar der Einführung von UKW, Stereofonie, Kassette oder CD. Die neu produzierten Hörspiele wurden nun unabhängig vom linearen Radioprogramm – eine Woche und später auch länger – in einem eigenen ›Hörspiel-Pool‹ gespeichert und zum kostenlosen Download angeboten. Das öffentlich-rechtliche Hörspiel existierte im Netz (je nach Vertrag) ohne zeitliche Beschränkungen, ohne Formatvorgaben, ohne zusätzliche Kosten für die Nutzer. Herbert Kapfer benannte 2008 die Veränderung sehr präzise: »Radioprogramm, Hörbuch und Hörspiel-Pool sind drei einander ergänzende Distributionswege, die zusammen dafür sorgen, dass öffentliches Programmvermögen in seinem gesamten Spektrum möglichst vielen Nutzergruppen zur Verfügung stehen kann« (KAPFER 2008a: 4). Am Anfang stand Raoul Schrotts akustische Anthologie *Die Erfindung der Poesie* (BR, HR, ORF), eine Produktion aus dem Jahre 1997, die 1998 bereits von Eichborn als Hörbuch vermarktet worden war.

MEILENSTEINE: Z.B. JAMES JOYCE

2012 realisierte der Südwestrundfunk einen weiteren ›Meilenstein des modernen Romans‹ als Hörspiel. 30 Jahre nach dem ersten großen James-Joyce-Tag des Westdeutschen Rundfunks wurde Joyce erneut zum Tagesprogramm, zum Tageshörspiel von 8 Uhr morgens bis 6 Uhr morgens des Folgetags. SWR2 und Deutschlandfunk ermöglichten diese neue Fassung des *Ulysses*. Sie wurde – nur durch die Nachrichten unterbrochen – am 16. Juni, dem nach dem Roman benannten Bloomsday, als Hörspieltag auf SWR2 ausgestrahlt; 22 Stunden *Ulysses* – und viele Stunden auch im Deutschlandfunk. Roman und Radiorealität waren zeitlich verknüpft, die Ausstrahlung wurde von Twitter-Aktivitäten begleitet. Noch am selben Tag wurde das Hörspiel vom Hörverlag als Hörbuch mit 23 CDs verlegt (99,99 Euro) und später mit dem ›Deutschen Hörbuchpreis‹ für das beste Hörspiel 2013 prämiert. Nach Weihnachten wurde dann auch noch ein ›Director's Cut‹ (SWR 27.12.2012f.) gesendet. »Es gibt kein Wort«, so erläuterte Chefdramatur Manfred Hess das Konzept, »das nicht von Joyce stammt [...] Die akustische Welt ist eine selbständige. Sie soll [...] eine sinnliche Übertragung des *Ulysses* in ein anderes Medium sein. So verbindet sich mit dem ›akustischen‹ Joyce die Hoffnung, das Hörspiel möge auf den Roman verweisen [...]« (HESS 2012). Selbst innerhalb des SWR blieb das Lesen des Romans also vorrangig vor der akustischen Realisation. Klaus Buhlert war für Hörspielbearbeitung, Musik und Regie zuständig. Unter den Sprechern war viel (Hörbuch-)Prominenz: Manfred Zapatka, Corinna Harfouch, Dietmar Bär, Jürgen Holtz, Rufus Beck. Auch der Bayerische Rundfunk setzte 2012 auf Joyce und produzierte (auch als Hörbuch) *Dubliner* als 12-teilige Adaption.

Und auch John Dos Passos' legendärer Roman aus dem Jahre 1925 wurde neu realisiert. Bei der Produktion von *Manhattan Transfer* (SWR, DLF 2016) beteiligte sich auch der Hörbuchverlag unmittelbar finanziell an der Produktion. Das Hörbuch erschien noch 2016. Wenig später erhielt die Produktion auch den Preis ›Hörbuch des Jahres‹. Das grandiose, zum 70. Geburtstag Gerhard Polts entstandene Ammer/Polt-Gehhörspiel *Schliersee* (BR 2012) blieb hingegen ungewürdigt. Es erzählt einen Spaziergang um den Schliersee – und ist doch viel mehr.

HÖRSPIELPREIS DER KRIEGSBLINDEN 4

Der ›Hörspielpreis der Kriegsblinden‹ hat in den letzten Jahrzehnten deutlich Konkurrenz bekommen. Es gibt inzwischen auch das ›Hörspiel des Jahres‹, den ›Deutschen Hörspielpreis der ARD‹ und den ›Deutschen Hörbuchpreis‹ (Bestes Hörspiel) und man kann davon ausgehen, dass die Jurys sehr bewusst Vorschläge erhalten. Nach der langen WDR-Phase waren die Preisstücke in den letzten Jahren wechselnd: mal Theateradaption, mal Originalhörspiel. 2015 erhielt das Liquid Penguin Ensemble für sein *Ickelsamers Alphabet – Dictionarium der zierlichen Wörter* (LPE für SR, Deutschlandradio Kultur) den Kriegsblindenpreis und wurde auch zum ›Hörspiel des Jahres‹ 2014 gekürt.

HÖRSPIELPOOLS UND PODCASTS

Radiospiel, Hörbuch oder Podcast, kostenlos (bzw. beitragsfinanziert) oder käuflich – in der Szene werden die unterschiedlichsten Strategien ausprobiert. Der Hörspieldramaturg wird tatsächlich auch zum Distributionsagenten. Wie kompliziert die Ausspielwege heute sind, zeigt die HR-Produktion *Verstand und Gefühl* nach Jane Austen. Die Sendung wurde am 19. Dezember 2019 online gestellt und seit dem 22. Dezember von HR2 Kultur ausgestrahlt. Die Sendung war bis zum 30.4.2020 kostenlos in der ARD-Audiothek und auf den HR2-Seiten hör- und downloadbar. Seit dem 21. April war das Hörspiel nur noch als Hörbuch im Hörverlag käuflich erhältlich.

HÖRSPIELBEARBEITER

Bereits vor den ersten Hörspielen wurden Bühnenwerke im Radio gesendet. Da etwa die klassischen Stücke für die Bühne geschrieben wurden, mussten sie an das neue, rein akustische Medium ›Radio‹ angepasst werden. Hörspielbearbeiter gehörten also seit Anbeginn zum Hörspiel und doch hat sich ihre Bedeutung gesteigert. Vor allem, weil verschiedene Berufsbilder zusammengewachsen sind. Der Hörspielbearbeiter ist zugleich auch der Komponist und der Regisseur. Herbert Kapfer hat diese Veränderungen auf dem öffentlich-rechtlichen Hörbuchmarkt schon früh beschrieben (2008): »Der Hörspielregisseur wird künftig von einem Verlag vertreten, und der lässt durchblicken, dieser oder jener Stoff – von Literatur ist die Rede – könne nur freigegeben werden, wenn besagter Regisseur auch die Bearbeitung übernehmen würde« (KAPFER 2008). Ein Blick ins Hörspielverzeichnis des BR genügt, um hier erhebliche Häufungen und Stilprägungen zu beobachten.

8. MÄRZ 2017: DAS GRÖSSTE HÖRSPIEL ALLER ZEITEN – ALS PODCAST

Am 8. März 2017 wurde – nach den Guinnessbuch-verdächtigen Produktionen *Otherland, Orientzyklus* oder *Ulysses* – das nun ›größte Hörspiel aller Zeiten‹ freigeschaltet. Aber die Produktion *Unendliches Spiel, unendlicher Spaß* war kein traditionelles öffentlich-rechtliches Hörspiel mehr, sondern ein Web-Hörspiel, das mit den gängigen Adaptionsästhetiken radikal brach. Die mehr als 90 Stunden lange Audiofassung von David Foster Wallace' 1.545-Seiten-Roman *Unendlicher Spaß* (2009) wurde von rund 1.300 freiwilligen Lesern nach eigenem Gusto digital eingelesen und mit Musik, die eine ›Goldene Maschine‹ am Tag des jeweiligen Einlesens der Texte automatisch produziert hatte, ergänzt. Der Wallace-Text wurde nicht hörspielgerecht bearbeitet, die Auswahl der Sprecher blieb dem Zufall überlassen. Gelegentlich wechselten sie mitten in Sätzen oder auch Wörtern. WDR 3 hatte das Mitmachhörspielprojekt zwar initiiert, verantwortet wurde es aber von Andreas Ammer, Andreas Gerth und Martin Gretschmann. Jeder Freiwillige durfte eine Seite lesen und dann hochladen (http://unendlichesspiel.de/hoerspiel).

Auf professionelle Sprecher wurde bewusst verzichtet. Alles blieb Zufall. Die »Sprecherqualität war grandios«, ohne die Glattheit der professionellen Sprecherstimmen, und der heimische Computer wurde Ammers »Ladyland« (AMMER 2017). WDR 3, Deutschlandfunk, Bayern 2, die Film- und Medienstiftung NRW (mit 10.000 Euro Fördergeld), der Verlag Kiepenheuer & Witsch und die K20 Kunstsammlung NRW waren mit im Boot. Doch das Hörspiel kam aus dem Netz und ging ins Netz, es konnte kostenlos komplett heruntergeladen werden. Für Hardcorefans gab es auch eine MP3-CD-Ausgabe im Hörverlag (37,45 Euro). Und wenigstens Bayern 2 sendete eine Auswahl in zwei Folgen in seinem linearen Hörspielprogramm.

REGIONALE ENTWICKLUNGEN

Auch im 21. Jahrhundert blieb das Hörspiel eine regionale Kunst. Die verschiedenen Redaktionen entwickelten ihre eigenen Stile und Prioritäten. Doch da die UKW-Radioprogramme seit der Jahrtausendwende auch gestreamt werden, war jedes Hörspiel auch überall zu hören. Weltweit. Die gedruckten Programmhefte, einst auch zur Selbstdarstellung und Selbstvergewisserung geplant und vom BR etwa in 26.000 Exemplaren gedruckt und verschickt, wurden konzeptionell verschlankt und ins Internet verlagert; sie vermittelten vor allem Sendedaten. Und die Besetzung der Hörspielredaktionen veränderte sich radikal. Um die Jahrtausendwende ging das Neue Hörspiel nach sehr langen Funkkarrieren in Rente: Schöning, Karge, Buggert, Mixner, Naber, Kamps. Rund zwanzig Jahre später ging auch die Nachfolgegeneration, die das Hörspiel seit den 1990er-Jahren geprägt hatte: »Gerade verabschiedet sich eine halbe Dramaturgen-Generation in den Ruhestand«, schrieb Stefan Fischer (2018).

Im Bayerischen Rundfunk wurde die Abteilung ›Hörspiel und Medienkunst‹ 2017 in die trimediale Abteilung ›Hörspiel/Dokumentation/Medienkunst‹ überführt. Herbert Kapfer, seit 1996 Hörspielchef in München, ging in den Ruhestand. Seine Stelle wurde nicht mehr besetzt, die Leitung der neuen Abteilung übernahm Ulrike Ebenbeck. Im Halbjahr wurden in München nun um die 25 Hörspiele neu produziert und gleichzeitig zur linearen Erstausstrahlung auch online, als Podcast angeboten. Auffällig am Hörspielprogramm war zuletzt die Wiederholung großer Produktionen: Ford Madox Fords: *Das Ende der Paraden* (Bearbeitung, Regie und Komposition: Klaus Buhlert, BR 2018), Robert Musils *Der Mann ohne Eigenschaften – Remix* (Skript und Regie: Klaus Buhlert, BR 2004, 20 Teile), Michail Bulgakows *Meister und Margarita* (Bearbeitung, Regie, Komposition: Klaus Buhlert, BR 2014, 12 Teile), Herman Melvilles *Moby Dick oder Der Wal* (Bearbeitung, Regie, Komposition: Klaus Buhlert, BR 2002, 10 Teile), Elias Canettis *Die Blendung* (Bearbeitung, Regie, Komposition: Klaus Buhlert, BR, ORF 2013, 12 Teile). Bei den Literaturadaptionen hat sich ein hoher Konzentrationsgrad herausgebildet. Daneben leistet man sich noch den Podcast artmix.galerie, theoretische Auseinandersetzungen mit Radiokunst. Und eine eigene, 15-teilige Originalserie: *Stahnke* von Frank Witzel (BR 2018).

»Markenzeichen des WDR ist bis heute das Hörspiel«, hielt der Geschäftsbericht 2007 des Westdeutschen Rundfunks fest. Wolfgang Schiffer ging 2011 in den Ruhestand, Martina Müller-Wallraf übernahm die Abteilung. Beim WDR gab es weiterhin den Schwerpunkt ›jugendliche Hörspiele‹ in der Linie Schlingensief, Plamper, Kamerun – dokumentiert in dem 5-CD-Hörbuch *Lauschangriff* (WDR, Random House Audio 2005). 2016 richtete WDR 3 einen täglichen Hörspieltermin ein. Jeden Tag wurde nun um 19.04 Uhr ein Hörspiel ausgestrahlt, gelegentlich auch auf rund 30 Minuten reduziert. Großproduktionen haben auch in Köln eine große Bedeutung. Zuletzt wurde Hilary Mandels *Brüder* (WDR 2018) hier produziert, die Adaption eines Romans über die Französische Revolution als ›Hörspielserie‹. 13 Stunden lang, aufgeteilt in 26 Episoden und von 150 Sprechern gesprochen.

2006 übernahm Norbert Schaeffer die Hörspielleitung beim Norddeutschen Rundfunk, 2017 wird er durch Ulrike Toma abgelöst. Die Redaktion heißt nun ›Radiokunst‹ und umfasst Hörspiel und Feature. »Durch die gemeinsame Planung wird es jetzt auch wellenübergreifend möglich sein, auf den Radiokunst-Sendeplätzen Themenschwerpunkte zu setzen«, erklärte Hörfunkdirektor Joachim Knuth zur neuen Redaktion. 2019 hat das NDR-Hörspiel drei Sendetermine: mittwochs auf NDR Kultur (20 Uhr), samstags einen Kriminalhörspieltermin auf

NDR Info (21 Uhr) und sonntags (21 Uhr) einen Hörspieltermin auf NDR Info. Während des ARD-Radiofestivals entfällt das NDR Kultur-Hörspiel.

Seit 1992 ist Matthias Thalheim der ›Chef Künstlerisches Wort‹ und Hörspielchef bei der Kulturwelle des Mitteldeutschen Rundfunks, die sich MDR Kultur, MDR Figaro und dann wieder MDR Kultur nannte. Auch hier sind die Termine knapper geworden (FISCHER 2018). Zur Leipziger Dramaturgie gehörten in den letzten Jahren Bertolt Brecht (*Baal*, 2018), Heiner Müller, Alfred Behrens – und gelegentlich auch Kurzhörspielserien. 2016 erhielt Sibylle Berg für *Und jetzt: Die Welt!* (MDR 2015) den Kriegsblindenpreis.

Seit geraumer Zeit konzentriert sich Radio Bremen, das als einer der ersten Sender trimediale Strukturen erhielt, auf Großproduktionen und neuerdings auch auf Serien. Hier entstand etwa die Improvisationsserie *Paartherapeut Klaus Kranitz* (Radio Bremen 2017) von Jan Georg Schütte und Wolfgang Seesko. Es gab kein festes Manuskript, sondern die Geschichte wurde improvisiert. Hörspiel in *Toni Erdmann*-Tradition. Und dann kam aus der Bremer Chefetage die Idee für *Babylon Berlin* und das dazugehörige Zu-Hörspiel *Der nasse Fisch*. Das Hörspiel wurde zunächst komplett zum Download angeboten. Die neue Bremer Hörspieldramaturgie (Leitung: Holger Rink) orientiert sich an Podcast first, an den neuen Netflix-Serien und am ›Binge-Listening‹, am Komalauschen. Es ist erwünscht, dass alle Folgen nacheinander konsumiert werden. Das ist – so Dramaturgin Lina Kokaly – »eine neue Hörgewohnheit, die bei der Entwicklung der Dramaturgie berücksichtigt werden muss« (SMARZOCH 2019a).

Beim Hessischen Rundfunk ging Ursula Ruppel (2002 - 2018) in den Ruhestand. Die drei bisherigen Redaktionsstellen wurden nicht mehr besetzt. Das Hörspiel wird von Cordula Huth, der Leiterin des Besetzungsbüros, kommissarisch geleitet, unter Mithilfe von Regisseur Koppelmann, Freien und Hörspielaffinen aus der Hörfunkleitung. Gegenwärtig werden rund 15 Hörspiele im Jahr neu produziert. Immer wieder standen mehrteilige Literaturadaptionen mit prominenter Besetzung im Zentrum, Thomas Manns *Tonio Kröger* etwa oder Max Frischs *Homo Faber*. Die Bearbeitung stammte von HR-Hörfunkdirektor Heinz Sommer, die Regie von Koppelmann, Sprecher waren unter anderem Eva Mattes, Matthias Brandt, Axel Milberg, Nicole Heesters und Senta Berger. Die »Crème der Schauspielergarde« (KAMMANN 2018), die populäre. Sounds like Senta. 2018 wurde Annie Ernauxs Lebensbericht *Die Jahre* (HR) auch verhörspielt – und dann (als DAV-Audiobook) ›Hörbuch des Jahres‹. Es gibt im Hörspiel inzwischen vier Arten zu werten: den ›Hörspielpreis der Kriegsblinden‹, den ›Deutschen Hörbuchpreis‹ (Köln), den Preis ›Hörspiel des Jahres‹ der Akademie der Darstellenden Künste (Bensheim) und den Preis ›Hörbuch des Jahres‹ der hr2-Hörbuchbestenliste.

›Doku & Drama‹ heißt heute die Hörspiel- und Featureabteilung beim Rundfunk Berlin-Brandenburg, Leiter ist Jens Jarisch. Das Hörspiel hat auf rbbKultur im Wesentlichen noch einen Sendeplatz, eine Stunde freitagabends (22 Uhr). Die Hörspielabteilung begann 2018 ihre Hörspielangebote auf Serien umzustellen. Am Anfang stand etwa die – auch in *Toni Erdmann*-Tradition inszenierte – Adaption von Juli Zehs *Unterleuten* (RBB, NDR 2018).

Beim Saarländischen Rundfunk übernahm 2004 Anette Kührmeyer die Hörspielredaktion. Die Zahl der in Saarbrücken produzierten Hörspiele sank von rund 17 Anfang des Jahrhunderts auf sechs und dann sogar auf vier (FISCHER 2018). *Ickelsamers Alphabet* (2014) wurde ›Hörspiel des Jahres‹ und erhielt den Kriegsblindenpreis. Trotz der schwierigen Situation im Sender: »Schon jetzt herrscht im Saarbrücker Funkhaus Halberg Mangel an allen Ecken und Enden. Studiotechnik wird nicht erneuert, Technikerstellen wurden eingespart und werden bis auf Weiteres nicht neu besetzt und trotzdem ist es Anette Kührmeyer gelungen, mit ihrem Schwerpunkt auf frankophonen Texten ein eigenständiges Hörspielprofil zu entwickeln« (MEISSNER 2014). Inzwischen wird eng mit Deutschlandradio kooperiert.

Beim Südwestdeutschen Rundfunk übernahm Walter Filz 2017 die Leitung der nun zusammengelegten Redaktionen ›Hörspiel und Feature‹. Die schon lange gepflegte Adaptionspraxis mit Mehrteilern fremdsprachiger Autoren wurde mit William Faulkner, Tim Parks, Marcel Proust, Kurt Vonnegut und Thomas Pynchon (SWR, DLR 2020) fortgesetzt. Pynchons legendärer Roman *Die Enden der Parabel* wird – 15 Stunden lang – 2020 zuerst in der ARD-Audiothek veröffentlicht, Podcast first.

Bei Deutschlandfunk Kultur ging Stefanie Hoster (1997 - 2019) in den Ruhestand, und beim Deutschlandfunk ging nach zwanzig Jahren die Ära Elisabeth Panknin (1994 - 2014) zu Ende. Seit 2014 leitet Barbara Schäfer die neue Abteilung ›Hörspiel und Hintergrund Kultur‹. Hörspiel, Feature und Essay sind nun zusammengefasst. Der Deutschlandfunk sendet weiterhin monatlich das ›Hörspiel des Monats‹ und dann das ›Hörspiel des Jahres‹. 2017 konnte der Preis auf 40 Jahre zurückblicken (DADK 2017). Die Leitung ging 2019 von Christoph Buggert an Barbara Schäfer über. Und dann leistet sich der Deutschlandfunk auch noch ein Hörspielmagazin

Die Veränderungen in der Hörspielszene sind gravierend: »Die professionellen Zusammenhänge«, so Fischer (2018), »lösen sich gerade auf«.

HÖRSPIELSERIEN

Serien und serielle Elemente wurden in den Fünfzigern vor allem für Unterhaltungshörspiele genutzt, für Krimis etwa. Innerhalb der Hörspielszene wurden Serien, damals Mehrteiler genannt, in der Regel auf acht Sendungen beschränkt. Eine Eingrenzung, die bei den modernen Buchadaptionen aufgegeben wurde. *Der Herr der Ringe* (1992) etwa brachte es auf dreißig 25-minütige Episoden.

Erst Ende der 2010er-Jahre stieg das Interesse an Serien wieder. »Wir haben jetzt so einen Serienhype, der kam über Amerika zu uns geschwappt«, berichtete RBB-Dramaturgin Juliane Schmidt (SMARZOCH 2019b). Es war der Netflix-Hype, der aus dem Streamingbereich auch in die deutsche Hörspielsszene wirkte und offenbar zunächst in Berlin aufgenommen wurde. Am 10. September 2018 eröffnete der Rundfunk Berlin-Brandenburg seinen Podcast ›RBB Serienstoff‹. Es sollte der »erste [...] deutschsprachige [...] Podcast [sein], der ausschließlich dokumentarische und fiktionale Serien bringt«, teilte der RBB in einer Pressemitteilung mit. Die erste Hörspielserie war *Unterleuten*, eine 6-teilige Adaption des gleichnamigen Romans von Juli Zeh, der in einem brandenburgischen Dorf spielt. Ursendung war am Tag der deutschen Einheit (12-18 Uhr), doch »die Radioausstrahlung [stand] gar nicht mehr so sehr im Vordergrund«, wie RBB-Programmdirektor Jan Schulte-Kellinghaus erklärte.

Wichtig war, dass die Sendung vorab (1.10.) schon ganz heruntergeladen werden konnte – und (ganz offiziell) »Binge-Listening in Eigenregie ermöglichen sollte«. Oder in anderen Worten: Es geht darum, so eine Dramaturgin, Sucht zu erzeugen.

Mit den Serien kamen neue Formen ins Hörspiel, die »das stilistische Repertoire [erweiter(te)n]« (FISCHER 2018). Denn anders als etwa in den traditionellen Romanadaptionen galten in den Serien neue Prinzipien: *Unterleuten* etwa setzte auf Improvisationen, Geräusche und Szenen. Szene folgte auf Szene, aber es gab keinen Erzähler mehr. Auch *Dope* (RBB, 4.10.2019) von Tim Staffel und Lucas Vogelsang setzte auf das *Toni Erdmann*-Prinzip: improvisierte Szenen, die Sprecher haben keine Rollen mehr, sondern Funktionen, die Szenenübergänge sind akustisch brachial. Und dann gelangte auch *Der nasse Fisch* oder Fontanes *Effi Briest* aus dem Jahr 1974 in den Serienstoff-Podcast. Serie war ein Label, ein wenig scharfes überdies.

Nur wenige Tage nach dem Start in Berlin veröffentlichte auch der Bayerische Rundfunk seine Serie: Frank Witzels *Stahnke*, die exklusiv fürs Radio geschrieben wurde. »Mit der Serie Stahnke von Frank Witzel unter der Regie von Leonhard Koppelmann wagt sich der Bayerische Rundfunk zum ersten Mal seit den 1980er Jahren an eine eigene Hörspieloriginalserie. Mit 15 Folgen setzen wir auf die Möglichkeit, in knappen Erzählbögen im Radioprogramm und im Podcast neue Hörer für fiktionale Stoffe zu begeistern [...] Die Serie vereint Komödie, Drama und Krimi in sich und enthält dabei sowohl starke Szenen als auch anspruchsvolle Prosa. [...] Stahnke ist ein akustisches Roadmovie« (AGATHOS 2018: 3). Dabei wurde in München die ›Originalhörspielserie‹ bewusst gegen die bisherigen Großhörspiele gesetzt, die nur ›gesetzte, erprobte Literatur‹ adaptierten.

DIE HÖRSPIELSPUR MEHRMEDIALER EREIGNISSE

Immer wieder einmal entschieden überredaktionelle Gremien über konkrete Hörspielprojekte. Auch Hörspiel ist nicht nur Hörspiel. Der Radio-Tatort, der Transfer einer TV-Marke ins Hörspiel seit 2008, gehört in diesen Zusammenhang einer Platzierung von oben, er war schon »verordnete« (BUGGERT 2019), nicht mehr nur ›verwaltete‹ Kunst. Immer wieder wurden ambitionierte Fernsehfilme durch Hörspielfassungen ergänzt. Man denke nur an Heinrich Breloers *Die Liebe zur Partei. Eine Reise in das Leben Herbert Wehners* (WDR 1993) oder an das SWR-Hörspiel *Rommel* (SWR 2012), das – so die äußerst verdienstvolle ARD-Hörspieldatenbank – »den Film als Tonspur zur Erarbeitung einer eigenständigen 2-teiligen Hörspielfassung« nutzte. Das Hörspiel war nur noch ein Teil eines viel größeren mehrmedialen Prestigeangebots, vielmedial abgestimmt. 2018 wurde die mehrmediale Kooperation nochmals erweitert. Neben der privat-öffentlich-rechtlichen Prestigekooperationsserie *Babylon Berlin* entstand auch *Der nasse Fisch*, das Hörspiel zu *Babylon Berlin* (RB, WDR, RBB). Ein Zu-Hörspiel mit einer interessanten Produktionsstruktur: »Die Hörspiel-Serie«, so hielt eine Pressemitteilung fest, »entsteht in einer engen Zusammenarbeit zwischen drei Rundfunkanstalten: Die Wortaufnahmen finden in den Studios des RBB in Berlin statt, die Mischung und Musikaufnahmen beim WDR in Köln, und Radio Bremen ist federführend in diesem Gemeinschaftsprojekt«.

Die Hörspielserie basierte »auf einem Beschluss der Hörfunkdirektoren, angeleitet von Jan Weyrauch (Radio Bremen)« (FISCHER 2018), und die fast parallele Ausstrahlung auf Bayern 2, Bremen Zwei, hr2 Kultur, MDR Kultur, NDR Kultur, Kulturradio des RBB, SWR2, SR 2 KulturRadio, WDR 3 und Deutschlandfunk Nova gehörte schon zum Konzept. Verordnete Kunst, verordnete Adaption auch hier. Der Erfolg im Schatten des Großprojektes stellte sich ein, vor allem bei den Downloads. Die gesamte Serie wurde zuerst in der – Ende 2017 bei den ARD-Hörspieltagen offiziell gestarteten – ARD Audiothek veröffentlicht und erst anschließend in den Kultur- und Informationswellen ausgestrahlt: Podcast first. Im Oktober 2018 wurden über 300.000 Downloads der Serie in der ARD-Audiothek gezählt.

JUBILÄEN UND RANDGRUPPEN

Die Zusammenführung von Hörspiel, Feature und Dokumentation hat auch die Themen verändert und das Hörspiel deutlich staatspolitischen Anlässen geöffnet. Zum 70. Geburtstag sendete das WDR-Hörspiel die

›dokumentarische Serie‹ *Guter Rat. Ringen um das Grundgesetz* (WDR, DLR, BR 2019 mit Martina Gedeck), die die Beratungen im Parlamentarischen Rat 1949 ›dokumentarisch-erzählerisch‹ vertonte. Auch erinnerungspolitische Dokumentationen erhielten etwa im BR-Hörspielprogramm erhebliche Bedeutung. 2013 startete *Die Quellen sprechen*, 14 Sendungen über *Die Verfolgung und Ermordung der europäischen Juden durch das nationalsozialistische Deutschland 1933-1945*. Ulrich Gerhardt führte in der ersten Staffel Regie, es sprachen Matthias Brandt, Bibiana Beglau und etliche Zeitzeugen. Die »umfassendste Holocaust-Dokumentation in der Geschichte des deutschen Rundfunks« (FISCHER 2013) wurde vom Münchner Institut für Zeitgeschichte initiiert und mitbetreut, sie wurde von Bayern 2 ausgestrahlt, als Hörbuch angeboten und im Hörspiel-Pool bereitgestellt. Der Oldenbourg Verlag vertrieb eine noch umfassendere Buchfassung. Die Produktion kommt ohne Musik aus, die Sprecher dieser »Höredition« (FISCHER 2013) lesen emotionsfrei. Die Reihe brach mit etablierten Inszenierungsästhetiken.

Auffällig ist die Hinwendung zu Minderheiten – Flüchtingen, Behinderten, Autisten (Gesine Schmidt: *Oops, wrong Planet* [DLR, WDR 2012]) Kranken – und ihre Beteiligung als Sprecher. 2006 wurde etwa *Mongopolis* (RBB) produziert, »das erste Hörspiel überhaupt, dass ausschließlich mit geistig behinderten Menschen produziert wurde«. 2018 lief *Chinchilla Arschloch* (WDR), die Mitwirkenden litten am Tourette-Syndrom. Der Kunstanspruch konkurrierte mit dem Diversity-Anspruch.

GERÄUSCHGESCHICHTE(N) – BUGGERT 2018

Auch nach seiner Pensionierung 2002 schrieb Christoph Buggert regelmäßig Hörspiele. 2018 produzierte das Liquid Penguin Ensemble für den Saarländischen und den Mitteldeutschen Rundfunk *Ein Nachmittag im Museum der unvergessenen Geräusche*, ein Originalhörspiel mit starken autobiografischen Bezügen und einem Thema: das unbewußte, jahrzehntelange Fortwirken von Geräuschen, Kriegsgeräuschen etwa, die plötzlich wieder präsent werden – ein wirkliches Radiothema. Buggert schildert stoff- und vor allem geschichtenreich eigene Erfahrungen – rätselhaft, fesselnd, überraschend, wunderbar. Die Auftragsproduktion wurde für den Prix Europa vorgeschlagen und kam bei den ARD-Hörspieltagen 2018 gleich zwei Mal in die engere Auswahl: beim Deutschen Hörspielpreis der ARD und beim Online Publikumspreis. Buggert, der Oldie, demonstrierte der Hörspielszene noch einmal, was Hörspiel jenseits von seriellen Adaptionen und Braaam leisten kann: Mitfühlen-Miterleben-Mitdenken-Mitfantasieren in 63'11 unvergesslichen Minuten.

PODCAST FIRST

Die ersten Hörspiele wurden vor fast 100 Jahren im Hörfunk gesendet. Sie waren nur hier möglich, sie waren die Kunst des Radios, das Radioeigene, das, was im Hörfunk möglich war: verwaltete Kunst eben, Kunst im akustischen Massenmedium. Seit einigen Jahrzehnten wird diese Radio-only-Orientierung aufgeweicht. Audiobook first leitete 1999 diese neue Entwicklung ein. Heute bündelt und verstetigt Podcast first das Hörspiel auf neuen digitalen Plattformen (Audiothek, Hörspiel-Pool, Podcaster, Streamingdienste).

Einige Hörspielredaktionen setzen inzwischen bewusst auf die Intensivhörer und Internetnutzer, auf Binge-Listening, akustische Betäubung und platzieren ihre Hörspiele zunächst online. Am Anfang steht das Netz, dann kommen die Hörbücher und dann – den formatierten Strukturen angepasst – das lineare Radio. Aus der arteigenen Kunst des Radios ist die vielmediale Kunst der Plattformen geworden. Radio ist eine davon. Hörspiele aber sind inzwischen überall.

Diese kleine Geschichte des Hörspiels, so ließe sich Heinz Schlaffer (2002: 158) noch immer paraphrasieren, ist so kurz, dass ihrem Leser Zeit bleibt, sich jenen Hörspielen ganz neu zuzuwenden, denen das Buch sein Dasein verdankt.

7. LITERATUR

ABARBANELL, STEPHAN (1991): Mit der Hörkunst den unendlichen optischen Raum erschließen. Über Heiner Goebbels Radio-Kunst. In: W&M 3/1991.

AGATHOS, KATARINA (2018): Neue BR-Hörspielserie. In: *Hörspiel. Dokumentation. Medienkunst*. Hrsg. vom Bayerischen Rundfunk. 2/2018, S. 3

AKADEMIE DER DIÖZESE ROTTENBURG-STUTTGART/ DEUTSCHE HÖRFUNKAKADEMIE/SÜDWESTRUNDFUNK (Hrsg.) (2003): *Kultur in Hörfunk und Fernsehen*. o.O.

AMMER, ANDREAS (2002): Der Luxus der Intensität. Dankesrede für das Autorenduo Ammer/Einheit. In: *epd medien* 46/2002

AMMER, ANDREAS (2017): *Andreas Ammer im Gespräch mit Christine Grimm*. https://www.ardaudiothek.de/hoerspiel-pool/andreas-ammer-christine-grimm-unendliches-spiel-das-groesste-hoerspiel-aller-zeiten/53728728 [12.12.2019]

ANONYM (1943): Hörspiel-Preisausschreiben des Landessenders Reval. In: *Reichs-Rundfunk* 3/1943 (Juni 1943), S. 60-61

ANONYM (1951): Möderische Angelegenheit. In: *Der Spiegel* 16/1951, S. 32-33

ANONYM (1951a): 12 Millionen wollen Hörspiele. In: *Funk-Wacht* 25. Jg, 51/1951, S. 13

ANONYM (1961): Kreidestriche ins Ungewisse. In: *Hinterländer Anzeiger*, 14. April 1961, S. 4

ANONYM (1969): Warte Vögelein. In: *Der Spiegel* 32/1969, S. 100-102

ANONYM (1985): Der Stand des Hörspiels. Eine Dokumentation, zusammengestellt nach Angaben der Hörspielabteilungen der ARD-Rundfunkanstalten. In: *ARD-Jahrbuch 1985*. Hamburg: Verlag Hans-Bredow-Institut, S. 110 - 126

ANONYM (1991): Hörspiel-Einsatz soll im ARD-Verbund kostengünstiger werden. In: *epd/Kirche und Rundfunk* 23-24/1991, S. 13

ANONYM (1995): Editorial. In: *S2 Kultur*. Hörspiel Juli bis Dezember 1995, S. 3 - 4

ANONYM (1996): Heiner Müller im Radio. In: *Hessischer Rundfunk: Hörspiel-Information*. Juli-Dezember 1996, S. 10

ANONYM (1997): »documenta meets radio/radio meets documenta«. In: *Hessischer Rundfunk. Hörspiel-Information*. Juli-Dezember 1997, S. 11

ANONYM (1998): Donna Leon. Die Fälle des Commissario Brunetti. In: *S2 Kultur. Hörspiel Januar bis August 1998*. SDR-Teil, S. 6

ARD (Hrsg.) (1999): *ABC der ARD*. Baden-Baden: Nomos Verlag

ARD (Hrsg.) (2002): *ABC der ARD*. 3. Auflage. Baden-Baden: Nomos Verlag

ARD (Hrsg.) (1993): *ARD-Jahrbuch '93*. Hamburg: Verlag Hans-Bredow-Institut

ARD (Hrsg.) (1995): *ARD-Jahrbuch '95*. Hamburg: Verlag Hans-Bredow-Institut

BASSENGE, ULRICH (2019): Zeit für eine Proklamation. Hoerspiel my ass. Eine Geschichte der Verachtung. In: *Medienkorrespondenz*, 14. November 2019. https://www.medienkorrespondenz.de/leitartikel/artikel/zeit-fuer-eine-proklamation.html [10.2.2020]

BECKER, JÜRGEN (2006): Die Culture-Factory. In: *WDR print*, Januar 2009, S. 9

BECKER, JÜRGEN; WONDRATSCHEK, WOLF (1970): War das Hörspiel der Fünfziger Jahre reaktionär? Eine Kontroverse am Beispiel von Ingeborg Bachmanns ›Der gute Gott von Manhattan‹. In: *Merkur* 262/1970, S. 190 - 194

BITZENHOFER, BENEDIKT (1994): Entdeckungsreisen in einem digitalen Studio. In: *WDR print*, August 1994, S. 5

BLAES, RUTH; KRAFT, HEIKE (Hrsg.) (2002): *Geschichten, die das Medium schrieb. Schriftsteller über 80 Jahre Radio*. Berlin

BOLIK, SIBYLLE (1994): *Das Hörspiel in der DDR. Themen und Tendenzen*. Frankfurt/M. u. a. (= Forschungen zur Literatur- und Kulturgeschichte. Band 43)

BOLZ, NORBERT (2007): *Das ABC der Medien*. München: Fink

BRÄUTIGAM, THOMAS (2005): *Hörspiel-Lexikon*. Konstanz: UVK

BRECHT, BERTOLT (1967): Radiotheorie 1927 bis 1932. In: BRECHT, BERTOLT: *Gesammelte Werke 18*, Frankfurt/M.: Suhrkamp Verlag, S. 117-134

BREDOW, HANS (1924): *Weihnachtsansprache 1924. Audio-Mitschnitt und Typoskript*. https://www.swr.de/swr2/wissen/rundfunkpionier-hans-bredow-ueber-die-anfaenge-des-rundfunks-1924,broadcastcontrib-swr-31434.html [5.12.2019]

BRONNEN, ARNOLT (1954): *Arnolt Bronnen gibt zu Protokoll*. Hamburg: Rowohlt Verlag

BUCH, FRITZ PETER (1930): Die Kunst des Hörspiels. In: *SRZ* 51/1930, S. 9

BUGGERT, CHRISTOPH (1985): Geisel Hörspiel? Verteidigung eines Medienbiotops. In: ARD (Hrsg.): *ARD-Jahrbuch 1985*, Hamburg: Verlag Hans-Bredow-Insititut, S. 99-106

BUGGERT, CHRISTOPH (1985a): Verkabelte Literatur? Die Chancen des Hörspiels in der Medienzukunft. In: SCHNEIDER, IRMELA; THOMSEN, CHRISTIAN W. (Hrsg.): *Grundzüge der Geschichte des europäischen Hörspiels*. Darmstadt, S. 207-220

BUGGERT, CHRISTOPH (2002): Gespräch im DLF-Hörspielkalender. In: *Deutschlandfunk*, 24. August 2002

BUGGERT, CHRISTOPH (2004): Vom Sendespiel zur nomadischen Radiokunst. In: *IASLonline*, 11.03.2004. http://www.iaslonline.de/index.php?vorgang_id=792 [10.11.2019]

BUGGERT, CHRISTOPH (2019): Das Gemurmel im Kopf. Ein Zwischenruf zur Entwicklung und zum Stand des Hörspiels. In: *Medienkorrespondenz*, 6. Juni 2019

BURCKHARDT, MARTIN (1994): Im blinden Fleck der Öffentlichkeit. Zur Situation der Hörspielproduktion. In: *Rundfunk und Fernsehen*, 42/1994, S. 237-245

BUSCHE, MARTIN (1999): Hörspiele. Gemeinsam Radio hören ist wieder groß in Mode. In: *Der Tagesspiegel*, 13. August 1999

CHOTJEWITZ, PETER O. (1992): Etwas über meine Hörspiele. In: *S 2 Kultur*. Hörspiel. Januar bis Juni 1992, S. 29 - 30

DADK. DEUTSCHE AKADEMIE DER DARSTELLENDEN KÜNSTE (Hrsg.) (2017): *Seismographie des Hörspiels*. München: Belleville Verlag

DAUB, ADRIAN (2016): *›Braaam!‹. The Sound that Invaded the Hollywood Soundtrack. How Inception Changed the Way We Listen to Movies*. https://longreads.com/2016/12/08/braaam-inception-hollywood-soundtracks/ [27.2.2020]

DÖHL, REINHARD (1976): *Zum Hörspielwerk Günter Eichs*. WDR III-Sendung, 13. Dezember 1976. https://www.reinhard-doehl.de/eich1.htm [6.12.2019]

DÖHL, REINHARD (1987): *60 Jahre Kölner Dramaturgie 4 (1968 - 1987)*. WDR-Sendung, 15. Dezember 1987. https://www.reinhard-doehl.de/forschung/koelndram60_4.htm [2.12.2019]

DÖHL, REINHARD (1988): *Das Neue Hörspiel. Geschichte und Typologie des Hörspiels*. Band 5. Darmstadt: Wissenschaftliche Buchgesellschaft

DÖHL, REINHARD (1992): *Das Hörspiel zur NS-Zeit. Geschichte und Typologie des Hörspiels*. Band 2. Darmstadt: Wissenschaftliche Buchgesellschaft

DUR. DICHTUNG UND RUNDFUNK – 1929 (2000): Neuausgabe mit einem Essay von Hermann Naber. Archiv-Blätter 5, Berlin: Stiftung Archiv der Akademie der Künste

DUSSEL, KONRAD; LERSCH, EDGAR; MÜLLER, JÜRGEN K. (1995): *Rundfunk in Stuttgart 1950 - 1959*. Stuttgart (= Südfunk-Hefte. Nr. 21)

ECKERT, GERD (1940): Hörspieldichter. In: *Die Neue Literatur*, Februar 1940, S. 29 - 34

EICH, GÜNTER (1991): *Gesammelte Werke in vier Bänden*. Band IV. Revidierte Ausgabe. Frankfurt/M.: Suhrkamp Verlag

EICH, GÜNTER (1997): *Rebellion in der Goldstadt. Tonkassette, Text und Materialien*. Hrsg. von Karl Karst. Frankfurt/M.: Suhrkamp Verlag

FISCHER, EUGEN KURT (1933): Hörspiel und Hörfolge im Jahr 1932. In: *Rufer und Hörer*, 3. Jg. 1933/34

FISCHER, EUGEN KURT (1942): *Dramaturgie des Rundfunks*. Heidelberg, Berlin, Magdeburg

FISCHER, EUGEN KURT (1964): *Das Hörspiel. Form und Funktion.* Stuttgart: Alfred Krömer (Ich benutze die Mediaculture-NetzfassungI [Archiv Krug])

FISCHER, STEFAN (2003): Geräusche aus dem Innenraum. Mit experimentierfreudigen Hörspielen hat der BR an Image gewonnen – intern müssen die Projekte verteidigt werden. In: *Süddeutsche Zeitung*, 28. April 2003

FISCHER, STEFAN (2013): Die Wucht der Geschichte. In: *Süddeutsche Zeitung*, 24. Januar 2013

FISCHER, STEFAN (2018): Riesenzeit. In: *Süddeutsche Zeitung*, 6. November 2018

FLESCH, HANS (1931): Bemerkungen zum Hörspiel. In: *Funk. Die Wochenschrift des Funkwesens* 10/1931, S. 73-74

FRITSCH, GÖTZ (2013): Hörspielregie. In: *Maske und Kothurn. Internationale Beiträge zur Theater-, Film- und Medienwissenschaft.* Wien, Köln, Weimar: Böhlau Verlag, S. 105-114

GEERKEN, HARTMUT (1992): *Das interaktive Hörspiel als nicht-erzählende Radiokunst.* Essen: Verlag Die blaue Eule

GEERS, JÜRGEN (1992): *Originalton. Überlegungen zur Geschichte und Formensprache einer dokumentarischen Hörfunkästhetik.* Unveröffentlichtes Hörspielmanuskript, Frankfurt/M.: Hessischer Rundfunk

GEHL, CHRISTIAN (2010): Random House kauft Hörverlag. In: *w&v*, 14. Oktober 2010. https://www.wuv.de/medien/random_house_kauft_hoerverlag [20.2.2020]

GLASER, HERMANN (1990): *Die Kulturgeschichte der Bundesrepublik Deutschland. Band 2: 1949-1967.* Frankfurt/M.: Fischer Taschenbuch Verlag

GUGISCH, PETER (1985): Ein dreifacher Beginn des Hörspiels in der DDR. In: SCHNEIDER, IRMELA; THOMSEN, CHRISTIAN W. (Hrsg.): *Grundzüge der Geschichte des europäischen Hörspiels.* Darmstadt: Wissenschaftliche Buchgesellschaft, S. 158-174

GUGISCH, PETER (1992): *Hörspiel in der DDR. Sendung in zwei Teilen. Deutschlandfunk vom 11. und 18. Juli 1992.* Unveröffentlichtes Manuskript

HAAS, GERHARD (1991): Das Hörspiel – die vergessene Gattung? In: *Praxis Deutsch* 109/1991, S. 13 - 19

HAGEN, WOLFGANG (2005): *Das Radio. Zur Geschichte und Theorie des Hörfunks – Deutschland/USA*. München: Wilhelm Fink Verlag

HALL, PETER CHRISTIAN (1988): Allemal Luxus. Zukunftsaussichten des Hörspiels. In: *epd/Kirche und Rundfunk* 19/1988, S. 4 - 9

HDK. HÖRSPIELPREIS DER KRIEGSBLINDEN: *Reden der Preisträger seit 1952*. Ich zitiere aus der Onlinezusammenstellung bei mediaculture-online.de. https://web.archive.org/web/20140908180126/http://www.lmz-bw.de/fileadmin/user_upload/Medienbildung_MCO/fileadmin/bibliothek/hoerspielpreis_reden/hoerspielpreis_reden_neu.pdf [4.12.2019]

HEIDTMANN, HORST (2002): *Krimi-Hörspielserien sind Kult. Eine Marktübersicht*. o.O., o.J. http://docplayer.org/24728075-Krimihoerspielserien-sind-kult-eine-marktuebersicht.html [4.12.2019]

HEISSENBÜTTEL, HELMUT (1972): *Zur Tradition der Moderne. Aufsätze und Anmerkungen 1964 - 1971*. Neuwied, Berlin: Luchterhand

HESS, MANFRED (2003): Kein alter Hut. Das Hörspiel: Spielräume, so und so. In: *epd medien* 35/2003, S. 12 - 15

HESS, MANFRED (2012): *Ulysses. Hörspiel nach dem Roman von James Joyce*. https://www.swr.de/swr2/hoerspiel/ulysses-22-stunden-james-joyce,article-swr-16434.html [11.12.2019]

HICKETHIER, KNUT (1997): Radio und Hörspiel im Zeitalter der Bilder. In: *Radioästhetik – Hörspielästhetik* (= Augen-Blick. Marburger Beiträge zur Medienwissenschaft. Heft 26). Marburg: Schüren, S. 6 - 20

HILF, WILLIBALD (1993): »Damit die Programmwüste nicht wächst«. In: *S 2 Kultur*. Hörspiel. Januar bis Juli 1993, S. 9 - 10

HOLLUNDER, GERDA (2003): *Kulturradio. Rede auf der Tagung ›Kulturradio‹ 2003 in Stuttgart*. Unveröffentlichtes Manuskript

HÖRBURGER, CHRISTIAN (1975): *Das Hörspiel der Weimarer Republik*. Stuttgart: Akademischer Verlag

HÖRWELTEN (2001). *50 Jahre Hörspielpreis der Kriegsblinden 1952 - 2001*. Hrsg.: Bund der Kriegsblinden Deutschlands und Filmstiftung NRW. Berlin: Aufbau Verlag

HOSTNIG, HEINZ (1973): Wird jeder Schwachsinn gedruckt. In: *Konkret* 7/1973

HOSTNIG, HEINZ (1996): Rundfunkerinnerungen. In: *BR-Hörspiel aktuell* 5/1996, o.S.

HR (2007): Monatlich ein Hörspiel zum Herunterladen. In: *WDR-Radioprogramm* 1/2007, S. 76 - 77

HU (1994): Kein Ton-Band fürs ›Diktatorweib‹. In: *WDR print* 8/1994, S. 5

HUBER, FLORIAN (2006): *Re-education durch Rundfunk. Die Umerziehungspolitik der britischen Besatzungsmacht in Deutschland am Beispiel des NWDR 1945-1948* (= Nordwestdeutsche Hefte zur Rundfunkgeschichte; Sonderheft 2006)

HUCKLENBROICH, JÖRG; VIEHOFF, REINHOLD (Hrsg.) (2002): *Schriftsteller und Rundfunk*. Konstanz: UVK (= Jahrbuch Medien und Geschichte)

HYMMEN, FRIEDRICH WILHELM (1952): Das ›beste‹ Hörspiel. In: *epd/ Kirche und Rundfunk* 5/1952, S. 2 - 3

H, F.W. (= Hymmen, Friedrich Wilhelm) (1970): Muss es einen Riss zwischen ›Publikum‹ und ›Niveau‹ geben? In: *epd/ Kirche und Rundfunk* 13/1970, S. 1

HYMMEN, FRIEDRICH WILHELM (1971): Ein Preis gerät zwischen zwei Fronten. In: *epd/Kirche und Rundfunk* 5/1971, S. 1 - 2

HYMMEN, FRIEDRICH WILHELM (1986): Ein Spiegel der Radiokunst. In: *epd/Kirche und Rundfunk* 23-24/1986, S. 3 - 4

JÄGER, WALTER (1930): Das Hörspiel beim bayerischen Rundfunk. In: *Funk* 47/1930, S. 204

JÄGER, WOLFGANG (1982): Arbeitsgespräch: Programmkonzeptionen. Grenzen veränderter Programmkonzeptionen. In: ROSS, DIETER (Hrsg.): *Die Zukunft des Hörfunkprogramms*. Hamburg: Verlag Hans-Bredow-Institut, S. 61 - 63

JAHN, OTTOHEINZ (1933): Über das Hörspiel. In: *Die Sendung* 24/1933, S. 507

JENKE, MANFRED (1995): Vom Sendespiel zum Frühstyxradio. In: *Hörfunk-Jahrbuch 96/97*. Hrsg. Von Stephan Ory und Helmut G. Bauer. Berlin: Vistas, S. 103 - 115

JOHANNSEN, ERNST (1934): Zur Dramaturgie des Hörspiels. In: *Rufer und Hörer* 2/1934, S. 74 - 82

KAMMANN, UWE (uka) (2002): Tagebuch. Vorläufig. Keine Abschiede im sommerbunten Mediengarten. In: *epd medien* 59/2002

KAMMANN, UWE (2013): *Vermessene Zahlen: Der Funk und die Fakten.* Vortrag am 7. März 2013 auf dem Festival Radio Zukunft. Tage der Audiokunst. Ich zitiere nach dem Audiomitschnitt (Archiv Krug)

KAMMANN, UWE (2018): Eine HR-Bühne für ein Hörspielereignis zur Buchmesse. Wofür stehen Spitzenproduktionen wie Homo Faber und Tonio Kröger? In: *Feuilleton Frankfurt. Das Magazin für Kunst, Kultur und LebensArt,* 8.10.2018

KAMPS, JOHANN M. (1984): Aspekte des Hörspiels. In: KOEBNER, THOMAS (Hrsg.): *Tendenzen der deutschen Gegenwartsliteratur.* Stuttgart: Krömer, S. 350-381. Ich zitiere nach der Internetausgabe https://docplayer.org/38626252-Aspekte-des-hoerspiels.html [30.11.2019]

KAMPS, JOHANN M. (1999): Die Säulen der Erde. In: *Die Säulen der Erde.* Hrsg. von der WDR-Pressestelle 1999

KAPFER, HERBERT (1991): Sounds like Hörspiel. Neue Impulse für eine alte Gattung. In: *epd/Kirche und Rundfunk* 74/1991, S. 6 - 9

KAPFER, HERBERT (1997): Programmexplosionen. In: *Bayerischer Rundfunk: Hörspiel und Medienkunst* 97/2, S. 2 - 3

KAPFER, HERBERT (Hrsg.) (1999): *Vom Sendespiel zur Medienkunst. Die Geschichte des Hörspiels im Bayerischen Rundfunk.* München: Belleville Verlag

KAPFER, HERBERT (2001): Intermedium. Vom Sound zum Bild zum Diskurs usw. In: STUHLMANN, ANDREAS (Hrsg.): *Radio-Kultur und Hör-Kunst.* Würzburg, S. 312 - 317

KAPFER, HERBERT (2002): Intermedium: Netzwerk für Medienkunst. In: *X-o Identitäten im 21. Jahrhundert.* Katalog zu Intermedium 2. München

KAPFER, HERBERT (2003): Hörspiel und Medienkunst – zur Situation des Hörspiels. In: AKADEMIE DER DIÖZESE ROTTENBURG-STUTTGART, DEUTSCHEHÖRFUNKAKADEMIE, SÜDWESTFUNK (Hrsg.): *Kultur in Hörfunk und Fernsehen,* o.O.

KAPFER, HERBERT (2006): Vorwort. In: *Intermedialität und offene Form. Hörspiel und Medienkunst im Bayerischen Rundfunk.* Gesamtverzeichnis 1996-2006. München: Belleville Verlag

KAPFER, HERBERT (2008): *Mediathek zum Download. Gespräch mit Frank Olbert im Hörspielkalender des Deutschlandfunk vom 12.7.2008.* https://www.deutschlandfunk.de/mediathek-zum-download.757.de.html?dram:article_id=113408 [12.11.2019]

KAPFER, HERBERT (2008a): Zu Ihrem Programmvermögen: Radiosendung – Hörbuch – Hörspiel-Pool. In: *Hörspiel und Medienkunst* 2008/2, S. 4

KAPFER, HERBERT (2017): *Sounds like Hörspiel. 1989 - 2017.* München: Belleville Verlag

KARGE, ROBERT (2003): *Auf Sparflamme. Robert Karge über das Hörspiel beim Saarländischen Rundfunk.* DLF-Hörspielkalender vom 15. März 2003

KARST, KARL H. (1981): Die Chancen öffentlich-rechtlicher Kunst. Überlegungen zur Situation des Hörspiels. In: *das (kölner) heft* 2/1981, S. 79 - 95

KARST, KARL H. (1985): Eine Galerie für Hörspiele ohne Radio. In: *WDR print*, 1985, S. 5

KARST, KARL H. (1985a): Das Hörspiel in Stichworten. In: *Medium* 10/1985, S. 6

KARST, KARL H. (1990): Das Hörspiel-Spiel. Notizen einer Recherche. In: *epd/Kirche und Rundfunk* 99/1990, S. 11 - 13

KARST, KARL H. (1991): Das Hör-Spiel-Spiel. Notizen einer Recherche. In: *Sprache im technischen Zeitalter* 117/1991, S. 4 - 10

KARST, KARL H. (1993): *Antikörper im System. Von der Bedeutung der radiophonen Kunst.* Zum 70. Geburtstag des deutschen Rundfunks. Unveröffentlichtes Manuskript. Hessischer Rundfunk/DS-Kultur

KARST, KARL H. (2002): Erinnerung an Hans Rothe. In: HUCKLENBROICH, JÖRG; VIEHOFF, REINHOLD (Hrsg.) (2002): *Schriftsteller und Rundfunk.* Konstanz: UVK, S. 77 - 98

KEIM, STEFAN (2007): Das Singen des Sandes. In: *Sondernummer Radio.* Hörspiele, 1. Halbjahr 2007, Köln: WDR, S. 8 - 9

KELM, HARTWIG (1986): Die Kunst muss möglich bleiben. In: *epd/Kirche und Rundfunk* 38/1986, S. 9 - 11

KEPPLINGER-PRINZ, CHRISTOPH (2015): Entstehungskontext Hörspiel Nr. 1. In: *Handkeonline Forschungsplattform Peter Handke.* https://handkeonline.onb.ac.at/node/795 [26.1.2020]

KLIPPERT, WERNER (1969): Avantgarde wohin? Einige Anmerkungen zum experimentellen Hörspiel. In: *epd/Kirche und Rundfunk* 22/1969

KLIPPERT, WERNER (1977): *Elemente des Hörspiels.* Stuttgart: Reclam

KLOSTERMEYER, MONIKA (1998): *Das Ende der Drau oder Der gekochte Frosch. Zur Geschichte des Hörspiels und seiner Formenvielfalt.* Unveröffentlichtes Manuskript. Hessischer Rundfunk

KNILLI, FRIEDRICH (1970): *Deutsche Lautsprecher. Versuche zu einer Semiotik des Radios.* Stuttgart: J.B. Metzlersche Verlagsbuchhandlung

KOBAYASHI, WAKIKO (2009): *Unterhaltung mit Anspruch. Das Hörspiel-Programm des NWDR-Hamburg in den 1950er Jahren.* Berlin: Lit Verlag

KOLB, RICHARD (1932): *Horoskop des Hörspiels.* Berlin 1932

KOPPELMANN, LEOPOLD (2007): Berückender Reichtum. Ein epd-Interview mit Hörspiel-Regisseur Leonhard Koppelmann. In: *epd medien* 48/2007

KREKELER, ELMAR (2014): Die drei ???. Der Soundtrack der Babyboomer. In: *Die Welt*, 26. August 2014

KRUG, HANS-JÜRGEN (1991): Ein Klassiker des Hörspiels. In: *Frankfurter Rundschau*, 18. Mai 1991, S. M 9

KRUG, HANS-JÜRGEN (1991a): ›Man will nicht nur Sprecher hören‹. Die Genese des Hörspiels *Tragödien* unter der Regie von Jörg Jannings. In: *Der Tagesspiegel*, 9. Oktober 1991, S. 23

KRUG, HANS-JÜRGEN (1992): *Arbeitslosenhörspiele 1930-1933.* Frankfurt/M. (= Marburger germanistische Studien; Band 12)

KRUG, HANS-JÜRGEN (1997): Das Radiowerk von Erich Loest. Eine Rundfunkbibliographie. In: *Rundfunk und Geschichte* 1/1997, S. 74-86

KRUG, HANS-JÜRGEN (2002): *Radiolandschaften. Beiträge zur Geschichte und Entwicklung des Hörfunks.* Frankfurt/M., Berlin (= Hamburger Beiträge zur Germanistik, Band 37)

KRUG, HANS-JÜRGEN (2002a): Zwischen Leipzig und Leipzig. Über den Hörfunkautor Erich Loest. In: HUCKLENBROICH, JÖRG;

VIEHOFF, REINHOLD (Hrsg.): *Schriftsteller und Rundfunk*. Konstanz (= Jahrbuch Medien und Geschichte 2002): UVK, S. 139 - 181

KRUG, HANS-JÜRGEN (2002b): Worüber, für wen, warum? CATI, die Kunst und die Radiokritik. In: *epd medien* 72/2002, S. 7-10

KRUG, HANS-JÜRGEN (2003): *Ätherdramen. Eine kleine Hörspielgeschichte zum 80. Geburtstag des Radios*. WDR3.pm vom 25. Oktober 2003. Regie: Leslie Rosin (Radiosendung) (Unveröffentlichtes Manuskript)

KRUG, HANS-JÜRGEN (2004): *Ätherdramen. Eine kleine Hörspielgeschichte*. Regie: Leslie Rosin. Doppel-CD. Köln (WDR 3) 2004

KRUG, HANS-JÜRGEN (verantwortlich) (2006): *Radiokultur in Hamburg*. Originalton-Collage in drei Teilen von Studenten des Studiengangs Medienkultur an der Universität Hamburg (Tide, 19. April 2006)

KRUG, HANS-JÜRGEN (2013): ›Jede neue Technologie erfordert einen neuen Krieg‹. Technik, Radio und das Hörspiel. In: *Maske und Kothurn. Internationale Beiträge zur Theater-, Film- und Medienwissenschaft*. Wien, Köln, Weimar: Böhlau Verlag, S. 10 - 22

KRUG, HANS-JÜRGEN (2017): Kraftfelder. In: DEUTSCHE AKADEMIE DER DARSTELLENDEN KÜNSTE (Hrsg.): *Seismographie des Hörspiels*. München: Belleville Verlag, S. 108 - 109

KRUG, HANS-JÜRGEN (2019): *Grundwissen Radio. Eine Chronik des Massenmediums*. München: UVK Verlag/utb

KRUG, HANS-JÜRGEN (2019a): Musik im Hörspiel. In: SCHRAMM, HOLGER (Hrsg). *Handbuch Musik und Medien. Interdisziplinärer Überblick über die Mediengeschichte der Musik*. 2. überarbeitete Auflage. Wiesbaden: Springer VS, S. 65 - 93

KUJAS, SILKE (2000): *DeutschlandRadio. Entwicklung, Programmauftrag, Struktur*. Köln (= Edition DeutschlandRadio)

KUNDLER, HERBERT (1994): *RIAS Berlin. Eine Radio-Station in einer geteilten Stadt*. Berlin: Dietrich Reimer

KURSAWE, STEFAN (2004): *Vom Leitmedium zum Begleitmedium. Die Radioprogramme des Hessischen Rundfunks 1960 - 1980*. Köln, Weimar, Wien: Böhlau Verlag

LADLER, KARL (2001): *Hörspielforschung. Schnittpunkt zwischen Literatur, Medien und Ästhetik*. Wiesbaden (= DUV: Literaturwissenschaft. Literatur – Handlung – System)

LANGE, HARTMUT (1973): Wozu eigentlich Hörspiele? In: *Konkret* 3/1973

LATAY, VALENTIN (1931): Werden Sie beim Hören abgelenkt? Die enthüllende Statistik. In: *Arbeiterfunk* 15/1931

LAUTERBACH, ULRICH (1969): Zwischen Bühne und Computer Entwicklung und Stand des Hörspiels. In: *ARD-Jahrbuch 1969*.http://hoerspiele.dra.de/pdf/ARDJB_1969-Lauterbach.pdf [22.1.2020]

LEHNERT, HELMUT (1994): Mithörspiel – Interaktives Hörspiel. In: *Hörspielforum NRW 1994*. Unveröffentlichter Reader. o. J., o. S.

LENZ, EVA-MARIA (1982): Noch kein Museum. Die Hörspielsituation im vergangenen Jahr. In: *epd/Kirche und Rundfunk* 1/1982

LENZ, EVA-MARIA (1991): Exemplarische Edition? Hörspiele auf Kassetten. In: *epd/Kirche und Rundfunk* 74/1991

LEONHARD, JOACHIM-FELIX (Hrsg.) (1997): *Programmgeschichte des Hörfunks in der Weimarer Republik*. München: dtv

LERSCH, EDGAR (1990): *Rundfunk in Stuttgart 1934 - 1949*. Stuttgart: SDR

LILIENTHAL, VOLKER (2001): Radiothek (1): Vitales Archiv. Der Hörbuchmarkt lebt zur Hälfte von Radioproduktionen. In: *epd medien* 48/2001

LILIENTHAL, VOLKER (2002): Die Welt zum Hören. Aktuelle ARD-Bemühungen ums Hörbuch. In: *epd medien* 58/2002

LILIENTHAL, VOLKER (2004): Radiothek (5): Akustik des Marktes. Hörbücher aus Rundfunkquellen – ein Jahresrückblick. In: *epd medien* 71/2004

LINDENMEYER, CHRISTOPH (1991): Hörspiel 1991/1. In: *Bayerischer Rundfunk*, Hörspiel 91/1. München, S. 2 - 3

LINDENMEYER, CHRISTOPH (1994): Veränderte Präsenz. Konsequenzen eines Programms. In: *Bayerischer Rundfunk*. Hörspiel 1994/1, S. 3 - 4

LINDENMEYER, CHRISTOPH (1995): Radiokunst in zwei Genres. Hörspiel und Feature in der ARD. In: *ARD-Jahrbuch* 1995, S. 31 - 41

LINDENMEYER, CHRISTOPH (2004): Worte. Wille. Taten. Zur Orientierung von Gesellschaft und Medien (2). In: *epd medien* 11/2004

LOCHER, HUBERT (1986): Mit Magazinen das Hörspiel erhalten. In: *epd/Kirche und Rundfunk* 38/1986, S. 10-11

MAGNUS, KURT (1982): Die Rundfunkbewegung im Jahre 1927. In: *Archiv für Funkrechte*. Berlin

MATZDORF, ANDREAS (2018): Ein Gemeinschaftsprojekt, das sich als Erfolg erwiesen hat: 10 Jahre ›ARD Radio Tatort‹ In: *Medienkorrespondenz*, 22. Februar 2018. https://www.medienkorrespondenz.de/hoerfunk/artikel/ein-gemeinschaftsprojekt-das-sich-als-erfolg-erwiesennbsphat-10nbspjahre-ardnbspradionbsp.html [8.12.2019]

MEISSNER, JOCHEN (2014): Das Radio als Holzmedium. Von Preisen, Mängeln und Gelduntergängen: Ein Nachtrag zum Hörspieljahr 2013. In: *Medienkorrespondenz* 12/2014. https://www.medienkorrespondenz.de/leitartikel/artikel/das-radio-als-holzmedium.html [27.2.2020]

MENDELSSOHN, M. FELIX (1932): Plaidoyer für das Hörspiel. In: *Funk* 51/1932, S.201-202

MERSCHMEIER, MICHAEL (1989): Im Flur steht schon die Guillotine. Ein Gespräch mit Jörg Jannings. In: *Theater heute* 7/1989

MEYER-GOLDENSTÄDT (1942): Schicksalsstunden des Revaler Rundfunks. In: *Welt-Rundfunk* 2/1942

MIXNER, MANFRED (1991): Vorwort. In: *Sprache im technischen Zeitalter*. 117/1991, S. 3

NAGEL, BRITTA (2003): Wer nicht lesen will, muss hören. Porträt-Serie: Claudia Baumhöver. In: *Financial Times Deutschland*, 7. März 2003, S. 29

NALEPPA, GÖTZ (1997): Hörspiel und Öffentlichkeit oder: Totgeschwiegen aber nicht tot zu kriegen. In: *Augen-Blick* 26/1997, S. 62-66

NIEZOLDI, GERHARD (1978): Der Schrei nach Innovation. In: *epd/Kirche und Rundfunk* 27/1978

OHDE, HORST (1986): Das Literarische Hörspiel – Wortkunst im Massenmedium. In: FISCHER, LUDWIG (Hrsg.): *Literatur in der Bundesrepublik bis 1967*. München: Deutscher Taschenbuch Verlag, S. 469-492

PIEL, MONIKA (2007): Feingefühl. Ein epd-Interview mit WDR-Intendantin Monika Piel. In: *epd medien* 81/2007

PLAY DÜRRENMATT (1996). *Ein Lese- und Bilderbuch*. Hrsg. von Luis Bollinger und Ernst Buchmüller, Zürich: Diogenes

PONGS, HERMANN (1930): Das Hörspiel. In: *Zeichen der Zeit*. Heft 1. Stuttgart: Fromanns Verlag. https://docplayer.org/2516450-Hermann-pongs-das-hoerspiel.html [28.11.2019]

PRAGER, GERHARD (1958): Zehn Jahre danach. In: *Rundfunk und Fernsehen* 6/1958, S. 24-27

PRAGER, GERHARD (Hrsg.) (1960): *Kreidestriche ins Ungewisse. Zwölf deutsche Hörspiele nach 1945*. Darmstadt: Moderner Buch-Club

REXIN, MANFRED (Hrsg.) (2002): *Radio Reminiszenzen. Erinnerungen an RIAS Berlin*. Berlin: Vistas Verlag

RICHTER, HANS (1933): Neuland des Hörspiels. Bemerkungen zu zwei Hörwerken. In: *Rufer und Hörer* 9/1933, S. 419-421

RINKE, GÜNTER (2018): *Das Pophörspiel. Definition – Funktion – Typologie*. Bielefeld: Transcript Verlag

ROSENBAUM, UWE (1974): *Das Hörspiel. Eine Bibliographie*.Hamburg: Verlag Hans-Bredow-Institut

SCHARF, ALBERT (1975): Nicht Kooperation und Verzichte auf jeden Fall. Die Rede des amtierenden BR-Intendanten beim Festakt der Hörspielpreis-Verleihung. In: *epd/Kirche und Rundfunk* 24/1975, S. 4-5

SCHIFFER, WOLFGANG (2001): Liebe Hörerinnen und Hörer. In: WESTDEUTSCHER RUNDFUNK: *Hörspielprogramm* 1/2001, Köln: WDR, S. 1

SCHIVELBUSCH, WOLFGANG (1982): *Intellektuellendämmerung*. Frankfurt/M.: Suhrkamp

SCHLICHTING, HANS BURKHARD (2003): Kein Regressionsgewerbe. Hörspiel: Spielräume, Tendenzen und Perspektiven. In: *epd medien* 4/2003

SCHMEDES, GÖTZ (2002): *Medientext Hörspiel. Ansätze einer Hörspielsemiotik am Beispiel der Radioarbeiten von Alfred Behrens.* Münster (= Internationale Hochschulschriften Bd. 371)

SCHNEIDER, IRMELA (Hrsg.) (1984): *Radio-Kultur in der Weimarer Republik. Eine Dokumentation.* Tübingen: Günter Narr Verlag

SCHNEIDER, IRMELA; THOMSEN, CHRISTIAN W. (Hrsg.) (1985): *Grundzüge der Geschichte des europäischen Hörspiels.* Darmstadt: Wissenschaftliche Buchgesellschaft

SCHNURR, EVA MARIA (2003): Lustvoller Lauschangriff. Hörspiel ist wieder in. In: *Handelsblatt*, 2. August 2003

SCHÖNING, KLAUS (1969): Tendenzen im neuen Hörspiel. In: *Rundfunk und Fernsehen* 1/1969, S. 20-30

SCHÖNING, KLAUS (Hrsg.) (1969a): *Neues Hörspiel Texte Partituren.* Frankfurt/M.: Suhrkamp Verlag

SCHÖNING, KLAUS (Hrsg.) (1974): *Neues Hörspiel O-Ton.* Frankfurt/M.: Suhrkamp Verlag

SCHÖNING, KLAUS (Hrsg.) (1982): *Spuren des Neuen Hörspiels.* Frankfurt/M.: Suhrkamp Verlag

SCHÖNING, KLAUS (2001): Ars Acustica. Ein Prospekt. In: STUHLMANN, ANDREAS (Hrsg.): *Radio-Kultur und Hör-Kunst. Zwischen Avantgarde und Popularkultur 1923-2001.* Würzburg, S. 246 - 259

SCHÜTZ, SIMONE (2011): Im Schatten des Sendemastes. Eine kleine Geschichte der freien Hörspielszene. In: HÖRSPIELSOMMER (Hrsg.): *Hörspielplätze. Positionen zur Radiokunst.* Berlin: Voland und Quist, S. 38 - 51

SCHWITZKE, HEINZ (1960): *Sprich, damit ich dich sehe. Sechs Hörspiele und ein Bericht auf eine neue Kunstform.* München: Paul List Verlag

SCHWITZKE, HEINZ (1961): Das Hörspiel. Form und Bedeutung. In: *Merkur* 163, S. 815 - 833

SCHWITZKE, HEINZ (1963): *Das Hörspiel. Dramaturgie und Geschichte.* Köln, Berlin: Kiepenheuer und Witsch

SCHWITZKE, HEINZ (1981): Fritz Schröder-Jahn. In: *Studienkreis Rundfunk und Geschichte.* Mitteilungen 2/1981, S. 87 - 89

SELL, WILHELM VON (1978): Uns kann es gemeinsam nur um den Dialog gehen. Die Rede des ARD-Vorsitzenden v. Sell bei der

Kriegsblindenpreisverleihung. In: *epd/Kirche und Rundfunk* 32/1978, S. 4-5

SKORUPPA, EKKEHARD (2003): Gespräch im DLF-Hörspielkalender. In: *Deutschlandfunk,* 15. Februar 2003

SMARZOCH, RAPHAEL (2019a): Dramaturginnen der ARD. Lina Kokaly: ›Ich bin ein Serienjunkie‹ (Reihe). In: *Deutschlandfunk, Hörspielmagazin,* 30. April 2019

SMARZOCH, RAPHAEL (2019b): Dramaturginnen der ARD. Juliane Schmidt: ›Nicht nach Schema F‹. In: *Deutschlandfunk, Hörspielmagazin,* 28. Mai 2019

SMARZOCH, RAPHAEL (2019c): Dramaturgen der ARD. Michael Becker: ›Jünger, offener, sichtbarer‹ (Reihe). In: *Deutschlandfunk, Hörspielmagazin,* 2. Juli 2019

STÄHR, SUSANNE (1999): Nicht Weltliteratur nachspielen. Das Hörspiel hat sein Publikum, aber es fehlt an Autoren. In: *Die Welt,* 7. Juli 1999

STOLTENBERG, ANNEMARIE (1988): Sehen mit den Ohren. In: *NDR Magazin* 12/1988, S. 5

STUHLMANN, ANDREAS (Hrsg.) (2001): *Radio-Kultur und Hör-Kunst. Zwischen Avantgarde und Popularkultur 1923-2001.* Würzburg: Königshausen und Naumann

STURM, OLIVER (2017): Am Schicksalsberg oder: Digitaler Sündenfall und die Antiquiertheit des Menschen. In: DEUTSCHE AKADEMIE DER DARSTELLENDEN KÜNSTE (Hrsg.): *Seismographie des Hörspiels.* München: Belleville Verlag, S. 177-179

THALHEIM, MATTHIAS (1991): Eine Tonart wird begraben. In: *Funk-Korrespondenz* 8/1991

THALHEIM, MATTHIAS (2007): Die Stimme der Musen. In: *ARD-Jahrbuch 07.* Hrsg. Von der Arbeitsgemeinschaft der öffentlich-rechtlichen Rundfunkanstalten Deutschlands, S. 128-131. https://www.ard.de/download/486248/ARD_Jahrbuch_07__Die_Stimme_der_Musen.pdf [30.11.2019]

THALHEIM, MATTHIAS (2019): Matthias Thalheim im Gespräch mit Barbara Plensat. In: *MDR Kultur,* 29.11.2019. https://www.ardaudiothek.de/hoerspiele/die-hoerspielregisseurin-barbara-plensat-im-gespraech-mit-matthias-thalheim/68882232 [5.12.2019]

TIMPER, CHRISTIANE (1990): *Hörspielmusik in der deutschen Rundfunkgeschichte. Originalkompositionen im deutschen Hörspiel 1923-1986*. Berlin: Verlag Volker Spiess

VORMELKER, SILVIA (2016): Das Hörbuch als Kunst, oder: Kritik eines populären Gattungsbegriffs. In: BUNG, STEPHANIE; SCHRÖDL, JENNY (Hrsg.): *Phänomen Hörbuch. Interdisziplinäre Perspektiven und medialer Wandel*. Bielefeld: transcript, S. 69-81. https://doi.org/10.25969/mediarep/544 [27.12.2019]

WANG, ANDREAS (2001). In: *DLF-Hörspielkalender*, Deutschlandfunk vom 19. Mai 2001 (Archiv Krug)

WDR. WESTDEUTSCHER RUNDFUNK (2007): *Geschäftsbericht 2007*. Köln: WDR

WDR 5 (o.J.): *Herr der Ringe*. Making of. o.O., o.J. (Archiv Krug)

WELLERSHOFF, DIETER (1985): *Die Arbeit des Lebens*. Köln: Kiepenheuer & Witsch

WESSELS, WOLFRAM (1985): *Hörspiele im Dritten Reich. Zur Institutionen-, Theorie- und Literaturgeschichte*. Bonn: Bouvier

WESSELS, WOLFRAM (1991): *»Das Hörspiel bringt ...«. Eine Geschichte des Hörspiels im Südwestfunk*. Siegen (= MuK 69)

WESTDEUTSCHER RUNDFUNK (Hrsg.) (1992): *Hörspiele im Westdeutschen Rundfunk*. 1. Halbjahr 1992. Köln: WDR

WEYRAUCH, WOLFGANG (1933): Aus einem Rundfunk-ABC. In: *Rufer und Hörer*, 2. Jg. 1932/33

WILLE, HANSJÜRGEN (Hj.W.) (1929): Impressionen aus dem Kreis der Zwölf. In: *Norag-Magazin* 1929, S. 9

WÜRFFEL, STEFAN BODO (1978): *Das deutsche Hörspiel*. Stuttgart: J. B. Metzler

WÜRFFEL, STEFAN BODO (Hrsg.) (1982): *Hörspiele aus der DDR*. Frankfurt/M.: Fischer

WÜRFFEL, STEFAN BODO (Hrsg.) (1982a): *Frühe sozialistische Hörspiele*. Frankfurt/M.: Fischer

ZEYN, MARTIN (1999): Alles war möglich. Das Hörspiel im Bayerischen Rundfunk von 1949-1973. In: KAPFER, HERBERT (Hrsg.): *Vom Sendespiel zur Medienkunst*. München: Belleville Verlag, S. 31-74

PERSONENREGISTER

C

D

E

F

G

H

J

K

L

M

N

O

P

Q

R

S

T

U

V

W

Z